银行业专业人员职业资格考试用书

个人贷款
（初级）

天明银行业专业人员职业资格考试研究组　编

U0833365

河南大学出版社
HENAN UNIVERSITY PRESS
·郑州·

图书在版编目(CIP)数据

个人贷款：初级 / 天明银行业专业人员职业资格考试研究组编. -- 郑州：河南大学出版社，2020.2(2024.11 重印)
ISBN 978-7-5649-4145-1

Ⅰ. ①个… Ⅱ. ①天… Ⅲ. ①个人—贷款—中国—资格考试—自学参考资料 Ⅳ. ①F832.479

中国版本图书馆 CIP 数据核字(2020)第 027340 号

个人贷款(初级)
GEREN DAIKUAN(CHUJI)

出 版 人 于 华 龙
责任编辑 杨 风 华
责任校对 郭 慧 慧
封面设计 天明教育

出版发行 河南大学出版社
地址：郑州市郑东新区商务外环中华大厦 2401 号　邮编：450046
电话：0371-86059701(营销部)　0371-22860116(南方出版中心)
网址：hupress. henu. edu. cn

印　　刷	河南普庆印刷科技有限公司		
版　　次	2020 年 3 月第 1 版	**印　　次**	2024 年 11 月第 6 次印刷
开　　本	787 mm × 1092 mm　1/16	**印　　张**	15. 5
字　　数	358 千字	**定　　价**	50. 00 元

版权所有　侵权必究

(本书如有印装质量问题，请与河南大学出版社营销部联系调换。)

前言 Foreword

考试介绍

中国银行业专业人员职业资格考试由中国银行业专业人员资格认证办公室负责组织和实施。每年考两次，以计算机考试的方式进行。同时，它分为初级和中级两个等级，初级考试合格并满足相应条件方可报名参加中级考试。

考试科目分为《银行业法律法规与综合能力》和《银行业专业实务》。其中，《银行业专业实务》下设《个人理财》《公司信贷》《个人贷款》《风险管理》《银行管理》五个专业类别。考生需通过《银行业法律法规与综合能力》与《银行业专业实务》科目下任意一个专业类别方可取得初级资格证书。考试题型全部为客观题，包括单选题、多选题和判断题。

本书特色

为帮助考生更加有效地备考，熟练掌握有关知识并顺利通过考试，我们组织国内优秀的名师及专家，严格按照新考试大纲和相关法律、法规和规范性文件，在认真分析和总结历年考试真题的基础上，精心编写了本书。

本书主要有以下几大特点：

1. 紧扣考试大纲，明确学习要点

本书以考试大纲为依据，在编写过程中，专家老师精心总结命题规律，为考生提供了具有专业性、目标性、概括性的考点知识讲解，帮助考生明确复习要点，缩短学习时间，提高复习效率，增强备考信心。

2. 具有针对性的练习题，讲解深入浅出

本书在每章知识点介绍结束后设置了“实战演练”板块，考生可据此进行自测，这既能够帮助考生巩固所学知识，又能帮助考生熟悉题型，从而使考生在考

试中举一反三解答同一类考题。同时，在封底添加了题库二维码，考生可扫描二维码进入题库进行练习，熟悉考试方式。

3.双色印刷，层次分明

本书采用双色印刷模式，部分知识点以曲线标出，使书中的知识点清晰明了，从而有利于考生对考点的学习和掌握。

4.开创两大板块，点明学习方向

本套教材在考点详解之前，开创了“思维导图”“直击考纲”两大板块。

“思维导图”板块根据内文知识点，形成知识结构，使考生对章节内容一目了然，从而将所讲知识点串联起来，对书中内容做到心中有数，形成完整的知识框架，便于学习。

“直击考纲”板块根据考纲要求，按掌握、熟悉、了解三个层级高度概括考点内容。对于需要掌握和熟悉的内容，考生务必细看并理解，转化为自己的知识，因为这些大都是考试的重点；对于需要了解的内容，由于分值较小且容易掌握，考生着重了解即可，不需要花费太多时间。

尽管编写组成员精益求精，但书中难免存在不足和疏漏之处，敬请广大读者批评指正。

我们真诚地预祝所有应考人员考试成功！

本书编写组

目录

Contents

第一章　个人贷款概述

思维导图

- 个人贷款概述
  - 个人贷款的性质和发展
    - 个人贷款的概念和意义
    - 个人贷款的特征
    - 个人贷款的发展历程
  - 个人贷款产品的种类
    - 按产品用途分类
    - 按有无担保分类
    - 按贷款是否可循环分类
    - 按业务载体分类
    - 按照业务处理渠道分类
  - 个人贷款产品的要素
    - 贷款对象
    - 贷款利率
    - 贷款期限
    - 还款方式
    - 担保方式
    - 贷款额度

直击考纲

1. 掌握个人贷款的性质和发展。
2. 掌握个人贷款产品的种类和要素。

考点详解

第一节　个人贷款的性质和发展

一、个人贷款的概念和意义

1. 个人贷款的概念

个人贷款是指贷款人向符合条件的自然人发放的用于个人消费、生产经营等用途的本外币贷款。

与公司贷款业务相区别的重要特征为在商业银行业务中，个人贷款业务是以主体特征为标准进行贷款分类的一种结果，即借贷合同关系的一方主体是银行，另一方主体是自然人。

2.个人贷款的意义

对于金融机构来说，个人贷款业务具有三个方面的重要意义：

(1)带来新的收入来源。商业银行从个人贷款业务中除了获得正常的利息收入以外，通常还会得到一些相关的服务费收入。

(2)有效获取个人客户。商业银行可以将个人贷款作为获取高价值个人客户的重要抓手，并围绕个人客户开展零售产品综合服务。

(3)分散金融机构的风险。对商业银行来说，出于风险控制的目的，贷款发放需要充分分散化，避免过于集中。

对于宏观经济来说，开展个人贷款业务具有三个方面的积极意义：

(1)有效支持城乡居民的消费需求，满足人民日益增长的美好生活需要。

(2)对启动、培育和繁荣消费市场起到了催化和促进的作用；对扩大内需，推动生产，带动相关产业，支持国民经济持续、快速、健康和稳定发展起到了积极的作用。

(3)促进商业银行调整信贷结构、提高信贷资产质量、增加经营效益以及繁荣金融业。

由此可见，开展个人贷款业务，不但有利于金融机构增加收入和分散风险，而且有助于满足城乡居民的消费需求、繁荣金融行业、促进国民经济的健康发展。

直击考点

(单选)下列关于个人贷款的表述，错误的是(　　)。

A.个人贷款业务是以主体特征为标准进行贷款分类的一种结果

B.个人贷款业务是商业银行分散风险的资金运用方式

C.开展个人贷款业务不但有利于金融机构增加收入和分散风险，而且有助于满足城乡居民的消费需求

D.无论是单个贷款客户的集中还是贷款客户在行业内或地域内的集中，个人贷款都与企业贷款相同

【答案】D

【解析】无论是单个贷款客户的集中还是贷款客户在行业内或地域内的集中，个人贷款都不同于企业贷款。

二、个人贷款的特征

1.贷款品种多、用途广

目前，个人贷款品种包括个人消费类贷款、个人经营类贷款、自营性个人贷款、委托性个人贷款、单一性个人贷款、组合性个人贷款等。这些产品可以多层次、全方位地满足客户的不同需求。

2.贷款便利

近年来，各商业银行都在为个人贷款业务简化手续、改进服务手段、提高服务质量，尤其是互联网技术和移动通信等的应用，使得个人贷款业务的办理日趋便利。客户可以通过银行营业网点、专门的个人贷款服务中心、网上银行、电话银行等多种方式，了解、咨询银行的个人贷款业务；可以在银行所辖营业网点、个人贷款服务中心、网上银行、手机银行以及第三方合作平台等渠道办理个人贷款业务，为个人贷款客户提供了极大的便利。

3.还款方式灵活

各商业银行的个人贷款可以采取的还款方式有等额本息还款法、等额本金还款法、等比累进还款法、等额累进还款法及组合还款法等，而且客户还可以根据自己的需求和还款能力的变化情况，与贷款银行协商后改变还款方式。

4.低资本消耗

《商业银行资本管理办法》规定，权重法下计量信用风险加权资产时，对符合条件的零售个人风险暴露的风险权重为75%，其中符合标准的合格交易者个人风险暴露的风险权重为45%，部分商业银行对个人住房抵押贷款的风险权重可以为50%，而一般公司风险暴露的风险权重为100%。因此，与公司类贷款相比，低资本消耗是个人贷款明显的特征。

三、个人贷款的发展历程

我国个人贷款业务的发展经历了起步、发展、规范以及创新发展等阶段。

1.起步阶段

20世纪80年代中期，中国建设银行率先在国内开办了个人住房贷款业务，此后各商业银行相继在全国范围内全面开办该业务。目前，各商业银行的个人住房贷款规模不断扩大，由单一的个人购买房改房贷款，发展到消费性个人住房类贷款。

2.发展阶段

（1）1999年2月，中国人民银行颁布了《关于开展个人消费信贷的指导意见》（现已废止）。

（2）各商业银行不断加大消费信贷业务发展力度，个人消费信贷业务得到快速发展。

（3）商业银行也推出了向自然人发放的用于合法经营活动的贷款产品。在这一时期，逐步形成了以个人住房贷款和个人汽车贷款为主，其他个人综合消费贷款、个人经营类贷款和个人教育贷款等几十个品种共同发展的、较为完善的个人贷款产品系列。

3.规范阶段

（1）近年来，商业银行设立客户贷款服务中心或金融超市，实行“一站式”全程服务，为个人贷款提供了极大的便利，也为我国个人贷款业务的规范发展创造了良好的内部环境。

（2）各类个人信贷品种发展潜力和发展空间巨大，商业银行拓展和创新个人贷款业务方式随之增多。

（3）逐步完善个人贷款相应配套措施和建立个人信用体系。

（4）2010年2月12日，原中国银行业监督管理委员会颁布了《个人贷款管理暂行办法》（现已废止），这是我国出台的第一部个人贷款管理的法规，它强化了贷款调查环节，要求严格执行贷款面谈制度,有助于从源头上防范风险。

4. 创新发展阶段

(1)近年来,由于大数据、云计算、区块链、人工智能等新一轮信息技术应用的发展,使金融服务内涵产生深刻变化,金融行业的生态格局也随之改变。

(2)个人贷款业务等零售金融业务是本轮金融科技应用的重点领域之一,呈现出蓬勃发展之势。

(3)2020年7月,原银保监会颁布《商业银行互联网贷款管理暂行办法》,以规范商业银行互联网贷款业务经营行为,促进互联网贷款业务平稳健康发展。

(4)国家金融监督管理总局对《个人贷款管理暂行办法》进行修订,形成《个人贷款管理办法》,于2024年7月1日起施行。本次修订针对线上办理个人贷款需求明显增长的趋势,明确了视频面谈、非现场调查、电子银行渠道签署借款合同等流程,此外,还明确了个人消费和经营贷款期限,优化了受托支付、展期有关要求等。

第二节 个人贷款产品的种类

一、按产品用途分类

根据产品用途的不同,个人贷款产品可以分为个人消费类贷款和个人经营类贷款等。

(一)个人消费类贷款

个人消费类贷款是指银行向申请购买“合理用途的消费品或服务”的借款人发放的个人贷款,具体来说,是银行向个人客户发放的有指定消费用途的贷款。

个人消费类贷款包括:个人住房贷款、个人汽车贷款、个人教育贷款、其他个人消费贷款等。

1. 个人住房贷款

个人住房贷款是指银行向自然人发放的用于购买、建造和大修理各类型住房的贷款。个人住房贷款包括自营性个人住房贷款、公积金个人住房贷款和个人住房组合贷款。

自营性个人住房贷款,也称商业性个人住房贷款,是指银行运用信贷资金向在城镇购买、建造或大修理各类型住房的自然人发放的贷款。

公积金个人住房贷款,也称委托性住房公积金贷款,是指由各地住房公积金管理中心运用个人及其所在单位缴纳的住房公积金,委托商业银行向购买、建造、翻建、大修自住住房的住房公积金缴存人以及在职期间缴存住房公积金的离退休职工发放的专项住房贷款。该贷款不以营利为目的,实行“低进低出”的利率政策,带有较强的政策性,贷款额度受到限制。因此,它是一种政策性个人住房贷款。

个人住房组合贷款是指按时足额缴存住房公积金的职工在购买、建造或大修住房时,可以同时申请公积金个人住房贷款和自营性个人住房贷款,从而形成特定的个人住房贷款组合,简称个人住房组合贷款。

2.个人汽车贷款

个人汽车贷款是指银行向自然人发放的用于购买汽车的贷款。

个人汽车贷款所购车辆按用途可以划分为自用车和营运车。自用车是指借款人申请汽车贷款购买的、不以营利为目的的汽车；营运车是指借款人申请汽车贷款购买的、以营利为目的的汽车。根据所购车辆的用途不同，个人汽车贷款产品可以划分为自用车贷款和营运车贷款。严格地说，营运车贷款属于经营类贷款，但部分商业银行把其纳入消费类贷款。

个人汽车贷款所购车辆按注册登记情况可以划分为新车和二手车。二手车是指从办理完机动车注册登记手续到规定报废年限一年之前进行所有权变更并依法办理过户手续的汽车。

3.个人教育贷款

个人教育贷款是银行向在读学生或其直系亲属、法定监护人发放的用于满足其就学资金需求的贷款。根据贷款性质的不同将个人教育贷款分为：国家助学贷款、商业助学贷款和个人留学贷款。

类别	内容
国家助学贷款	（1）是由政府主导、财政贴息、财政和高校共同给予银行一定风险补偿金，银行、教育行政部门与高校共同操作的，帮助高校家庭经济困难学生支付在校学习期间所需的学费、住宿费的银行贷款。 （2）国家助学贷款实行“财政贴息、风险补偿、信用发放、专款专用和按期偿还”的原则
商业助学贷款	（1）是指银行按商业原则自主向自然人发放的用于支持境内高等院校学生学费、住宿费和就读期间基本生活费的商业贷款。 （2）商业助学贷款实行“部分自筹、有效担保、专款专用和按期偿还”的原则
个人留学贷款	（1）是指银行向个人发放的用于留学所需学杂费、生活费或留学保证金的个人贷款。 （2）个人留学贷款不但可以满足留学人员在留学签证过程中所需要的一切资金需求，还可以为留学人员解决在境外求学所需的各种学杂费用

4.其他个人消费贷款

除上述用途的个人消费类贷款外，商业银行纷纷推出了用于住房装修、购买大额耐用消费品、旅游消费以及医疗服务消费的专项用途个人消费类贷款，随着居民消费多元化，商业银行推出的个人消费贷款用途日趋综合化。

直击考点

（单选）下列关于个人住房贷款的表述，错误的是（　　）。

A.公积金个人住房贷款实行“低进低出”的利率政策

B.自营性个人住房贷款也称商业性个人住房贷款

C.个人住房组合贷款不追求营利，是一种政策性贷款

D.个人住房贷款是指银行向自然人发放的用于购买、建造和大修理各类型住房的贷款

【答案】C

【解析】选项C,公积金个人住房贷款实行"低进低出"的利率政策,是一种政策性个人住房贷款。个人住房组合贷款是指按时足额缴存住房公积金的职工在购买、建造或大修住房时,可以同时申请公积金个人住房贷款和自营性个人住房贷款,从而形成特定的个人住房贷款组合。

(二)个人经营类贷款

个人经营类贷款是指银行向从事合法生产经营的自然人发放的,用于满足个人控制的企业(包括个体工商户)生产经营流动资金需求和其他合理资金需求以及用于购买商用房的贷款。个人经营类贷款包括个人经营贷款、个人商用房贷款、农户贷款。

类别	内容
个人经营贷款	是指用于借款人合法经营活动的贷款
个人商用房贷款	是指贷款人向借款人发放的用于购买商业用房的贷款
农户贷款	(1)是指银行业金融机构向符合条件的农户发放的用于生产经营、生活消费等用途的贷款。其中,农户是指长期居住在乡镇和城关镇所辖行政村的住户、国有农场的职工和农村个体工商户。 (2)农户贷款包括经营和消费两种用途

直击考点

(单选)关于个人经营类贷款,下列说法错误的是(　　)。

A.个人商用房贷款是指贷款人向借款人发放的用于购买商业用房的贷款

B.个人经营贷款是指用于借款人合法经营活动的贷款

C.创业担保贷款是指通过政府出资设立担保基金,委托担保机构提供贷款担保,由经办金融机构发放,以解决符合一定条件的待就业人员从事创业经营自筹资金不足的一项贷款

D.农户贷款借款人是指长期居住在乡镇和城关镇的住宅区户、国有农场的职工和农村个体工商户

【答案】D

【解析】选项D,农户贷款是指银行业金融机构向符合条件的农户发放的用于生产经营、生活消费等用途的贷款。其中,农户是指长期居住在乡镇和城关镇所辖行政村的住户、国有农场的职工和农村个体工商户。

二、按有无担保分类

根据是否有担保的不同,个人贷款可以分为有担保贷款和无担保贷款。其中,前者包括个人抵押贷款、个人质押贷款和个人保证贷款,后者即个人信用贷款。

(一)个人抵押贷款

1.内容

个人抵押贷款是指贷款银行以借款人或第三人提供的、经贷款银行认可的、符合规定条件

的财产作为抵押物而向自然人发放的贷款。当借款人不履行还款义务时，贷款银行有权依法以该财产折价或者以拍卖、变卖财产的价款优先受偿。

2. 有关规定

根据《中华人民共和国民法典》（以下简称《民法典》）第三百九十五条的规定，债务人或者第三人有权处分的下列财产可以抵押：建筑物和其他土地附着物；建设用地使用权；海域使用权；生产设备、原材料、半成品、产品；正在建造的建筑物、船舶、航空器；交通运输工具；法律、行政法规未禁止抵押的其他财产。抵押人可以将前款所列财产一并抵押。

《民法典》第三百九十九条也规定了不得抵押财产范围：土地所有权；宅基地、自留地、自留山等集体所有土地的使用权，但法律规定可以抵押的除外；学校、幼儿园、医疗机构等以公益为目的成立的非营利法人的教育设施、医疗卫生设施和其他公益设施；所有权、使用权不明或者有争议的财产；依法被查封、扣押、监管的财产；法律、行政法规规定不得抵押的其他财产。

个人抵押贷款可以基于客户单次申请、单次抵押办理一笔抵押贷款。但对一定期间内将要连续发生的债权，不必每次分别设定抵押，而是通过设定最高额抵押的方式提供担保。最高额抵押是为担保债务的履行，债务人或者第三人对一定期间内将要连续发生的债权提供担保财产，债务人不履行到期债务或者发生当事人约定的实现抵押权的情形，押权人有权在最高债权额限度内就该担保财产优先受偿。

3. 个人抵押授信贷款的特点

（1）先授信，后用信。借款人向银行申请办理个人抵押授信贷款手续，取得授信额度后，借款人方可使用贷款。

（2）一次授信，循环使用。借款人只需要一次性地向银行申请办理个人抵押授信贷款手续，取得授信额度后，便可以在有效期和贷款额度内循环使用。个人抵押授信贷款提供了一个有明确授信额度的循环信贷账户，借款人可使用部分或全部额度，一旦已经使用的余额得到偿还，该信用额度又可以恢复使用。

（3）贷款用途比较综合。个人抵押授信贷款没有明确指定使用用途，其使用用途比较综合，个人只要能够提供贷款使用用途证明即可。

（二）个人质押贷款

1. 内容

个人质押贷款是指自然人以合法有效、符合银行规定条件的质物出质，向银行申请取得的一定金额的贷款。

质押担保分为动产质押和权利质押。动产质押是指借款人或第三人将其动产移交贷款银行占有，将该动产作为贷款的担保，借款人不履行还款义务时，贷款银行有权依法以动产折价或以拍卖、变卖该动产的价款优先受偿。权利质押是指以法律规定可以质押的，或贷款银行许可的质押物作为担保，借款人不履行还款义务时，贷款银行有权依法以权利凭证折价或以拍卖、变卖该权利凭证的价款优先受偿。

2. 相关规定

根据《民法典》第四百四十条的规定，可作为个人质押贷款的质物主要有：汇票、支票、本票；债券、存款单；仓单、提单；可以转让的基金份额、股权；可以转让的注册商标专用权、专利权、著作权等知识产权中的财产权；现有的以及将有的应收账款；法律、行政法规规定可以出质的其他财产权利。

3. 个人质押贷款的特点

(1)贷款风险较低，担保方式相对安全。由于借款人需将价值充足、变现性强的权利凭证质押给银行，银行贷款风险较低，担保方式相对安全，该类贷款的风险控制重点是关注质物的真实性、合法性和可变现性，防范操作风险。

(2)时间短、周转快。个人质押贷款一般是急用，要求效率较高，办理时间短，手续简便。

(3)操作流程短。个人质押贷款可在柜台办理，部分质押贷款也可以通过网上银行自助办理。商业银行按照网点授权大小进行审批，同时开出的权利凭证办理质押贷款便于核实，效率较高。

(4)质物范围广泛。按照《民法典》规定，个人有处分权的很多权利都可以出质。

直击考点

(单选)个人抵押贷款在各商业银行较为普遍，下列关于个人抵押贷款的说法错误的是(　　)。

A.《民法典》规定了可以抵押的财产

B.当借款人不履行还款义务时，贷款银行有权依法以该财产折价或者以拍卖、变卖财产的价款优先受偿

C.抵押人所有的建筑物和其他土地附着物均可以作为抵押品

D.个人抵押贷款是指贷款银行以自然人的、经贷款银行认可的、符合规定条件的财产作为抵押物而向个人发放的贷款

【答案】D

【解析】选项D，个人抵押贷款在各商业银行较为普遍，它是指贷款银行以借款人或第三人提供的、经贷款银行认可的、符合规定条件的财产作为抵押物而向自然人发放的贷款。

(三)个人保证贷款

1. 内容

个人保证贷款是指银行以银行认可的，具有代位清偿债务能力的法人、其他经济组织或自然人作为保证人而向自然人发放的贷款。当借款人不履行还款义务时，由保证人按照约定履行或承担还款责任的行为。

2. 相关规定

根据《中华人民共和国民法典》的规定，下列单位或组织不能担任保证人：机关法人；学校、幼儿园、医院等以公益为目的的非营利法人、非法人组织；企业法人的分支机构、职能部门，但如果有法人授权的，其分支机构可以在授权的范围内提供保证。

个人保证贷款手续简便，只要保证人愿意提供保证，银行经过核保认定保证人具有保证能力，签订保证合同即可，整个过程涉及银行、借款人和担保人三方，贷款办理时间短，环节少。如果贷款出现逾期，银行可按合同约定依法向保证人追索或直接向保证人扣收贷款。

(四)个人信用贷款

1.内容

个人信用贷款是银行向自然人发放的无须提供任何担保的贷款，其特征就是债务人无须提供抵质押品或第三方担保仅凭自己的信誉就能取得贷款，并以借款人信用程度作为还款保证。个人信用贷款主要依据借款申请人的个人信用状况确定贷款额度，信用等级越高，信用额度越大，反之越小。由于这种贷款方式风险较大，一般要对借款方的还款能力、还款意愿等情况进行详细的考察，以降低风险。

2.相关规定

根据《中华人民共和国商业银行法》的规定，商业银行不得向关系人发放信用贷款。

3.个人信用贷款的特点

(1)准入条件严格。银行对个人信用贷款的借款人一般有严格的规定，需要经过严格审查。

(2)贷款额度小。与一般的抵质押贷款相比，个人信用贷款额度相对较小。

(3)贷款期限短。个人信用贷款主要根据个人信用记录和个人信用评级确定贷款额度和贷款期限，而个人信用记录和个人信用评级时刻都在变化。因此，需要时时跟踪个人的信用变化状况，根据个人信用状况对贷款期限进行相应调整，相对其他产品而言，个人信用贷款期限较短。

直击考点

(多选)下列关于个人保证贷款的说法，正确的有(　　)。

A.其保证人必须具备代位清偿能力

B.出现纠纷可通过法律程序进行解决

C.个人保证贷款办理时间短，环节少

D.如出现逾期，银行可按合同约定直接向保证人扣收贷款

E.整个过程涉及银行、借款人和担保人三方

【答案】ABCDE

【解析】个人保证贷款是指银行以银行认可的，具有代位清偿债务能力的法人、其他经济组织或自然人作为保证人而向自然人发放的贷款。个人保证贷款手续简便，只要保证人愿意提供保证，银行经过核保认定保证人具有保证能力，签订保证合同即可，整个过程涉及银行、借款人和担保人三方，贷款办理时间短，环节少。如果贷款出现逾期，银行可按合同约定依法向保证人追索或直接向保证人扣收贷款。

三、按贷款是否可循环分类

在银行实际操作中，个人贷款产品可以分为个人单笔贷款和个人授信额度，根据贷款是否可循环的不同，个人授信额度又分为可循环使用的授信额度和不可循环使用的授信额度。

1.个人单笔贷款

个人单笔贷款主要指用于每个单独批准在一定贷款条件（收入的使用、最终到期日、还款时间安排、定价、担保等）下的个人贷款。其特点是被指定发放的贷款本金，一旦经过借款和还款后，就不能再被重复借贷。

2.个人不可循环授信额度

个人不可循环授信额度是指根据每次单笔贷款出账金额累计计算，即使单笔贷款提前还款，该笔贷款额度不能循环使用。即使额度仍然在有效期内，如果出账金额累计达到最高授信额度时，也不能再出账。

这类业务中，具有代表性的是用途为购买机器设备、装修经营场所的个人经营贷款，根据设备的购买安装进度、装修项目的工程进度在贷款额度内分次出账，直到额度用满为止。

3.个人可循环授信额度

个人可循环授信额度是指由自然人提出申请，并提供符合银行规定的担保或信用条件（一般以房产作为抵押），经银行审批同意，对借款人进行最高额度授信，借款人可在额度有效期内随借随还、循环使用的一种个人贷款业务。

个人可循环授信额度为余额控制，在额度和期限内，借款人可以自行搭配每次使用的金额，贷款归还后，可以继续循环使用，直至达到最高余额或期满。

授信额度项下贷款可用于个人经营，以及装修、留学、旅游等消费用途。授信额度通常可达抵押房产评估价值的70%，商业银行可根据风险政策制定不同的抵押率。

四、按业务载体分类

按照业务载体的不同，个人贷款可分为传统个人贷款以及信用卡个人贷款。

信用卡是由银行或专门的信用卡公司签发，证明持卡人信用良好、可以在指定场所进行直接消费的一种信用凭证。信用卡个人贷款一般用于消费用途，但允许服务“三农”的惠农信用卡用于生产经营活动，对于大额消费，还可以分期偿还。

五、按照业务处理渠道分类

按照业务处理的渠道不同，个人贷款还可分为传统线下个人贷款以及线上个人贷款。

近几年，伴随互联网技术和信息通信技术发展，互联网与金融快速融合，互联网金融发展迅速。个人贷款业务也与互联网深度结合，传统商业银行，网络小贷公司以及个体网络借贷平台纷纷介入该领域，呈现出快速发展的态势。线上个人贷款能够实现线上申请、自动审批、快速放款等功能，放款效率明显快于传统个人贷款，满足客户快速用款需求。

直击考点

（多选）按照业务载体的不同，个人贷款产品包括（　　）。

A.个人消费类贷款　　B.传统个人贷款

C.个人保证贷款　　D.互联网个人贷款

E.信用卡个人贷款

【答案】BE

【解析】个人贷款产品的种类有以下五种划分方法：(1)根据产品用途不同，个人贷款产品分为个人消费类贷款和个人经营类贷款等；(2)根据有无担保，个人贷款产品可以分为有担保贷款和无担保贷款，其中前者包括个人抵押贷款、个人质押贷款、个人保证贷款，后者即个人信用贷款；(3)根据贷款是否可循环，个人贷款产品分为个人单笔贷款、个人不可循环授信额度、个人可循环授信额度；(4)按照业务载体的不同，个人贷款可分为传统个人贷款以及信用卡个人贷款；(5)按照业务处理的渠道不同，个人贷款还可分为传统线下个人贷款以及线上个人贷款。

第三节 个人贷款产品的要素

个人贷款产品的要素主要包括贷款对象、贷款利率、贷款期限、还款方式、担保方式和贷款额度。它们是贷款产品的基本组成部分，不同贷款要素的设定赋予了个人贷款产品千差万别的特点。

一、贷款对象

1.个人贷款对象

个人贷款对象仅限于自然人，而不包括法人。

2.银行贷款对象

银行一般要求个人贷款客户至少满足以下基本条件：

(1)借款人为具有完全民事行为能力的中华人民共和国公民或符合国家有关规定的境外自然人。

(2)具有合法有效的身份证明(居民身份证、户口簿或其他有效身份证明)及婚姻状况证明等。

(3)借款用途明确合法。

(4)贷款申请数额、期限和币种合理。

(5)借款人具备还款意愿。

(6)借款人信用状况良好。

(7)具有稳定的收入来源和按时足额偿还贷款本息的能力。

除上述基本条件外，不同的贷款产品、不同贷款人对借款人的具体条件要求不同。

二、贷款利率

1.内容

贷款利率是借款人为取得货币资金的使用权而支付给银行的价格，利息是货币所有者因暂时让渡一定货币资金的使用权而从借款人那里取得的报酬，实际上就是借贷资金的“成本”。利息水平的高低是通过利率的大小表示的。

利率是一定时期内利息额与本金的比率。

公式表示为：利率＝利息额/本金。

它是衡量利息高低的指标，有时也被称为货币资本的价格。现实生活中，利率都是以某种具体形式存在的，如活期存款利率、1年期存款利率等。

2.利率的分类

利率通常分为年利率、月利率和日利率，分别用百分比、千分比、万分比表示。根据资金借贷性质、借贷期限长短等，可把利率划分为不同种类：法定利率和市场利率、短期利率和中长期利率、固定利率和浮动利率、名义利率和实际利率。

3.重要利率

（1）固定利率。固定利率是指存贷款利率在贷款合同存续期间或存单存期内固定不变的利率，它不依市场利率的变化而调整。

（2）基准利率。基准利率是中央银行分布给商业银行的贷款指导性利率，是央行用于调节社会经济和金融体系运转的货币政策之一，也叫中心利率，是各国利率体系的核心。

（3）浮动利率。浮动利率是指银行等金融机构规定的以基准利率为中心，在一定幅度内上下浮动的利率，有利率上浮和利率下浮两种情况。高于基准利率而低于最高幅度（含）为利率上浮，低于基准利率而高于最低幅度（含）为利率下浮。

（4）合同利率。合同利率是指贷款银行根据法定贷款利率和中国人民银行规定的浮动幅度范围以及利率政策等，经与借款人共同商定，并在借款合同中载明的某一笔具体贷款的利率。

一般来说，贷款期限在1年以内（含）的实行合同利率，遇法定利率调整不分段计息，执行原合同利率；贷款期限在1年以上的，合同期内遇法定利率调整时，可由借贷双方按商业原则确定，可在合同期间按月、按季、按年调整，也可采用固定利率的确定方式。

2013年7月，中国人民银行宣布取消金融机构贷款利率的下限（除个人住房贷款外），由金融机构根据商业原则自主确定贷款利率水平，贷款利率市场化改革取得长足进步。随着利率市场化进程的推进以及金融行业市场化程度的提升，银行对贷款产品的定价权越来越大，贷款产品的价差必将越来越大，借款人对贷款产品的选择余地也将越来越大，银行间的竞争也会势必愈加激烈。

直击考点

（单选）我国利率体系的核心是（　　）。

A.固定利率　　B.浮动利率　　C.基准利率　　D.市场利率

【答案】C

【解析】基准利率的变动是货币政策的主要手段之一，是各国利率体系的核心。如果中央银行改变基准利率，会直接影响商业银行借款成本的高低，从而对信贷起着限制或鼓励的作用，并同时影响其他金融市场的利率水平。

三、贷款期限

贷款期限是指从具体贷款产品发放到约定的最后还款或清偿的期限。不同的个人贷款产品的贷款期限也各不相同。经贷款人同意，个人贷款可以展期。1年以内（含）的个人贷款，展期期限累计不得超过原贷款期限；1年以上的个人贷款，展期期限累计与原贷款期限相加，不得超过该贷款品种规定的最长贷款期限。

四、还款方式

1.到期一次还本付息法

到期一次还本付息法又称期末清偿法，指借款人需在贷款到期日还清贷款本息，利随本清。此种方式一般适用于期限在1年以内（含）的贷款。

2.等额本息还款法

等额本息还款法是指在贷款期内每月以相等的额度平均偿还贷款本息。每月还款额计算公式如下：

$$每月还款额=\frac{月利率\times(1+月利率)^{还款期数}}{(1+月利率)^{还款期数}-1}\times 贷款本金$$

遇到利率调整及提前还款时，应根据未偿还贷款余额和剩余还款期数计算每期还款额。

等额本息还款法是每月以相等的额度偿还贷款本息，其中归还的本金和利息的配给比例是逐月变化的，利息逐月递减，本金逐月递增。

3.等额本金还款法

等额本金还款法是指在贷款期内每月等额偿还贷款本金，贷款利息随本金逐月递减。每月还款额计算公式如下：

$$每月还款额=\frac{贷款本金}{还款期数}+(贷款本金-已归还贷款本金累计额)\times 月利率$$

等额本金还款法的特点是定期、定额还本，也就是在贷款后，每期借款人除了缴纳贷款利息外，还需要定额摊还本金。由于等额本金还款法每月还本额固定，所以其贷款余额以定额逐渐减少，每月付款及每月贷款余额也定额减少。

4.等比累进还款法

借款人每个时间段上以一定比例累进的金额（分期还款额）偿还贷款，其中每个时间段归还的金额包括该时间段应还利息和本金，按还款间隔逐期归还，在贷款截止日期前全部还清本息。

等比累进还款法又分为等比递增还款法和等比递减还款法，通常比例控制在0~±100%之间，且经计算后的任意一期还款计划中的本金或利息不得小于零。此种方法通常与借款人对于自身收入状况的预期相关，如果预期未来收入呈递增趋势，则可选择等比递增法，减少提前还款的麻烦；如果预期未来收入呈递减趋势，则可选择等比递减法，减少利息支出。

5.等额累进还款法

等额累进还款法与等比累进还款法类似，不同之处就是将在每个时间段上约定还款的“固定比例”改为“固定额度”。

在初始时期，银行会根据客户的贷款总额、期限和资信水平测算出一个首期还款金额，客户按固定额度还款，此后，根据间隔期和相应的递增或递减额度进行还款的操作方法。此种方法又分为等额递增还款法和等额递减还款法。

等额累进还款法和等比累进还款法相似的特点是当借款人还款能力发生变化时，可通过调整累进额或间隔期来适应客户还款能力的变化。对收入增加的客户，可采取增大累进额、缩短间隔期等办法，使借款人分期还款额增多，从而减少借款人的利息负担；对收入水平下降的客户，可采取减少累进额、扩大累进间隔期等办法使借款人分期还款额减少，以减轻借款人的还款压力。

6.组合还款法

组合还款法是一种将贷款本金分段偿还，根据资金的实际占用时间计算利息的还款方式。即根据借款人未来的收支情况，首先将整个贷款本金按比例分成若干偿还阶段，然后确定每个阶段的还款年限。

还款期间，每个阶段约定偿还的本金在规定的年限中按等额本息的方式计算每月偿还额，未归还的本金部分按月计息，两部分相加即形成每月的还款金额。

组合还款法的特点在于比较灵活，能够满足客户个性化的需求。

7.按月还息、到期一次性还本还款法

按月还息、到期一次性还本还款法，即在贷款期限内每月只还贷款利息，贷款到期时一次性归还贷款本金，此种方式一般适用于期限在1年以内(含)的贷款。

直击考点

(单选)下列关于个人贷款还款方式的表述，正确的是(　　)。

A.等额累进还款法是指借款人在每个时间段上以一定比例累进的金额偿还贷款，按还款间隔逐期归还，在贷款截止日期前全部还清本息

B.等额本息还款法是指在贷款期内每月等额偿还贷款本金，贷款利息随本金逐月递减

C.等额本金还款法是指贷款期内每月以相等的额度平均偿还贷款本息

D.到期一次还本付息法是指借款人需在贷款到期日还清贷款本息，利随本清

【答案】D

【解析】选项A考查的是等比累进还款法的定义；选项B考查的是等额本金还款法的定义；选项C考查的是等额本息还款法的定义。

五、担保方式

个人贷款可采用有抵押、质押、保证及无担保的信用方式，在实践中，当借款人采用一种担保方式不能足额对贷款进行担保时，从控制风险的角度，贷款银行往往要求借款人组合使用不同的担保方式对贷款进行担保。

1.抵押担保

抵押担保是指借款人或第三人不转移对法定财产的占有，将该财产作为贷款的担保。借款人不履行还款义务时，贷款银行有权依法以该财产折价或者以拍卖、变卖财产的价款优先受偿。

2.质押担保

质押担保是指借款人或第三人转移对法定财产的占有，将该财产作为贷款的担保。

3.保证担保

保证担保是指保证人和贷款银行约定，当借款人不履行还款义务时，由保证人按照约定履行或承担还款责任的行为。

六、贷款额度

贷款额度是指银行向借款人提供的以货币计量的贷款数额。除了中国人民银行、国务院银行业监督管理部门或国家其他有关部门有明确规定外，个人贷款的额度可以根据申请人所购财产价值、所提供的抵押担保、质押担保和保证担保的额度以及资信等情况确定。

实战演练

一、单项选择题

1.以下关于个人贷款的说法中，错误的是（　　）。

A.个人单笔贷款的特点是被指定发放的贷款本金，一旦经过借贷和还款后，就不能再被重复借贷

B.根据贷款是否可循环的不同，个人授信额度又分为可循环使用的授信额度和不可循环使用的授信额度

C.个人贷款产品可以分为个人单笔贷款和个人授信额度

D.个人可循环授信额度为余额控制，一般仅设定最高授信额度，不设定额度具体期限

2.（　　）是指银行向借款人提供的以货币计量的贷款数额。

A.贷款本息　　B.贷款价格　　C.贷款余额　　D.贷款额度

3.个人消费类贷款是指银行向个人客户发放的有指定消费用途人民币贷款业务，下列关于该贷款的说法错误的是（　　）。

A.个人医疗贷款一般由贷款银行和保险公司联合当地特定合作医院办理

B.个人汽车贷款所购车辆按注册登记情况可以划分为新车和二手车

C.国家助学贷款是指银行自主向个人发放的用于支持境内高等院校学生学费、住宿费和就读期间基本生活费的贷款

D.个人住房装修贷款可以用于支付家庭装潢和维修工程的施工款、相关的装修材料和厨卫设备款等

4.下列情况中，可能获得贷款的是（　　）。

A.小明今年16岁，欲分期付款购买变形金刚

B.小丽刚刚辞职，成为一名自由职业者

C.小红一贯遵纪守法，并且具有良好的信用记录，欲分期付款购买住房

D.由于最近贷款利率下降，小东决定先贷一笔款，再决定其用途

二、多项选择题

5.下列关于利率的表述,正确的有(　　)。

A.如果中央银行改变浮动利率,直接会影响商业银行的借款成本的高低

B.利率浮动有利率上浮和利率下浮两种情况

C.低于基准利率为利率下浮

D.高于基准利率而低于最高幅度(含最高幅度)为利率上浮

E.以固定利率为中心在一定幅度内上下浮动的利率为浮动利率

6.下列关于个人贷款合同利率的说法,正确的有(　　)。

A.应根据法定贷款利率和中国人民银行规定的浮动幅度确定贷款合同利率

B.贷款银行确定合同利率应与借款人共同商定

C.合同利率由贷款银行单方确定,借款人只能被动接受

D.合同利率必须与法定贷款利率一致

E.合同利率在借款合同中载明

7.个人质押贷款的特点包括(　　)。

A.质物范围广泛　　B.贷款风险较低

C.操作流程短　　D.时间长、周转慢

E.担保方式相对安全

8.下列关于个人贷款特征的说法,正确的有(　　)。

A.贷款品种多,但有特定的用途,故用途不是很广

B.为了使个人贷款业务办理便利,其个人信用审查逐渐放松

C.各商业银行的个人贷款可以采取灵活多样的还款方式

D.各商业银行可以通过改进服务手段、提高服务质量,尤其是互联网技术的应用,使得个人贷款业务的办理日趋便利

E.各银行为了更好地满足客户的多元化需求,不断推出个人贷款业务新品种

9.各商业银行的个人贷款产品有不同的还款方式可供借款人选择,包括(　　)。

A.到期一次还本付息法　　B.等额本息还款法

C.等额本金还款法　　D.等比累进还款法

E.组合还款法

三、判断题

10.自营性个人住房贷款,是指银行运用信贷资金向在城镇或农村购买、建造或大修理各类住房的个人发放的贷款。(　　)

A.正确　　B.错误

11.如果个人保证贷款出现逾期,银行可按合同约定依法向保证人追索或直接向保证人扣收贷款。(　　)

A.正确　　B.错误

12.二手车是指从办理完机动车注册登记手续到规定报废年限一年之前进行所有权变更的

汽车。( )

A.正确　　B.错误

13.个人贷款业务,可以帮助金融机构增加收入、分散贷款过于集中的风险,也可以满足居民的消费需求。( )

A.正确　　B.错误

14.当借款人采用等比累进还款法还款时,每期还款额递减。( )

A.正确　　B.错误

参考答案及解析

一、单项选择题

1.D 【解析】个人可循环授信额度是指由自然人提出申请,并提供符合银行规定的担保或信用条件(一般以房产作为抵押),经银行审批同意,对借款人进行最高额度授信,借款人可在额度有效期内随借随还、循环使用的一种个人贷款业务。

2.D 【解析】贷款额度是指银行向借款人提供的以货币计量的贷款数额。除了中国人民银行、原银监会或国家其他有关部门有明确规定外,个人贷款的额度可以根据申请人所购财产价值、所提供的抵押担保、质押担保和保证担保的额度以及资信等情况确定。

3.C 【解析】选项C,商业助学贷款是指银行按商业原则自主向自然人发放的用于支持境内高等院校学生学费、住宿费和就读期间基本生活费的商业贷款。国家助学贷款是由政府主导、财政贴息、财政和高校共同给予银行一定风险补偿金,银行、教育行政部门与高校共同操作的,帮助高校家庭经济困难学生支付在校学习期间所需的学费、住宿费的银行贷款。

4.C 【解析】银行一般要求个人贷款客户至少满足以下基本条件:(1)借款人为具有完全民事行为能力的中华人民共和国公民或符合国家有关规定的境外自然人;(2)具有合法有效的身份证明(居民身份证、户口簿或其他有效身份证明)及婚姻状况证明等;(3)借款用途明确合法;(4)贷款申请数额、期限和币种合理;(5)借款人具备还款意愿;(6)借款人信用状况良好;(7)具有稳定的收入来源和按时足额偿还贷款本息的能力。本题选项A不符合条件(1),选项B不符合条件(7),选项D不符合条件(3)。

二、多项选择题

5.BD 【解析】选项A,如果中央银行改变基准利率,直接会影响商业银行借款成本的高低,从而对信贷起着限制或鼓励的作用,同时影响其他金融市场的利率水平;选项C,低于基准利率而高于最低幅度(含)为利率下浮;选项E,以基准利率为中心,在一定幅度内上下浮动的利率为浮动利率。

6.ABE 【解析】合同利率是指贷款银行根据法定贷款利率和中国人民银行规定的浮动幅度范围以及利率政策等,经与借款人共同商定,并在借款合同中载明的某一笔具体贷款的利率。

7.ABCE 【解析】个人质押贷款的特点包括:(1)贷款风险较低,担保方式相对安全;(2)时间短、周转快,个人质押贷款一般是急用,要求效率较高,办理时间短,手续简便;

(3)操作流程短，个人质押贷款可在柜台办理，部分质押贷款也可以通过网上银行自助办理，按照网点授权大小进行审批，同时开出的权利凭证办理质押贷款便于核实，效率较高；(4)质物范围广泛。

8.CDE 【解析】选项A，个人贷款具有用途广的特征；选项B，各商业银行都在为个人贷款业务简化手续、改进服务手段、提高服务质量，尤其是互联网技术的应用，使得个人贷款业务的办理日趋便利，但并没有放松对个人信用的审查。

9.ABCDE 【解析】各商业银行的个人贷款产品有不同的还款方式可供借款人选择。如到期一次还本付息法，等额本息还款法，等额本金还款法，等比累进还款法，等额累进还款法，组合还款法及按月还息、到期一次性还本的还款方式等多种方法。客户可以根据自己的收入情况，与银行协商，转换不同的还款方法。

三、判断题

10.B 【解析】自营性个人住房贷款，也称商业性个人住房贷款，是指银行运用信贷资金向在城镇购买、建造或大修理各类型住房的自然人发放的贷款。

11.A 【解析】个人保证贷款是指银行以银行认可的，具有代位清偿债务能力的法人、其他经济组织或自然人作为保证人而向自然人发放的贷款。如果贷款出现逾期，银行可按合同约定依法向保证人追索或直接向保证人扣收贷款。

12.B 【解析】二手车是指从办理完机动车注册登记手续到规定报废年限一年之前进行所有权变更并依法办理过户手续的汽车。

13.A 【解析】开展个人贷款业务，不但有利于金融机构增加收入和分散风险，而且有助于满足城乡居民的消费需求、繁荣金融行业、促进国民经济的健康发展。

14.B 【解析】等比累进还款法可分为等比递增还款法和等比递减还款法，前者每期还款额呈递增趋势，后者每期还款额呈递减趋势。

第二章 个人贷款管理

思维导图

- 个人贷款管理
  - 个人贷款管理原则
    - 全流程管理原则
    - 诚信申贷原则
    - 协议承诺原则
    - 审贷分离原则
    - 实贷实付原则
    - 重视贷后管理原则
  - 个人贷款流程
    - 贷款的受理与调查
    - 贷款的审查与审批
    - 贷款的签约与发放
    - 贷款支付
    - 贷后管理
  - 个人贷款营销管理
    - 银行营销策略
    - 个人贷款营销渠道
  - 个人贷款定价管理
    - 个人贷款定价原则
    - 个人贷款定价影响因素
  - 个人贷款风险管理
    - 风险管理概述
    - 信用风险管理
    - 操作风险管理
    - 其他风险管理
  - 个人贷款押品管理
    - 押品管理基本概念
    - 押品管理基本流程

直击考纲

1. 了解个人贷款管理原则，掌握个人贷款的流程。
2. 了解个人贷款营销管理。
3. 了解个人贷款定价的一般原则及影响因素。

4. 熟悉个人贷款风险管理。

5. 了解押品管理的基本概念及流程。

考点详解

第一节　个人贷款管理原则

一、全流程管理原则

全流程贷款管理强调将有效的信贷风险管理行为贯穿到贷款生命周期的每一个环节。强化贷款的全流程管理，可以推动银行个人贷款管理模式由粗放化向精细化转变，有助于改善个人贷款的质量，提高贷款管理的有效性。

贷款人要从加强贷款全流程管理的思路出发，将贷款过程管理中的各个环节进行分解，按照有效制衡的原则将各环节职责落实到具体的部门和岗位，并建立明确的问责机制。

二、诚信申贷原则

诚信申贷主要包含两层含义：

（1）借款人恪守诚实守信原则，按照贷款人要求的具体方式和内容提供贷款申请材料，并且承诺所提供材料是真实、完整、有效的；

（2）借款人应证明其信用记录良好、贷款用途和还款来源明确合法等。

贷款申请人应秉承诚实守信原则向贷款人提供真实、完整、有效的申贷材料，从而使贷款人能够更有效地识别风险、分析风险，做好贷款准入工作，在贷款的第一环节防范潜在风险。

三、协议承诺原则

协议承诺原则要求银行业金融机构作为贷款人，应与借款人乃至其他相关各方通过签订完备的贷款合同等协议文件，规范各方有关行为，明确各方权利义务，调整各方法律关系，明确各方法律责任。

协议承诺原则通过强调合同的完备性、承诺的法律化，一方面要求贷款人在合同等协议文件中清晰规定自身的权利义务，另一方面要求客户签订并承诺一系列事项，依靠法律来约束客户的行为。一旦违约事项发生，则能够切实保护贷款人的权益。

四、审贷分离原则

审贷分离是指银行业金融机构将贷款审查审批环节与贷款调查、贷款发放环节相分离，分别管理和控制，以达到降低信贷业务风险的目的。

推行审贷分离，一方面可以加强商业银行的内部控制，防范操作风险；另一方面可以践行全流程管理的理念，建设流程银行，提高专业化操作水平，强调各部门和岗位之间的有效制约，避免前台部门权力过于集中。

商业银行应设立独立的贷款发放部门或岗位，负责审核各项放款前提条件及确认贷款资金用途。采取贷款人受托支付的，贷款人应审核支付申请的信息是否与相关合同相符；采用借款人自主支付的，贷款人应对借款人提交的贷款支付要素进行确认。

五、实贷实付原则

实贷实付是指银行业金融机构根据借款人的有效贷款需求，主要通过贷款人受托支付的方式，将贷款资金支付给符合合同约定的借款人交易对象的过程。实贷实付原则的关键是让借款人按照贷款合同的约定用途使用贷款资金，减少贷款挪用的风险。

推行实贷实付，能够确保信贷资金进入实体经济，在满足有效信贷需求的同时，严防贷款资金被挪用，避免信贷资金违规流入股票市场、房地产市场等；有助于贷款人提高贷款的精细化管理水平，加强对贷款资金使用的管理和跟踪。实贷实付为全流程管理和协议承诺提供了操作的抓手和依据，有助于贷款人防范信用风险和法律风险。

六、重视贷后管理原则

贷后管理是指商业银行在贷款发放以后所开展的信贷风险管理工作。重视贷后管理原则的主要内容是：监督贷款资金按用途使用；对借款人账户进行监控；强调借款合同的相关约定对贷后管理工作的指导性和约束性；明确贷款人按照监管要求进行贷后管理的法律责任。

一个有效的贷后管理机制，要求针对借款人特点，通过定期与不定期的现场检查与非现场监测，分析借款人财务等变化状况，监测贷款资金的用途及流向，适时掌握各种影响借款人偿债能力的风险因素以及有可能导致贷款资金出现违约的因素，及时发现潜在风险因素，并迅速采取措施，防范信贷损失。有效的贷后管理工作有助于银行业金融机构提高风险管理水平，防范风险于未然，控制信贷资产质量，是银行业金融机构建立长期、长效发展机制的基石。

直击考点

（多选）个人贷款管理的主要原则包括（　　）。

A. 协议承诺原则　　B. 诚信申贷原则　　C. 实贷实付原则　　D. 审贷分离原则
E. 全流程管理原则

【答案】ABCDE

【解析】个人贷款管理的基本原则包括：（1）全流程管理原则；（2）诚信申贷原则；（3）协议承诺原则；（4）审贷分离原则；（5）实贷实付原则；（6）重视贷后管理原则。

第二节　个人贷款流程

个人贷款业务流程包括贷款的受理与调查、审查与审批、签约与发放、支付管理和贷后管理五个环节。

一、贷款的受理与调查

(一)贷款的受理

1.贷前咨询

银行通过现场咨询、门户网站、手机银行、网上银行、业务宣传手册等渠道和方式，向拟申请个人贷款的个人提供有关信息咨询服务。贷前咨询的主要内容包括：

(1)个人贷款品种介绍。

(2)申请个人贷款应具备的条件。

(3)申请个人贷款需提供的资料。

(4)办理个人贷款的程序。

(5)个人贷款合同中的主要条款，如贷款利率、还款方式和还款额等。

(6)获取个人贷款申请书、申请表格及有关信息的渠道。

(7)个人贷款经办机构的地址及联系电话。

(8)其他相关内容。

2.贷款的受理程序

(1)接受申请

贷款受理人应要求借款申请人以书面形式提出个人贷款申请，并按要求提交能证明其符合贷款条件的相关申请材料。对于有共同申请人的，应同时要求共同申请人提交有关申请材料。个人贷款申请应具备以下条件：①借款人为具有完全民事行为能力的中华人民共和国公民或符合国家有关规定的境外自然人；②贷款用途明确合法；③贷款申请数额、期限和币种合理；④借款人具备还款意愿和还款能力；⑤借款人信用状况良好，无重大不良信用记录；⑥贷款人要求的其他条件。

(2)初审

贷款受理人应对借款申请人提交的借款申请书及申请材料进行初审，主要审查借款申请人的主体资格及借款申请人所提交材料的完整性与规范性。

如果借款申请人提交材料不完整或不符合材料要求规范，应要求申请人补齐材料或重新提供有关材料。如果不予受理，应退回贷款申请并向申请人说明原因。经初审符合要求后，贷款受理人应将借款申请书及申请材料交由贷前调查人进行贷前调查。

直击考点

(单选)贷款受理人应对借款申请人提交的借款申请书及申请材料进行初审，初审环节的审查内容不包括(　　)。

A.借款申请人所提交材料的完整性　　B.借款申请人的主体资格

C.借款申请人所提交材料的真实性　　D.借款申请人所提交材料的规范性

【答案】C

【解析】贷款受理人应对借款申请人提交的借款申请书及申请材料进行初审，主要审查借款申请人的主体资格及借款申请人所提交材料的完整性与规范性。

（二）贷前调查

贷款人受理借款人贷款申请后，应履行尽职调查职责，对个人贷款申请内容和相关情况的真实性、准确性、完整性进行调查核实，并形成调查评价意见。

1.调查的方式和要求

（1）审查借款申请材料

贷前调查人通过审查借款申请材料了解借款申请人的基本情况、贷款担保情况等。

（2）与借款申请人面谈

贷款人应建立并严格执行贷款面谈制度，贷前调查人应通过面谈了解借款申请人的基本情况、贷款用途以及调查人认为应调查的其他内容，并且核实申请资料中涉及的个人情况与面谈人陈述是否一致。贷前调查人与申请人面谈应做相应记录，内容主要为可能存在真实性风险的内容、申请材料中未包含但应作为贷款审批依据的内容以及其他可能对贷款产生重大影响的内容。

面谈记录可以采取书面记录形式由贷前调查人确认签字后存档作为贷款审批依据，也可以由贷前调查人在贷款申请表中做相应表述。

（3）实地调查

贷款调查应以现场实地调查与非现场间接调查相结合的形式开展，采取现场核实、电话查问、信息咨询以及其他数字化电子调查等途径和方法。

对于金额不超过二十万元人民币的贷款，贷款人通过非现场间接调查手段可有效核实相关信息真实性，并可据此对借款人作出风险评价的，可简化或不再进行现场实地调查（不含用于个人住房用途的贷款）。

（4）委托第三方调查

贷款人将贷款调查中的部分特定事项委托第三方代为办理的，不得损害借款人合法权益，并确保相关风险可控。贷款人应明确第三方的资质条件，建立名单制管理制度，并定期对名单进行审查更新。

贷款人不得将贷款调查中涉及借款人真实意思表示、收入水平、债务情况、自有资金来源及外部评估机构准入等风险控制的核心事项委托第三方完成。

2.调查的内容

贷款调查包括但不限于以下内容：材料一致性、借款人基本情况、借款人信用情况、借款人收入情况、担保情况和借款用途。

（1）调查材料一致性

贷前调查人应认真审核贷款申请材料，以保证审批表填写内容与相关证明材料一致；相关证明材料副本（复印件）上内容与正本一致，并需由贷前调查人验证正本后在副本（复印件）盖章签名证实。

（2）调查借款申请人基本情况

贷前调查人须验证借款申请人提交的身份证件，主要内容有身份证照片与申请人是否一致，是否经有权部门签发，是否在有效期内。落实其家庭住址及居住稳定情况，包括房产证明、房屋租赁或买卖合同以及居委会或派出所出具的借款人居住证明等。当居住地址与户口本记录地址一致时,可不要求提供居住证明,但需予以注明。

(3)调查借款申请人的信用情况

调查借款申请人的资信情况,要充分利用银行的共享信息,调查了解借款申请人与银行的历史往来。贷前调查人可以从人民银行征信系统查询借款申请人的信用记录是否良好,如有必要还可采取访谈、电话调查、实地走访等其他方式。借款申请人对相关系统查询结果有异议的,可以提出申辩,贷前调查人负责查验借款申请人的申辩内容。

(4)调查借款申请人收入情况

贷前调查人应结合借款申请人所从事的行业、所任职务等信息对其收入水平及证明材料的真实性作出判断,必要时进行进一步调查、取证。

借款申请人偿还能力证明材料主要包括:稳定的工资收入证明,如至少过去3个月的工资单、银行卡对账单、存折对账单等;投资经营收入证明,如验资报告、公司章程、股东分红决议、纳税证明等;财产情况证明,如房产证、存单、股票、债券等;其他收入证明材料。

(5)调查担保情况

担保方式	调查内容
抵押担保	①抵押物的合法性,包括调查抵押物是否属于《中华人民共和国民法典》规定且银行认可的抵押财产范围;②抵押物权属情况是否符合设定抵押的条件;③抵押人对抵押物占有、处分的合法性;④抵押物价值与存续状况
质押担保	①质押权利的合法性,包括调查出质人出具的质物是否在银行个人贷款办法规定的范围内,是否有伪造迹象;②出质人对质押权利占有的合法性,包括调查权利凭证上的所有人与出质人是否为同一人,出质人是否具有处分有价证券的权利;③质押权利条件,包括调查质物的价值、期限等要素是否与贷款金额、期限相匹配,质物共有人是否同意质押
保证担保	①保证人是否符合《中华人民共和国民法典》规定,具备保证资格;②保证人为法人的,要调查保证人是否具备保证人资格、是否具有代偿能力,如果保证人在三年内连续亏损、在银行黑名单之列或有重大违法行为损害银行利益的,均不得作为保证人;③对保证人为自然人的,应要求保证人提交相关材料,应查验贷款保证人提供的资信证明材料是否真实有效;④保证人与借款人的关系;⑤核实保证人保证责任的落实,查验保证人是否具有保证意愿并确知其保证责任

(6)调查借款用途

贷前调查人应调查借款申请人借款用途的真实性,对存在虚假贷款行为套贷的,不予贷款。采取受托支付方式的,借款人须提供用途证明材料和交易对象收款账户信息;采取自主支付方式的,借款人在业务申请时可不提供贷款用途证明,但客户经理应要求借款人保留用途证明材料,定期向银行告知贷款资金支付情况,并在规定时间提供用途证明。

3.调查中应注意的问题

(1)核实借款人提供的材料是否齐全,原件与复印件是否吻合,身份证件是否由有权部门签发，是否在有效期内，各种材料之间是否保持一致等。

（2）核实借款人提供的个人资信及收入状况材料的真实有效性，判断借款人还款资金来源是否稳定，是否能够按时偿还贷款本息。其中，提供的个人工资性收入证明，应由申请人所在单位确认收入证明，提供经营性收入证明的，需提供营业执照、财务报表及纳税证明等；提供租赁收入证明的，需提供租赁合同，租赁物所有权证明文件及租金入账证明等；提供个人金融及非金融资产证明的，需提供相关权利凭证。

（3）对借款人的申请资料内容齐全性进行检查，检查资料是否存在不应有的空白项。

贷前调查完成后，贷前调查人应对调查结果进行整理、分析，填写审批表或撰写调查报告，提出是否同意贷款的明确意见及贷款额度、贷款期限、贷款利率、担保方式、还款方式、划款方式等方面的建议，并形成对借款申请人还款能力、还款意愿、担保情况以及其他情况等方面的调查意见，连同申请资料等一并送交贷款审核人员进行贷款审核。

二、贷款的审查与审批

（一）贷款审查

贷款审查应对贷款调查内容的合法性、合理性、准确性进行全面审查，重点关注调查人的尽职情况和借款人的偿还能力、诚信状况、担保情况、抵（质）押比率、风险程度等。具体审查内容包括：

（1）借款人资格和条件是否具备。

（2）借款用途是否符合银行规定。

（3）申请借款的金额、期限、担保等是否符合有关贷款办法和规定。

（4）借款人提供的材料是否完整、合法、有效。

（5）贷前调查人的调查意见、对借款人资信状况的评价分析以及提出的贷款建议是否准确、合理。

（6）报批贷款的主要风险点及其风险防范措施是否合规有效。

（7）其他需要审查的事项。

贷款审查人认为需要补充材料和完善调查内容的，可要求贷前调查人进一步落实。贷款风险评价应以分析借款人现金收入为基础，采取定量和定性分析方法，全面、动态地进行贷款审查和风险评估。贷款人应建立与完善借款人信用记录和评价体系。

（二）贷款审批

贷款人应根据审慎性原则，完善授权管理制度，规范审批操作流程，明确贷款审批权限，实行审贷分离和授权审批，确保贷款审批人员按照授权独立审批贷款。

贷款人应根据重大经济形势变化、违约率明显上升等异常情况，对贷款审批环节进行评价分析，及时并有针对性地调整审批政策，加强对相关贷款的管理。

个人贷款的审批流程如下：

1.组织报批材料

个人贷款业务部门负责报批材料的组织。报批材料具体包括个人信贷业务审批申请表、报批材料清单以及申请的某类贷款相关办法及操作规程规定需提供的材料等。

2. 审批

贷款审批人依据银行个人贷款办法及相关规定，结合国家宏观调控政策或行业投向政策，从银行利益出发审查每笔个人贷款业务的合规性、可行性及经济性，根据借款人的偿付能力以及担保的充分性与可行性等情况，分析该笔业务预计给银行带来的收益和风险。

3. 提出审批意见

采用单人审批时，贷款审批人直接在个人信贷业务审批表上签署审批意见。采用双人或多人审批时，审批人各自签署审批意见。

贷款审批人对个贷业务的审批意见，一般为“同意”“否决”两种。

采用双人审批时，只有当两名贷款审批人同时签署“同意”意见时，审批结论意见方为“同意”。采用多人审批时，一般采用2/3多数票原则，即审批意见为“同意”的票数达到评审人数的2/3及以上，最终审批意见方为“同意”。

对于最终决策意见为“否决”的业务，申报机构(部门)认为有充分的理由时，可提请重新审议(称为复议)，但申请复议时申报机构(部门)需针对前次审批提出的不同意理由补充相关资料，原信贷审批部门有权决定是否安排对该笔业务的复议。提请复议的业务，申报及审批流程和新业务相同。对原申报业务报批材料中已提供的材料，可不重复报送。贷款审批人签署审批意见后，应将审批表连同有关材料退还业务部门。

4. 审批意见落实

业务部门应根据贷款审批人的审批意见做好以下工作：

(1)对未获批准的借款申请，贷前调查人应及时告知借款人，将有关材料退还，并做好解释工作，同时做好信贷拒批记录存档。

(2)对需补充材料的，贷前调查人应按要求及时补充材料后重新履行审查、审批程序。

(3)对经审批同意或有条件同意的贷款，如贷款条件与申报审批的贷款方案内容不一致的，应提出明确的调整意见，信贷经办人员应及时通知借款申请人并按要求落实有关条件、办理合同签约和发放贷款等。

5. 贷款审批中需要注意的事项

贷款审批中需要注意的事项包括：

(1)确保业务办理符合银行政策和制度。

(2)确保贷款申请资料合规，资料审查流程严密。

(3)确保贷款方案合理，对每笔借款申请的风险情况进行综合判断，保证审批质量。

(4)确保符合转授权规定，对于单笔贷款超过经办行审批权限的，必须逐笔将贷款申请及经办行审批材料报上级行进行后续审批。

(5)严格按流程逐级审批。

直击考点

(单选)下列关于个人贷款审批意见的说法正确的是(　　)。

A. 贷款审批人对个贷业务的审批意见为“同意”“否决”“复议”三种

B.采用多人审批时，一般采用3/5多数票原则，即审批意见为“同意”的票数达到评审人数的3/5及以上，最终审批意见方为“同意”

C.采用单人审批时，贷款审批人直接在个人信贷业务审批表上签署审批意见

D.采用双人审批时，当其中一名贷款审批人签署“同意”意见时，审批结论意见即可为“同意”

【答案】C

【解析】选项A，贷款审批人对个贷业务的审批意见，一般为“同意”“否决”两种；选项B，采用多人审批时，一般采用2/3多数票原则，即审批意见为“同意”的票数达到评审人数的2/3及以上，最终审批意见方为“同意”；选项D，采用双人审批时，只有当两名贷款审批人同时签署“同意”意见时，审批结论意见方为“同意”。

三、贷款的签约与发放

(一)贷款的签约

贷款人应与借款人签订书面借款合同，需担保的应同时签订担保合同。贷款人应要求借款人当面签订借款合同及其他相关文件。

贷款人应健全合同管理制度，有效防范个人贷款法律风险。借款合同采用格式条款的，应当维护借款人的合法权益，并予以公示。贷款人应依照《中华人民共和国民法典》等法律法规的规定，规范担保流程与操作。按合同约定办理抵(质)押物登记的，贷款人应当参与。贷款人委托第三方办理的，应对抵(质)押物登记情况予以核实。

借款合同应符合《中华人民共和国民法典》(以下简称《民法典》)的规定，明确约定各方当事人的诚信承诺和贷款资金的用途、支付对象(范围)、支付金额、支付条件、支付方式等。

贷款的签约流程如下：

1.填写合同

在填写有关合同文本过程中，应注意以下问题：

(1)合同文本要使用统一格式的个人贷款的有关合同文本，对单笔贷款有特殊要求的，可以在合同中的其他约定事项中约定。

(2)合同填写必须做到标准、规范、要素齐全、数字正确、字迹清晰、不错漏、不潦草，防止涂改。

(3)需要填写空白栏，且空白栏后有备选项的，在横线上填好选定的内容后，对未选的内容应加横线表示删除；合同条款有空白栏，但根据实际情况不准备填写内容的，应加盖“此栏空白”字样的印章。

(4)贷款金额、贷款期限、贷款利率、担保方式、还款方式、划款方式等有关条款要与贷款最终审批意见一致。

2.审核合同

合同填写完毕后，填写人员应及时将有关合同文本交合同复核人员进行复核。同笔贷款的合同填写人与合同复核人不得为同一人。

(1)合同复核人员负责根据审批意见复核合同文本及附件填写的完整性、准确性、合规性，主要包括：文本书写是否规范，内容是否与审批意见一致；合同条款填写是否齐全、准确；文字表达是否清晰；主从合同及附件是否齐全等。

(2)合同文本复核人员应就复核中发现的问题及时与合同填写人员沟通，并建立复核记录，交由合同填写人员签字确认。

3. 签订合同

合同填写并复核无误后，贷款签约人员应负责与借款人(包括共同借款人)、担保人(抵押人、出质人、保证人)签订合同。

(1)在签订(预签)有关合同文本前，应履行充分告知义务，告知借款人(包括共同借款人)、保证人等合同签约方关于合同内容、权利义务、还款方式以及还款过程中应当注意的问题等。

(2)借款人、保证人为自然人的，应当面核实签约人身份证明之后由签约人当场签字；如果签约人委托他人代替签字，签字人必须出具委托人委托其签字并经公证的委托授权书。对保证人为法人的，保证方签字人应为其法定代表人或其授权代理人，授权代理人必须提供有效的书面授权文件。

(3)对采取抵押担保方式的，应要求抵押物共有人在相关合同文本上签字。

(4)借款人、担保人等签字后，贷款签约人员应将有关合同文本、贷款调查审批表和合同文本复核记录等材料送交银行个人贷款合同有权签字人审查，有权签字人审查通过后在合同上签字或加盖按个人签字笔迹制作的个人名章，之后按照用印管理规定负责加盖银行个人贷款合同专用章。

(5)银行可根据实际情况决定是否办理合同公证。

项目	内容
违约行为	①借款人未能或拒绝按合同的条款规定，及时足额偿还贷款本息和应支付的其他费用；②借款人和担保人未能履行有关合同所规定的义务，包括借款人未按合同规定的用途使用贷款；③借款人拒绝或阻挠贷款银行监督检查贷款使用情况的；④借款人和担保人在有关合同中的陈述与担保发生重大失实，或提供虚假文件资料，或隐瞒重要事实，已经或可能造成贷款损失的；⑤抵押物受毁损导致其价值明显减少或贬值，以致全部或部分失去了抵押价值，足以危害贷款银行利益，而借款人未按贷款银行要求重新落实抵押、质押或保证的；⑥抵押人、出质人未经贷款银行书面同意擅自变卖、赠与、设定居住权、拆迁、转让、重复抵(质)押或以其他方式处置抵(质)押物的；⑦借款人、担保人在贷款期间的其他违约行为
银行可采取的措施	①要求限期纠正违约行为；②要求增加所减少的相应价值的抵(质)押物，或更换担保人；③停止发放尚未使用的贷款；④在原贷款利率基础上加收利息；⑤提前收回部分或全部贷款本息；⑥定期在公开报刊及有关媒体上公布违约人姓名、身份证号码及违约行为；⑦向保证人追偿；⑧依据有关法律及规定处分抵(质)押物；⑨向仲裁机关申请仲裁或向人民法院起诉

续表

项目	内容
不能正常还息的特殊事件	①借款人、担保人（自然人）死亡或宣告死亡而无继承人或遗赠人或宣告失踪而无财产代管人；②借款人、担保人（自然人）破产、受刑事拘留、监禁，以致影响债务清偿的；③担保人（非自然人）经营和财务状况发生重大的不利变化或已经法律程序宣告破产，影响债务清偿或丧失了代为清偿债务的能力；④借款人、担保人对其他债务有违约行为或因其他债务的履行，影响贷款银行权利实现的

（二）贷款的发放

贷款人应加强对贷款的发放管理，遵循审贷与放贷分离的原则，设立独立的放款管理部门或岗位，落实放款条件，发放满足约定条件的个人贷款。借款合同生效后，贷款人应按合同约定及时发放贷款。

1. 落实贷款发放条件

应落实的贷款发放条件主要包括：

（1）需要办理保险、公证等手续的，有关手续已经办理完毕。

（2）对采取委托扣划还款方式的借款人，要确认其已在银行开立还本付息账户用于归还贷款。

（3）对采取抵（质）押的贷款，要落实贷款抵（质）押手续。

（4）对保证人是自然人的，应明确并落实履行保证责任的具体操作程序；对保证人有保证金要求的，应要求保证人在银行存入一定期限的还本付息额的保证金。

2. 贷款划付

贷款发放条件落实后，贷款发放岗位人员应填写或打印相关文件，交信贷主管审核签字后，送会计部门作为开立贷款账户的依据。贷款发放人应按照合同约定将贷款发放、划付到约定账户，按照合同要求借款人需要到场的，应通知借款人持本人身份证件到场协助办理相关手续。贷款发放的具体流程如下：

（1）出账前审核。业务部门在接到放款通知书后，对其真实性、合法性和完整性进行审核。

（2）开户放款。业务部门在确定有关审核无误后，进行开户放款。

开户放款包括一次性开户放款和分次放款两种。一次性开户放款是根据合同约定的划款方式，一次性将全部贷款发放到有关账户中；分次放款是根据贷款的用途和使用要求，在合同中约定将贷款按照建立的分次放款计划分多次将贷款发放到有关账户中，各分次放款金额合计应与合同总金额一致。

（3）放款通知。当开户放款完成后，银行应将放款通知书、个人贷款信息卡等一并交借款人作回单。对于借款人未到银行直接办理开户放款手续的，会计部门应及时将有关凭证邮寄给借款人或通知借款人来银行取回。贷款发放后，业务部门应依据借款人相关信息建立贷款台账，并随时更新台账数据。

借款人可以委托贷款银行或其他代理人代为办理。委托贷款银行代办的，贷款银行应要求借款人出具授权证明，授权可以采取在合同中约定的方式，也可以采取出具授权委托书的方式。委托其他自然人代办的，代理人应持本人身份证件、借款人身份证件和借款人授权委托书到柜台办理。贷款银行认为有必要的，可以要求对授权委托书进行公证。

直击考点

（单选）个人贷款合同填写并复核无误后，贷款发放人应与借款人、担保人签订合同，则下列关于合同签订的说法错误的是（　　）。

A.保证人如为法人，保证方签字人应为其管理者

B.借款人、保证人为自然人的，应当面核实签约人身份证明之后由签约人当场签字

C.如果签约人委托他人代替签字，签字人必须出具委托人委托其签字并经公证的委托授权书

D.在签订（预签）有关合同文本前，贷款发放人应履行充分告知义务

【答案】A

【解析】个人贷款保证人为法人的，保证方签字人应为其法定代表人或其授权代理人，授权代理人必须提供有效的书面授权文件。

四、贷款支付

贷款人应按照借款合同约定，通过贷款人受托方式或借款人自主支付的方式对贷款资金的支付进行管理与控制。

（一）借款人自主支付

1.定义

借款人自主支付是指贷款人根据借款人的提款申请将贷款资金直接发放至借款人账户，并由借款人自主支付给符合合同约定用途的借款人交易对象。

2.要求

（1）借款人定期报告或告知贷款人贷款资金支付情况。

（2）贷款人应当通过账户分析、凭证查验或现场调查等方式，核查贷款支付是否符合约定用途。

3.适用情形

（1）借款人无法事先确定具体交易对象且单次提款金额不超过三十万元人民币的。

（2）借款人交易对象不具备条件有效使用非现金结算方式的。

（3）贷款资金用于生产经营且单次提款金额不超过五十万元人民币的。

（4）法律法规规定的其他情形。

（二）贷款人受托支付

1.定义

贷款人受托支付是指贷款人根据借款人的提款申请和支付委托，将贷款资金支付给符合合同约定用途的借款人交易对象。个人贷款原则上应当采用贷款人受托支付的方式向借款人交易对象支付。

2.要求

（1）银行应明确受托支付的条件，规范受托支付的审核要件。

（2）贷款人应要求借款人在使用贷款时提出支付申请，并授权贷款人按合同约定方式支付贷款资金。

（3）贷款人应在贷款资金发放前审核借款人相关交易资料和凭证是否符合合同约定条件，支付后做好有关细节的认定记录。

（4）贷款人受托支付完成后，应详细记录资金流向，归集保存相关凭证。

直击考点

（单选）按照有关文件规定，贷款人受托支付是指（　　）。

A. 贷款人根据借款人的提款申请和支付委托，将贷款资金支付给符合合同约定用途的借款人交易对象

B. 贷款人根据借款人的提款申请和支付委托，将贷款资金发放至借款人账户，并由借款人支付给符合合同约定用途的借款人交易对象

C. 贷款人根据借款人的提款申请和支付委托，将贷款资金支付给专门成立的托管机构

D. 贷款人根据借款人的提款申请和支付委托，将贷款资金支付给第三方托管机构

【答案】A

【解析】贷款人应按照借款合同约定，通过贷款人受托支付或借款人自主支付的方式对贷款资金的支付进行管理与控制。其中，贷款人受托支付是指贷款人根据借款人的提款申请和支付委托，将贷款资金支付给符合合同约定用途的借款人交易对象。

五、贷后管理

个人贷款支付后，贷款人应采取有效方式对贷款资金使用、借款人的信用及担保情况变化等进行跟踪检查和监控分析，确保贷款资产安全。贷款人应区分个人贷款的品种、对象、金额等，确定贷款检查的相应方式、内容和频度。按照法律法规规定和借款合同的约定，对借款人未按合同承诺提供真实、完整信息和未按合同约定用途使用、支付贷款等行为追究违约责任。

贷款人内部审计等部门应对贷款检查职能部门的工作质量进行抽查和评价，并应进行个人贷款的贷后与档案管理，定期跟踪分析评估借款人履行借款合同约定内容的情况，作为与借款人后续合作的信用评价基础。

个人贷款的贷后与档案管理是指贷款发放后到合同终止期间对有关事宜的管理，包括贷后检查、合同变更、本息回收、贷款的风险分类与不良贷款管理以及贷款档案管理等工作。它关系到信贷资产能否安全收回，是个人贷款工作的重要环节之一。

（一）贷后检查

贷后检查是以借款人、保证人、抵（质）押物为对象，通过客户提供、访谈、实地检查、行内资源查询或外部采购等途径获取信息，对影响贷款资产质量的因素进行持续跟踪调查、分析，并采取相应补救措施的过程，从而可以判断贷款的风险状况，提出相应的预防或补救措施。

1.对借款人的检查

(1)检查的主要内容

①贷款资金的使用情况;②借款人是否按期足额归还贷款;③借款人工作单位、收入水平是否发生变化;④定期查询相关系统,了解借款人在其他金融机构的信用状况;⑤借款人的住所、抵押房产情况、价值权属及联系电话有无变动;⑥有无发生可能影响借款人还款能力或还款意愿的突发事件。

对于直接向借款人发放贷款资金的,要通过借款人贷款账户跟踪贷款发放后的资金流向,监督借款人是否按约定的用途使用贷款。发现与合同约定用途不符的,要按照合同约定加收罚息,并督促借款人更正贷款用途,对于无法更正用途的,要采取措施及时收回贷款或采取其他保全措施。

(2)违约行为

发现借款人出现下列情况的,应限期要求借款人进行纠正,对借款人拒绝纠正的,应提前收回已发放贷款的本息,或解除合同,并要求借款人承担违约责任:①借款人提供了虚假的证明材料而取得贷款的;②借款人未按合同约定用途使用贷款的;③借款期内,借款人累计一定月数(包括计划还款当月)未偿还贷款本息和相关费用的;④借款人拒绝或阻碍贷款银行对贷款使用情况实施监督检查的;⑤借款人卷入重大经济纠纷、诉讼或仲裁程序,足以影响其偿债能力的;⑥借款人发生其他足以影响其偿债能力的事件的。

2.对担保情况的检查

(1)检查的主要内容

保证人的经营状况和财务状况;抵押物的存续状况、使用状况、价值变化情况等;质押权利凭证的时效性和价值变化情况等。

(2)对保证人的检查

贷款采用保证担保方式的,应随时检查保证金账户情况,对于保证金不足的,应及时通知保证人补足保证金,否则应停止发放该保证人保证的贷款。

保证人出现下列情况的,应限期要求借款人更换贷款银行认可的新的担保,对于借款人拒绝或无法更换贷款银行认可的担保的,应提前收回已发放的贷款的本息,或解除合同:①保证人失去担保能力的;②作为保证人的法人,其经济组织发生承包、租赁、合并和兼并、合资、分立、联营、股份制改造、破产、撤销等行为,足以影响借款合同项下保证人承担连带保证责任的;③作为保证人的自然人发生死亡、宣告失踪或丧失民事行为能力的;④保证人拒绝贷款银行对其资金和财产状况进行监督的;⑤保证人向第三方提供超出其自身负担能力的担保的。

(3)对抵押物的检查

发现抵押物出现下列情况的,应限期要求借款人更换贷款银行认可的新的担保,对于借款人拒绝或无法更换贷款银行认可的担保的,应提前收回已发放的贷款的本息,或解除合同:①抵押人未妥善保管抵押物或拒绝贷款银行对抵押物是否完好进行检查的;②因第三人的行为导致抵押物的价值减少,而抵押人未将损害赔偿金存入贷款银行指定账户的;③抵押物毁损、灭失、价值减少,足以影响贷款本息的清偿,抵押人未在一定期限内向贷款银行提供与减少的价值相当的担保的；④未经贷款银行书面同意，抵押人转让、出租、再抵押或以其他方式处分抵押物的；⑤抵押人经贷款银行同意转让抵押物，但所得价款未用于提前清偿所担保的债权的；⑥抵押物被重复抵押。

（4）对质押权利的检查

发现质押权利出现下列情况的，应限期要求借款人更换贷款银行认可的新的担保，对于借款人拒绝或无法更换贷款银行认可的担保的，应提前收回已发放的贷款的本息，或解除合同：①质押权利出现非贷款银行因素的意外毁损、灭失、价值减少，出质人未在一定期限内向贷款银行提供与减少的价值相当的担保的；②出质人经贷款银行同意转让质押权利，但所得价款未用于提前清偿所担保的债权的；③质押期间未经贷款银行书面同意，质押人赠与、转让、兑现或以其他方式处分质押权利的。

贷后检查完成后要及时撰写贷后检查报告，及时将检查情况记录在案。贷后检查发现的问题不仅要在报告中反映，重要的风险信息或线索还要及时向上级部门汇报，研究并制定解决方案。

对于正常贷款，贷款经办行可定期进行抽查。对于借款人未按合同承诺提供真实、完整信息和未按合同约定用途使用、支付贷款等行为，银行应当按照法律法规规定和借款合同的约定，追究其违约责任。发现贷款逾期的，应立即进行贷后检查；对存量逾期或欠息贷款的检查间隔期最长不超过一个月。

直击考点

（单选）个人贷款发放以后，还要进行贷后管理，下列不属于贷后检查范畴的是（　　）。

A.对借款人的检查　　B.对保证人的检查

C.对抵押物、质押权利的检查　　D.对借款企业公司治理的检查

【答案】D

【解析】个人贷款贷后检查包括：（1）对借款人的检查；（2）对担保情况的检查，包括对保证人的检查、对抵押物的检查以及对质押权利的检查。

（二）合同变更

1.基本规定

（1）合同履行期间，有关合同内容需要变更的，必须经当事人各方协商同意，并签订相应变更协议。在担保期内，根据合同约定必须事先征得担保人书面同意的，须事先征得担保人的书面同意。如需办理抵押变更登记的，还应到原抵押登记部门办理变更抵押登记手续及其他相关手续。

（2）合同变更事宜应由合同当事人（包括借款人、担保人等）亲自持本人身份证件办理或委托代理人代办。委托代理人代办的，应要求代理人持经公证的授权委托书和本人身份证件办理，并将委托书原件和代理人身份证件复印件留存。

2.合同主体变更

（1）在合同履行期间，须变更借款合同主体的，借款人或财产继承人持有效法律文件，向贷款银行提出书面申请。

(2)经办人应对变更后的借款人主体资格、资信情况进行调查,核实担保人是否同意继续提供担保等,形成书面调查报告后,按贷款审批程序进行审批。

经审批同意变更借款合同主体后,贷款银行与变更后的借款人、担保人重新签订有关合同文本。在抵(质)押登记变更等有关手续办妥后,经办人填写个人借款合同要素变更申请表,连同一份借款合同交会计部门办理有关借款主体变更事宜。新合同借款利率按原合同利率约定执行。当发生保证人失去保证能力或保证人破产、分立、合并等情况时,借款人应及时通知贷款银行,并重新提供贷款银行认可的担保;借款人在还款期限内死亡、宣告死亡、宣告失踪或丧失民事行为能力后,如果没有财产继承人和受遗赠人,或者继承人、受遗赠人拒绝履行借款合同的,贷款银行有权提前收回贷款,并依法处分抵押物或质物,用以归还未清偿部分。

3.借款期限调整

(1)定义

期限调整指借款人因某种特殊原因,向贷款银行申请变更贷款还款期限,包括延长期限、缩短期限等。

(2)前提条件

借款人需要调整借款期限,应向银行提交期限调整申请书,并必须具备以下前提条件:①贷款未到期;②无欠息;③无拖欠本金,本期本金已归还。

(3)类别

延长期限是指借款人申请在原来借款期限的基础上延长一定的期限,借款合同到期日则相应延长。期限1年以内的贷款展期期限累计不得超过原贷款期限;期限超过1年的贷款展期期限累计不得超过原贷款期限的一半。原借款期限加上延长期限达到新的利率期限档次时,从延长之日起,贷款利率按新的期限档次利率执行。已计收的利息不再调整。如遇贷款市场报价利率等基础利率调整,从延长之日起,贷款利率按照合同约定的利率重定价方式执行或按国家有关规定执行。

缩短期限是指借款人申请在原来借款的基础上缩短一定的借款期限,借款合同到期日则相应提前。对分期还款类个人贷款账户,缩短期限后,贷款到期日期至少在下个结息期内,即剩余有效还款期数不能为零。对到期一次还本付息类个人贷款账户,缩短借款期限后新的借款期限达到新的利率期限档次时,从缩短之日起,贷款利率按新的期限档次利率执行。已计收的利息不再调整。如遇贷款市场报价利率等基础利率调整,从缩短之日起,贷款利率将按照合同约定的利率重定价方式执行或按国家有关规定执行。

对于未按照借款合同约定偿还的贷款,贷款人应采取措施进行清收,或者协议重组。

4.分期还款额的调整

(1)提前还款的定义

提前还款是指借款人具有一定偿还能力时,主动向贷款银行提出部分或全部提前偿还贷款的行为。提前还款包括提前部分还本和提前结清两种方式。

(2)提前还款的约定

借款人应向银行提交提前还款申请书;借款人的贷款账户未拖欠本息及其他费用;提前还

款属于借款人违约，银行将按规定计收违约金；借款人在提前还款前应归还当期的贷款本息。

（3）提前还款的要求

借款人提前部分还款后，对于希望保持原贷款期限不变，仅调整分期还款额的申请，银行应在办理完提前部分还款手续后，按贷款余额、剩余贷款期限重新计算分期还款额。

借款人提前部分还款后，如需要调整贷款期限并相应调整分期还款额的，经办人应要求借款人按调整贷款期限提出申请，并按借款期限调整的规定办理。

5.还款方式变更

（1）定义

变更贷款还款方式，即将原来的还款方式变更为等额本息、等本递减、等额递减（递增）、等比递增（递减），或银行规定的其他还款方式。

（2）条件

借款人若要变更还款方式，需要满足以下条件：①向银行提交还款方式变更申请书；②借款人的贷款账户中没有拖欠本息及其他费用；③借款人在变更还款方式前应归还当期的贷款本息。

6.担保变更

借款人申请变更保证人或抵（质）押物的具体要求如下：①须向银行提出变更贷款担保申请；②经办人应审查新的保证人或抵（质）押物是否符合担保要求；③该笔贷款是否有拖欠贷款本息及相关费用的情况，提出审查意见，按贷款审批程序进行审批；④变更担保后，贷款余额与新的抵（质）押物评估价值之比不得高于规定的抵（质）押率，新的保证人必须有足够的保证能力。

直击考点

（单选）关于借款合同的变更与解除，下列说法错误的是（　　）。

A.合同履行期间，有关合同内容需要变更的，必须经当事人各方协商同意，并签订相应变更协议

B.如需办理抵押变更登记的，借款人应到原抵押登记部门办理变更抵押登记手续及其他相关手续

C.当借款保证人失去保证能力时，借款人可申请以信用贷款替代原贷款

D.借款人在还款期限内丧失民事行为能力后，如果没有财产继承人和受遗赠人，贷款银行有权提前收回贷款，并依法处分抵押物或质物，用以归还未清偿部分

【答案】C

【解析】当发生保证人失去保证能力或保证人破产、分立、合并等情况时，借款人应及时通知贷款银行，并重新提供贷款银行认可的担保。

（三）贷款的回收

1.含义

贷款的回收是指借款人按借款合同约定的还款计划和还款方式及时、足额地偿还贷款本息。贷款本息到期足额收回是贷后管理的最终目的。

借款人与银行应在借款合同中约定借款人归还借款采取的支付方式、还款方式和还款计划等。借款人按借款合同约定偿还贷款本息，银行则将还款情况定期告知借款人。

2. 支付方式

贷款的支付方式有委托扣款和柜面还款两种方式。借款人可在合同中约定其中一种方式，也可以根据情况在贷款期间进行变更。

3. 还款方式

借款人要按照借款合同中规定的还款方式进行还款。

贷款回收的原则是先收息、后收本，全部到期、利随本清。一般贷款到期前，贷后管理人员应向借款人发送还本付息通知单以督促借款人筹备资金按时足额还本付息。

(四)贷款风险分类和不良贷款的管理

1. 贷款风险的分类

贷款风险分类指按规定的标准和程序对贷款资产进行分类。贷款风险分类一般先进行定量分类，即先根据借款人连续违约次(期)数进行分类，再进行定性分类，即根据借款人违约性质和贷款风险程度对定量分类结果进行必要的修正和调整。贷款风险分类应遵循不可拆分原则，即一笔贷款只能处于一种贷款形态，而不能同时处于多种贷款形态。

类别	内容
正常	债务人能够履行合同，没有客观证据表明贷款本金、利息或收益不能按时足额偿付
关注	虽然存在一些可能对履行合同产生不利影响的因素，但债务人目前有能力偿付贷款本金、利息或收益
次级	债务人无法足额偿付贷款本金、利息或收益，或贷款已经发生信用减值
可疑	债务人已经无法足额偿付贷款本金、利息或收益，贷款已发生显著信用减值
损失	在采取所有可能的措施后，只能收回极少部分贷款本金，或损失全部贷款本金

2. 不良贷款的认定

不良个人贷款包括五级分类中的次级、可疑和损失三类贷款。银行应按照银行监管部门的规定定期对不良个人贷款进行认定。银行要适时对不良贷款进行分析，建立不良个人贷款台账，落实不良贷款清收责任人，实时监测不良贷款回收情况。

3. 不良贷款的催收

对不同拖欠期限的不良个人贷款的催收，可采取不同的方式如电话催收、信函催收、上门催收、通过中介机构催收，以及采取法律手段，如律师函、司法催收等方式督促借款人按期偿还贷款本息，以最大限度地降低贷款损失，有担保人的要向担保人通知催收。同时，应利用信息技术对不良贷款催收情况进行登记管理，实现不良贷款催收管理的自动化。

4. 不良贷款的处置

(1)需要核销的个人贷款

贷款银行应按照有关认定及核销的规定组织申报材料，按规定程序批准后核销。

（2）银行保留追索权的贷款

各经办行应实行“账销案存”，建立已核销贷款台账，定期向借款人和担保人发出催收通知书，并注意诉讼时效。

对确需重组的借款人，银行可在严格五级分类标准、把握好偏离度和风险可控的前提下，重新进行贷款风险评价，重新测算借款人还款能力和偿还期限，并在履行信贷审查审批流程的基础上，科学合理地与借款人协商进行贷款重组，重新签订借款合同，对借款人、贷款品种、担保方式、还款期限、适用利率、还款方式等合同规定的还款条件进行调整，有效缓解借款人暂时偿债困难。

（五）贷款档案管理

个人贷款档案是指银行在经办和管理个人住房贷款工作中形成的具有史料价值及参考利用价值的贷款管理专业技术材料的总称。个人贷款档案管理是指个人贷款发放后有关贷款资料的收集整理、归档登记、保存、借（查）阅管理、移交及管理、退回和销毁的全过程。它是根据《中华人民共和国档案法》及有关制度的规定和要求，对贷款档案进行规范的管理，以保证贷款档案的安全、完整与有效利用。

1. 贷款档案的内容

贷款档案可以是原件，也可以是具有法律效力的复印件，主要包括两部分：

（1）借款人的相关资料包括：①借款人身份证件（居民身份证、户口本或其他有效证件）；②贷款银行认可部门出具的借款人经济收入和偿债能力证明；③抵押物或质物清单、权属证明、有处分权人同意抵押或质押的证明及有权部门出具的抵押物估价证明；④保证人资信证明及同意提供担保的文件；⑤个人贷款申请审批表；⑥借款合同；⑦抵押合同（质押合同、保证合同）；⑧保险合同、保险单据；⑨贷款凭证；⑩委托转账付款授权书。

（2）贷后管理的相关资料包括：①贷后检查记录和检查报告；②逾期贷款催收通知书；③贷款制裁通知书；④法律仲裁文件；⑤依法处理抵押物、质物等形成的文件；⑥贷款核销文件。

2. 档案的收集整理和归档登记

（1）银行贷款经办人根据个人贷款归档要求，在贷款发放后，收集整理需要归档的个人贷款资料，并交档案管理人员进行登记。

（2）银行可根据业务需要和人员配置情况，决定是否设立专门或兼职的个人贷款档案管理人员，档案管理人员应具备一定的档案专业知识和个人贷款业务知识，负责个人贷款档案资料的登记和管理工作。

（3）银行可根据业务需要和所具备的条件，确定个人贷款档案是独立保管还是与银行其他档案共用保管场所。

（4）档案管理员收到贷款经办人移交的个人贷款档案资料后，对归档档案资料的完整性和合规性进行必要的审查，并按照立卷原则对归档资料进行整理和归档登记。

（5）贷款归还阶段，银行信贷部门应及时整理补充材料和档案变更材料，并在规定时间内填写清单移交档案管理人员，由档案管理员插入、补充卷内目录内容。

3. 档案的借(查)阅管理

(1)定义

个人贷款档案借阅是指对已登记的个人贷款档案资料的查阅、借出、归还等进行管理,并保留全部交易的历史信息,可以实现对借阅已归档资料情况的登记及监控。

(2)要求

当已归档保存的个人贷款档案发生借出、借阅、归还时,档案管理员应根据有关的档案管理规定,要求借阅、查询人员填写有关的登记表并签字,对于借阅有关贷款的重要档案资料,必须经过有权人员的审批同意。档案管理员还应对借阅、归还等进行登记。

4. 档案的移交和接管

根据业务需要,有关个人贷款档案需要移交给其他档案管理机构或部门时,进行档案的移交和接管工作,移交和接管双方应根据有关规定填写移交和接管有关清单,双方签字,并进行有关信息的登记工作。

5. 档案的退回

领取重要档案材料应由借款人本人办理,并出示身份证原件。借款人委托他人领取的,受托人应出示借款人签发的委托书原件及借款人身份证复印件、受托人本人身份证原件、受托人身份证复印件。

重要档案材料保管部门凭信贷部门和会计部门出具的"贷款本息结清通知书",将重要档案材料退回信贷部门。信贷部门开具"重要档案材料清退确认书",借款人或受托人和信贷人员在确认书上签字后,将重要档案退还借款人,确认书及有关资料归档,档案管理人员进行有关信息登记。

直击考点

(单选)贷款的回收是指借款人按借款合同约定的还款计划和还款方式及时、足额地偿还(　　)。

A. 贷款本息　　B. 贷款利息

C. 贷款违约金　　D. 贷款本金

【答案】A

【解析】贷款的回收是指借款人按借款合同约定的还款计划和还款方式及时、足额地偿还贷款本息。贷款回收的原则是先收息、后收本,全部到期、利随本清。

第三节　个人贷款营销管理

一、银行营销策略

1. 银行营销策略内涵

银行营销策略是指银行在复杂的、变化的市场环境中，为了实现特定的营销目标以求得生存发展而制定的全局性、决定性和长期性的规划与决策。

有效的营销策略应该是营销目标与营销手段的统一。银行作为经营货币商品的特殊企业，以经营利润最大化为目标，要实现经营利润最大化，银行的经营活动就不可能脱离营销策略，营销策略是指导银行开展具体营销业务的指路灯，而营销手段是沿着这个指路灯向营销目标奋进。因此目标和手段是统一的，只有将目标和手段进行有机结合，银行才能对不断变化的环境作出系统和有效的反应，保证其经营活动不断发展。以超前的眼光制定银行的发展目标，以灵活机动的战略战术和脚踏实地的工作作风为实现发展目标服务，预测未来市场发展趋势，随时调整营销策略，不断解决发展过程中的疑难问题，从而掌握营销活动的主动权，从中谋取更多、更大的利益。

2. 银行营销策略内容

（1）低成本策略。低成本策略强调降低银行成本，使银行保持令人满意的边际利润，同时成为一个低成本竞争者。然而，低成本并不一定等同于低价格。

（2）差异化策略。以差异性为基础的营销策略力求在客户心目中树立一种独特的观念，并以这种独特性为基础，将它运用到市场竞争中。

（3）专业化策略。从根本上来说，专业化策略建立在对产业内一个狭窄的竞争范围的选择上。

（4）大众营销策略。大众营销是指银行的产品和服务是满足大众化需求，适宜所有的人群。其特点是目标大、针对性不强、效果差。

（5）分层营销策略。分层营销把客户分成不同的细分市场，提供不同的产品和不同的服务，但又不同于一对一的营销，研究的是某一层面所有的需求，介于大众营销和一对一营销之间，用相对较少的资源满足这一批客户的需求，是现代营销最基本的方法。

（6）单一营销策略。单一营销策略，又称一对一的营销。它是针对每一个客户的个体需求而设计不同的产品或服务，有条件地满足单个客户的需要。该营销方式的特点是针对性强，适宜少数尖端客户，能够为客户提供需要的个性化服务，但营销渠道狭窄，营销成本太高。

（7）情感营销策略。情感营销是在单一营销的基础上注入人性化的营销理念，它不局限于满足客户的一次性需要，而是用情感打动客户的心，使其成为一家银行的忠实客户。

（8）定向营销策略。银行与客户之间需要建立一个长期友好的关系，为了保证共赢，双方就必须建立有效的交流渠道，这就是银行定向营销。

（9）交叉营销策略。交叉营销是基于银行同客户的现有关系，向客户推荐银行的其他产品。

二、个人贷款营销渠道

银行营销渠道是指提供银行服务和方便客户使用银行服务的各种手段，即银行产品和服务从银行流转到客户手中所经过的流通途径。

由于分类的标准不同，各家银行对于个人贷款营销渠道都有不同的分类。按照营销渠道与银行的隶属关系，将个人贷款营销渠道分为内部营销、外部营销和交叉营销；按照客户集中程度，将个人贷款营销渠道分为定向营销、现场营销、高位营销和媒体营销。定向营销又可以分为电话、短信、直邮、网银、自助银行、网点机构等营销方式。现场营销是指银行营销人员到产品推介会、房展会、车展会、售楼经销商、汽车经销商、CBD商圈和大市场商圈等现场展开营销的方式。高位营销的重点对象是公司总部、分公司、政府背景机构、经销商等。媒体营销则是指银行借助户外广告、平面媒体、电视、电台、网络等媒介开展营销的方式。

从目前情况看，银行最常见的个人贷款营销渠道主要有合作机构营销、网点机构营销和数字化营销三种。

（一）合作机构营销

1. 一手个人购房贷款合作机构营销

银行与房地产开发商合作的方式是指房地产开发商与贷款银行共同签订《商品房销售贷款合作协议》，由银行向购买该开发商房屋的购房者提供个人购房贷款，借款人用所购房屋作抵押，在借款人购买的房屋没有办好抵押登记之前，一般要求由开发商提供阶段性或全程担保。

银行对房地产开发商及其所开发的项目审查的内容包括：开发商的资信及经营状况、项目开发和销售的合法性、项目自有资金的到位情况以及对房屋销售前景的了解等。

2. 二手个人购房贷款合作机构营销

对于二手个人购房贷款而言，商业银行最主要的合作机构是房地产经纪公司。银行应对其进行充分、必要的审慎调查，如对企业注册资本、经营业绩、行业排名、资产负债和信誉状况等指标进行分析评价。

3. 其他个人贷款合作机构营销

商业银行要加强与经销商及网络平台之间的合作，经典做法是与经销商及网络平台签署合作协议，由其向银行提供客户信息或推荐客户。

（二）网点机构营销

1. 网点机构营销渠道分类

类别	内容
全方位网点机构	为公司和个人提供各种产品和全面的服务
专业性网点机构	有自己的细分市场，如有的网点机构侧重于房地产的抵押贷款业务等
高端化网点机构	位于适当的经济文化区域中，为高端客户提供一定范围内的金融定制服务
零售型网点机构	不做批发业务，专门从事零售业务

2."直客式"个人贷款营销模式

为提升服务客户的综合能力，很多银行推出了"直客式"个人贷款业务。所谓"直客式"个人贷款，就是利用银行网点和理财中心作为销售和服务的主渠道，银行客户经理按照"了解你的客户，服务熟悉客户"的原则，直接营销客户，受理客户贷款需求。银行可以通过摆放宣传资料、播放电视宣传片等方式进行宣传。网点的大堂经理和客户经理可以直接回答客户的问题，受理客户的贷款申请。

以个人住房贷款为例，这种"直客式"营销模式让客户可以摆脱房地产商指定银行贷款的限制，购房者完全可以自主地选择贷款银行。直接接触银行，而不是通过开发商或者中介公司间接地办理业务，免去了中间诸多收费环节，让客户买得放心、贷得明白。它的特点在于买房时享受一次性付款的优惠，各类费用减免优惠，担保方式更灵活，就近选择办理网点，不受地理区域限制等。

与此同时，"直客式"营销模式有利于银行全面了解客户需求，服务熟悉的客户，从而有效防止"假按揭"，提高风险防范能力，还方便培育和发展稳定的优质客户群，有利于开展全方位、立体式的业务拓展。

（三）数字化营销

1.数字化业务的特征

（1）电子虚拟服务。数字化业务所有业务数据的输入、输出和传输都以电子方式进行，而不是采取"面对面"的传统柜台方式。

（2）运行环境开放。数字化业务是利用开放性的网络作为其业务实施的环境，而开放性网络意味着任何人只要拥有必要的设备就可进入数字化银行的服务场所接受银行服务。

（3）模糊的业务时空界限。随着互联网的延伸，客户可以在世界的任何地方、任何时间获得同银行本地客户同质的服务，银行在技术上获得了将其业务自然延伸至世界各个角落的能力，不再受地域的局限。

（4）业务实时处理。数字化业务同传统银行的一个重要区别就是实时处理业务，服务效率高。

（5）减少操作人员投入，降低了银行运营成本。

（6）严密的安全系统，保证交易安全。

2.数字化业务的功能

（1）信息服务功能

通过银行网站，银行员工和客户之间可以通过电子方式相互联络。银行可以将信息发送给浏览者，使上网的客户了解更多银行信息。客户可以在任何时候、任何地点向银行咨询有关信息。

（2）展示与查询功能

现在全世界大部分银行都有自己的网站主页，内容涵盖银行的各个方面，用户可以通过上网查询了解银行的情况，也可以查询自己的账户和交易情况。

（3）综合业务功能

网上银行可以为个人、企业提供各种传统金融服务，还能够为客户提供各种信息并处理客户的各种资料报表等。对于个人贷款营销而言，数字化业务的主要功能就是网上宣传、网上咨询以及初步受理和审查。

3.数字化营销途径

(1)建立形象统一、功能齐全的商业银行网站、APP及公众号。

(2)利用搜索引擎来扩大银行网站的知名度。

(3)利用网络广告开展银行形象、产品和服务的宣传。

(4)利用信息发布和信息收集手段来增强银行的竞争优势。

(5)利用交互链接和广告互换增加银行网站、APP及公众号的访问量。

(6)利用电子邮件推广实施主动营销和客户关系管理。

(7)数据库营销。

银行在确定营销战略时要根据经济发展、科技进步以及客户需求的变化适当调整营销渠道，形成合理的渠道组合，以便将产品和服务快捷地送到客户手中，使客户感到银行所提供的产品和服务既具有可接受性，又具有便捷性，从而达到维持现有客户、增加新客户和提高营销效益的目的。

直击考点

(单选)下列关于个人贷款合作机构营销的说法，不正确的是(　　)。

A.在挑选房地产经纪公司作为合作单位时，银行应对其注册资本、经营业绩、行业排名、资产负债和信誉状况等指标进行分析评价

B.商业银行与经销商及网络平台合作的典型做法是与其签署合作协议，由经销商和网络平台向银行提供客户信息或推荐客户

C.对于二手个人购房贷款而言，商业银行最主要的合作机构是房地产经纪公司

D.对于一手个人购房贷款而言，在借款人购买的房屋没有办好抵押登记之前，由银行提供阶段性或全程担保

【答案】D

【解析】选项D，对于一手个人购房贷款而言，在借款人购买的房屋没有办好抵押登记之前，一般要求由开发商提供阶段性或全程担保。

第四节　个人贷款定价管理

一、个人贷款定价原则

(1)成本收益原则。个人贷款的收益要与资金成本相匹配，保持一定的利差。个人贷款的资金来源主要是中长期存款，贷款利率在相当程度上取决于存款利率。

(2)风险定价原则。为尽量降低个人贷款风险所带来的潜在损失，保护银行资金的安全，银行应该甄别个人信贷风险，利用风险定价技术，使贷款价格充分反映和弥补信贷风险，把风险

控制在可接受的范围之内。

（3）参照市场价格原则。个人贷款市场竞争激烈，银行在确定贷款价格时，需要考虑其他融资渠道以及竞争对手的利率水平，定价不仅要公平、合理，而且还要有市场竞争力。

（4）组合定价原则。为了鼓励客户更多地购买银行的产品，银行可以对综合贡献度较高的个人客户，在个人贷款定价上给予一定的优惠。一方面，客户所需的金融服务不限于个人信贷，还需要银行提供其他金融服务；另一方面，个人贷款的资金来源不限于存款，还有其他成本不同的资金来源。因此，银行在组合资金来源以及组合信贷产品销售的情况下，可综合测算组合成本与组合收益，使两者相互匹配，并在确保适度利润的前提下定价。

（5）与宏观经济政策一致原则。银行个人贷款定价对经济周期和宏观经济政策比较敏感，具有顺经济周期特性。当宏观经济趋热时，提高个人贷款价格；反之，降低个人贷款价格。

直击考点

（多选）下列选项中，属于个人贷款定价的一般原则的有（　　）。

A. 参照市场价格原则　　B. 成本收益原则
C. 风险定价原则　　D. 组合定价原则
E. 与宏观经济政策相背离原则

【答案】ABCD

【解析】个人贷款产品定价原则主要包括以下五种：（1）成本收益原则；（2）风险定价原则；（3）组合定价原则；（4）参照市场价格原则；（5）与宏观经济政策一致原则。

二、个人贷款定价影响因素

1. 资金成本

商业银行的资金成本是指商业银行筹集资金包括吸收居民存款、资金市场拆借支付的利息及经营管理的费用。商业银行的资金成本与个人贷款定价呈正相关关系，即资金成本越高，个人贷款定价就越高；反之，资金成本越低，个人贷款定价就越低。

2. 风险水平

需要充分了解产品特点，甄别产品所面临的信用违约风险、利率风险、期限风险等特定风险，确定产品风险度，并以此指导产品定价。

3. 利率政策

利率调整的周期较短或实行浮动利率制，利率风险将基本由借款人承担，为公平合理起见，利率风险加点可相应降低；利率调整的周期较长或实行固定利率，利率风险将全部转嫁给银行，利率风险加点可相应提高。

4. 盈利目标

在资金成本和风险成本一定的情况下，银行利润目标越高，信贷产品的定价就越高。

5. 市场竞争

个人贷款市场基本上是一个完全竞争市场，在产品同质性较强的情况下，如果银行贷款定价高于市场水平，信贷产品的销售就会受到不利的影响；如果贷款定价过低，又会增加银行的风险并对银行利润造成冲击。

6. 担保因素

在个人贷款定价时，银行应综合考虑担保的整体费用和收益。

7. 选择性因素

选择性因素是指银行赋予客户一些选择性权利，如允许客户改变偿还贷款本息的时间、允许其提前或推迟还款等。权利的赋予与否、权利大小与贷款定价呈正向变化。

直击考点

（判断）个人贷款定价中，利率调整的周期较短或实行浮动利率制，利率风险将基本由借款人承担，为公平合理起见，利率风险加点可相应提高。（　　）

A. 正确　　　　B. 错误

【答案】B

【解析】利率调整的周期较短或实行浮动利率制，利率风险将基本由借款人承担，为公平合理起见，利率风险加点可相应降低；利率调整的周期较长或实行固定利率，利率风险将部分或全部转嫁给银行，利率风险加点可相应提高。

第五节　个人贷款风险管理

一、风险管理概述

（一）风险与损失

1. 风险

风险是指未来出现收益或损失的不确定性，它既可能给银行带来收益也可能造成损失。具体来说，如果某个事件产生的收益或损失是固定的并已经被事先确定下来，则不存在风险；若该事件的收益或损失存在变化的可能，且这种变化过程事先无法确定，则存在风险。

2. 损失

严格来说，损失是一个事后概念，反映风险事件发生后所造成的实际结果，而风险却是一个明确的事前概念，反映损失发生前的事物发展状态。将风险等同于损失的危害在于：将发生损失之前的风险管理和损失真实发生之后的不良处置相混淆，削弱风险管理的积极性和主动性，难以真正做到在经营管理过程中将风险关口前移，主动防范和规避风险。

（二）商业银行个贷业务风险的主要类别

1. 信用风险

信用风险是指债务人或交易对手未能履行合同规定的义务或信用质量发生变化，影响金融产品价值，从而给债权人或金融产品持有人造成经济损失的风险，又被称为违约风险。

2.操作风险

操作风险是指由不完善或有问题的内部程序、员工、信息科技系统以及外部事件所造成损失的风险，包括法律风险，但不包括声誉风险和战略风险。操作风险的诱因可分为人员因素、内部流程、系统缺陷和外部事件四大类别。

3.市场风险

市场风险是指金融资产价格和商品价格的波动给商业银行表内头寸、表外头寸造成损失的风险。市场风险包括利率风险、汇率风险、股票风险和商品风险。

4.其他风险

包括声誉风险、新产品（业务）风险、合规与反洗钱风险、国别风险等。

（三）加强风险管理的意义

（1）降低非预期损失，减少资本占用，增加经济增加值。银行经营管理中是通过分配经济资本抵御非预期损失，经济资本占用越多，业务的资本成本越大，扣除资本成本之后的经济增加值就会越小。加强风险防控和处置，可以降低非预期损失，减少资本成本支出，增加个人信贷业务的经济增加值。

（2）准确把握客户或产品风险，提高定价能力。客户或产品的风险状况是影响隐含定价的重要因素，通过准确识别和评估客户或产品风险，为基于风险收益平衡确定价格奠定基础。

（3）提高资产质量，降低减值准备。加强风险防控有助于降低个人贷款违约率和损失率，提高个人贷款资产质量，降低预期损失，减少拨备。

（4）促进合规经营，防范案件发生。加强风险防控，有助于促进从业人员严格执行制度规定，落实规定动作，减少违规操作和案件发生，提高合规经营意识。

（5）支持产品服务创新，提升市场竞争力。随着产品、服务、渠道、流程的创新加快，只有不断加强风险防控，才能在加强创新的同时有效控制风险，保证创新的价值创造和对客户的优质服务。

二、信用风险管理

（一）信用风险的识别

1.个人客户信用风险来源

（1）商业银行与个人客户之间广泛存在着信息不对称。

（2）市场价格波动。

（3）我国个人征信制度。

（4）宏观经济周期性变化。

2.个人客户信用风险识别

（1）客户的还款能力

客户还款能力受其当前收入、家庭财产状况、负债状况、未来收入稳定性等多方面影响，而不仅仅由当期收入高低决定。一方面，要分析客户是否具备还款能力，主要是看收入还贷比是否在银行规定的范围内。在借款人提供的收入信息真实的情况下，银行还要重点关注借款人的负债情况。不仅要看借款人在本行是否有其他负债，还要通过征信报告查阅借款人在其他金融机构是否有负债，掌握其完整的负债情况，才能准确推算其收入还贷比是否在规定范围内。另一方面，要分析客户还款能力是否有足够保障。主要是通过对借款人基本资料中有关稳定性内容来考察，如现居住地稳定性、职业稳定性、家庭稳定性等；还要考察借款人工资收入、经营收入、家庭共有收入及财产情况等方面产生的现金流的稳定性，预测其未来现金流在满足其正常生活开支以后能否覆盖还款额；另外，还要看借款人是否具有较强的财产实力，因为现金流只反映了借款人的流动性，而充足的资产则反映了借款人对工作或家庭等变故的承受能力，即使将来借款人没有了现金流，客户也有能力通过处置财产偿还银行贷款。

银行把握借款人还款能力还存在相当大的难度，主要存在以下两个方面的原因：①国内尚未建立完善的个人财产登记制度与个人税收登记制度，全国性的个人征信系统还有待进一步完善，银行因而很难从整体上把握借款人的资产与负债状况并作出恰当的信贷决策；②国内失信惩戒制度尚不完善，借款人所在单位、中介机构存在协助借款人出具包括假收入证明在内的虚假证明文件（如个人收入证明、营业执照等）的现象比较普遍，对主动作假或协助作假的行为尚缺乏有力的惩戒措施。

（2）客户的还款意愿

借款人的道德品质是决定借款人还款意愿的首要因素。由于信息不对称，银行难以在短时间内全面了解借款人的个人品质。这就需要银行多途径了解客户信息，从而判断其还款意愿。在业务受理之初，可通过人民银行征信系统查询客户征信记录是否良好，也可通过客户的亲戚熟人、朋友等打听了解借款人为人处世的情况，是否有黄赌毒等不良嗜好；还可通过面谈，对借款人的性格特点进行把握等。一般而言，有真实还款意愿的客户会对银行的贷款条件，如贷款期限、利率尤其是贷款费用等字斟句酌，非常谨慎。但有些客户却会对银行提出的条件，如利率、保险等不太关心。这类客户需要特别关注其贷款信息真实性和还款意愿。

（二）信用风险的评估

专家判断法的最重要特征就是银行信贷的决策权由银行经过长期训练、具有丰富经验的信贷人员所掌握，并由他们作出是否贷款的决定。

（1）“5C”要素分析法

“5C”指借款人道德品质（Character）、能力（Capacity）、资本（Capital）、担保（Collateral）、环境（Condition）。

借款人的道德品质，是一种对客户声誉的度量，包括其偿债意愿和偿债历史，指客户愿意履行其付款承诺的可能性，其是否愿意尽自己最大努力来按照承诺还款，客户的品德好坏主要根据过去的信用记录来确定。

借款人的能力，指借款者财务状况的稳定性，反映了借款人的还款能力，主要根据借款人的收入、资产状况衡量。如是申请个人经营类贷款，还应判断项目或企业经营生产能力及获利情况，具有较好的经营业绩、较强的资本实力和合理的现金流量的项目或企业，才能够表现出良好的偿债能力。

资本，对于个人经营类贷款，资本往往是衡量财务状况的决定性因素。资本雄厚说明具有巨大的物质基础和抗风险能力。

担保，指借款人用其资产对其所承诺的付款进行的担保，如果发生违约，债权人对于借款人抵押的物品拥有要求权。这一要求权的优先性越高，则相关抵押品的市场价值就越高，欠款的风险损失就越低。

环境，指对借款人的偿付能力产生影响的社会经济发展的一般趋势和商业周期，以及某些地区或某些领域的特殊发展和变动。这是决定信用风险损失的一项重要因素。宏观经济环境、行业发展趋势等对个人借款人的收入来源和偿债能力会产生直接或间接影响。

（2）“5P”要素分析法

“5P”要素指个人因素（Personal Factor）、资金用途因素（Purpose Factor）、还款来源因素（Payment Factor）、债权保障因素（Protection Factor）、前景因素（Perspective Factor）。

（3）“5W”因素分析法

“5W”因素指借款人（Who）、借款用途（Why）、还款期限（When）、担保物（What）及如何还款（How）。

尽管专家判断法在银行信用风险分析中发挥着重要作用，然而实践证明它仍然存在着许多难以克服的缺点和不足。

首先，要维持这样的专家制度需要相当数量的专业分析人员，随着银行业务量的不断增加，其所需要的分析人员会越来越多。因此，对于银行来说，对新、老分析人员进行不间断的培训和教育就成为银行的一项长期重要工作。在这种制度下，必然会带来银行冗员、效率低下、成本居高不下等诸多问题。对于银行个人授信业务来说，由于客户数量众多、单笔授信金额小，这种制度对成本和效率的负面影响更为突出。

其次，专家判断法实施的效果很不稳定，因为专家制度依靠的是具有专业知识的信贷人员，而这些人员本身的素质高低和经验多少将会直接影响该项制度的实施效果。

最后，运用专家判断法对借款人进行信贷分析时，难以确定共同遵循的标准，造成信贷评估的主观性、随意性和不一致性。

（三）信用风险的监测报告

监测报告是信用风险管理流程的重要环节，对风险管理的实施和改进极为重要。它可以帮助各级管理人员了解个贷业务资产组合在不同时点的表现和质量，对风险管理策略适时进行修正和调整，从而能够实现整个风险管理体系的逐步完善。

1.信用风险监测

（1）客户风险监测

在实施个人贷款风险监测过程中，充分考虑不同风险评级客户的风险程度差异，按照差别管理、动态管理和重点关注的原则进行管理。

（2）资产组合风险监测

资产组合的风险监测通过观测风险指标变化进行。关键风险指标有四类：

风险指标	内容
不良资产率指标	一般是指不良资产(次级类贷款+可疑类贷款+损失类贷款)与信贷资产总额之比
贷款迁徙率指标	正常及关注类贷款迁徙率=(期初正常贷款中转为不良贷款的余额+关注类贷款转为不良贷款的余额)/(期初正常类贷款余额+关注类贷款余额)
不良贷款拨备覆盖率指标	是准备金占不良贷款余额的比例,反映了商业银行对贷款损失的弥补能力和对贷款风险的防范能力
风险运营效率指标	主要包括审批处理量变动、审批通过率变动、催收成功率变动等

2.信用风险报告

商业银行应建立一整套信用风险内部报告体系,确保董事会、高级管理层、信用风险主管部门能够监测资产组合信用风险变化情况;根据信息重要性、类别及报告层级的不同,商业银行应明确内部报告的频度和内容。

(四)信用风险的控制应对

1.授信限额管理

(1)客户统一授信管理

统一授信管理是指商业银行按照一定标准和程序,对单一客户统一确定授信额度,并加以集中统一控制的信用风险管理制度。银行在考虑对客户授信时不能仅仅根据客户的最高债务承受额提供授信,还必须将客户在其他商业银行的原有授信、在本行的原有授信和准备发放的新授信业务一并加以考虑。在个人客户信用统一评价和偿债能力统一测算的基础上,为客户核定最高信贷额度,防范客户多头超额授信。

(2)合作机构授信限额管理

根据合作机构资质状况、财务状况、经营能力等确定合作额度,注意多渠道掌握充分信息,识别担保机构过度担保风险,加强跟踪监督。

(3)区域限额管理

指一定时期内对某一区域投放的个人信贷产品的规模限制。我国幅员辽阔、各地经济发展水平差距较大,在一定时期内有必要实施区域限额管理。区域限额在一般情况下可作为指导性的弹性限额,但当某一地区受某些(政策、法规、自然灾害、社会环境等)因素的影响,导致区域内经营环境恶化、区域内部经营管理水平下降、区域信贷资产质量恶化时,区域风险限额应被严格、刚性控制。

(4)行业限额管理

以"有效分散风险"为原则,进行行业投向限额管理,设定合适的行业投向比例,结合贷后管理工作,定期对行业集中度进行监测,对于行业投向过于集中的,及时采取措施,适当压降该行业客户贷款。

(5)产品组合限额管理

商业银行在一定时期内,应对某类产品实施组合限额管理,尤其是新产品投产初期或基层机构。

2. 利用客群特征优选客户

以国家和社会管理机构工作人员、私营企业主、高级专业技术人员、中高收入行业从业人员和个体工商户为六类目标客户群体，重点选择以下客户：

（1）国家公务员或外资企业的高管及营销人员。这部分人群收入较为稳定，一般都掌握了较好的专业技能，预期收入较高、失业风险较低。

（2）就职于优势行业且自身素质较高的年轻人。目前，发展形势较好的行业有医药、电信、电力、烟草、金融、教育互联网等。

（3）发展前景较好、信用度高的私营企业主。

利用已有的个人贷款存量客户数据，通过数据挖掘和分析，分别找到信用水平高、违约率低的“好客户”和信用风险大、违约率高的“坏客户”具有的一般特征，在日常工作中有意识地去选择具有“好客户”特征的借款人，防范具有“坏客户”特征的借款人。

3. 利用信用评分工具优选客户

信用评分工具的应用可以有效减少银行由于主观判断失误导致劣质客户准入的概率。近年来，商业银行致力于信用评分工具的开发和应用。申请评分主要应用于个人贷款发放阶段，是对申请人履行承诺的能力和信誉程度进行全面评价，用于个人贷款申请的决策支持。行为评分则有很多用途，如反欺诈、贷后风险管理、贷款催收、交叉销售等，银行运用不同的预测目标模型，对现有账户或客户在其贷款期内一个时段的行为表现进行预测，并量化成为分值来评估客户在未来一个时段的风险度，风险高的客户应加强关注。

4. 关键业务流程控制

为有效控制信用风险，个贷业务流程应当结构清晰、职能明确，在业务处理过程中做到关键岗位相互分离、相互制约、相互协调，同时满足业务发展和风险管理的需要。在个贷业务流程中，应严格落实三查，即贷前调查、贷中审查与贷后检查。贷前调查要在确保客户信息真实的基础上，综合客户家庭、收入、职业等信息对客户合理信用状况作出判断，据以提出合理化授信方案建议。贷中审查要对贷前授信方案的政策合规性、风险合理性作出分析判断，提出授信审批结论。贷后检查是贷后管理的重要内容，在履行好贷后检查职责的同时，还应加强与贷前审查、审批的衔接。如将贷后检查报告纳入存量客户再授信申报资料，利用授信审查审批机制对贷后检查工作进行校验；将贷后检查或内外部审计发现问题及时反馈贷前环节，通过控制贷款支用、限制准入等方式，完成风险事项整改。

5. 有效的担保缓释措施

落实担保是缓释个人贷款信用风险的有效途径。担保措施包括保证、质押、抵押等，个人贷款担保方式应优先选择抵押方式。抵押担保重点关注抵押物是否合规，是否确实存在，权属是否清晰，抵押行为是否合法，实现抵押权是否存在障碍。贷款发放前应严格落实抵押登记要求，贷款发放后应对抵押物动态监控。个人贷款也可以采取自然人保证、房屋抵押加开发商阶段性保证等，采用保证方式的，应严格落实保证人担保职能。个人贷款担保缓释措施的选择应结合借款人信用水平、贷款期限、贷款额度、贷款价格综合判断。如果一笔个人贷款无担保、或原有担保能力不足或出现瑕疵，当借款人信用水平下降时，应及时通过追加保证人、追加抵押物或追加保证金等方式追加担保以缓释风险。贷款风险暴露后，应同时启动对借款人和担保方追偿，如追偿借款人无效，应第一时间要求保证人代偿或执行抵(质)押物。

6.违约贷款清收与处置

违约贷款是指贷款出现借款合同约定的任一违约情形的贷款。违约贷款清收是对已经暴露风险的贷款采取措施，实现货币形式或实物形式回收。贷款一旦违约，应立即根据合同约定采取必要的救济措施，包括但不限于收取违约金、计收罚息和复利、要求追加担保、宣布贷款立即到期、行使抵销权利、行使担保权利、以合法手段催收处置。其中，对个人贷款常用的催收措施包括短信催收、电话催收、上门催收、委外催收、公告催收、司法催收，处置措施包括协议变更或重组、处置抵押物、实现担保物权、以物抵债等。各种催收处置手段的实施一般是前后相继、顺序进行，对风险较大或借款人恶意拖欠的贷款，银行可视情况灵活选择最优催收手段和催收时机。为提高催收实效，银行人员在提高自身催收能力的同时，应充分借助外部力量，如律师事务所、催收公司、合作开发商、新闻媒体、法院等。

7.贷款核销

贷款的核销要建立严格的审核、审批制度，核销时银行内部进行账务处理，核销后表内不再进行会计确认和计量，但债权关系仍然存在，需建立贷款核销档案，即“账销案存”，继续保留对贷款的追索权。个人贷款呆账认定用得较多的条件有强制执行、终结执行、终止执行、中止执行、追索等。呆账核销流程一般包括项目核查、申报准备、申报审批、执行和归档。

8.不良贷款证券化

资产证券化是指将缺乏流动性但能够产生可预计的未来现金流的资产(如银行贷款)，通过一定的结构安排，对资产中的风险与收益要素进行分离、重新组合、打包，进而转换成为在金融市场上可以出售并流通的证券的过程。

9.不良贷款批量转让

中国银保监会于2021年印发《中国银保监会办公厅关于开展不良贷款转让试点工作的通知》，允许6家国有控股大型银行和12家全国性股份制银行向金融资产管理公司和地方资产管理公司转让批量个人不良贷款。参与试点转让的个人贷款以已经纳入不良分类的个人消费贷款、信用卡透支、个人经营类信用贷款为主。2022年，原银保监会办公厅发布《关于开展第二批不良贷款转让试点工作的通知》，进一步扩大了参与试点的机构范围。

直击考点

(多选)下列关于专家判断法中的“5C”要素分析法的表述，正确的有(　　)。

A.“5C”是指借款人道德品质(Character)、能力(Capacity)、资本(Capital)、担保(Collateral)、环境(Condition)

B.对于个人经营性贷款，环境往往是衡量财务状况的决定性因素

C.如果发生违约，债权人对于借款人抵押的物品不拥有要求权

D.环境是决定信用风险损失的一项重要因素

E.宏观经济环境、行业发展趋势等对个人借款人的收入来源和偿债能力会产生直接或间接影响

【答案】ADE

【解析】选项B，对于个人经营性贷款，资本往往是衡量财务状况的决定性因素；选项C，担保指借款人用其资产对其所承诺的付款进行的担保，如果发生违约，债权人对于借款人抵押的物品拥有要求权。

三、操作风险管理

（一）操作风险分类

巴塞尔协议根据操作风险损失事件类型，将操作风险分为七类：

（1）内部欺诈事件指故意骗取、盗用财产或违反监管规章、法律或公司政策导致的事件。此类事件至少涉及内部一方，但不包括歧视及差别待遇事件。

（2）外部欺诈事件指第三方故意骗取、盗用、抢劫财产、伪造要件、攻击商业银行信息科技系统或逃避法律监管导致的损失事件。

（3）信息科技系统事件指因信息科技系统生产运行、应用开发、安全管理以及由于软件产品、硬件设备、服务提供商等第三方因素，造成系统无法正常办理业务或系统速度异常所导致的损失事件。

（4）实物资产的损坏指因自然灾害或其他事件（如恐怖袭击）导致实物资产丢失或毁坏的损失事件。

（5）客户、产品和业务活动事件指因未按有关规定造成未对特定客户履行分内义务（如诚信责任和适当性要求）或产品设计缺陷导致的损失事件。

（6）就业制度和工作场所安全事件指违反就业、健康或安全方面的法律或协议，个人工伤赔付或者因歧视及差别待遇导致的损失事件。

（7）执行、交割和流程管理事件指因交易处理或流程管理失败，以及与交易对手方、外部供应商及销售商发生纠纷导致的损失事件。

（二）操作风险管理工具

1.损失数据收集

损失数据收集是银行对因操作风险引起的损失事件进行收集、报告并管理的相关工作。损失收集工作要明确损失的定义、损失形态、统计标准、职责分工和报告路径等内容，保障损失数据统计工作的规范性。

2.风险与控制自我评估

风险与控制自我评估是银行对自身经营管理中存在的操作风险点进行识别，评估固有风险，再通过分析现有控制活动的有效性，评估剩余风险，进而提出控制优化措施的工作。自评工作要坚持的原则有全面性、及时性、客观性、前瞻性和重要性。

3.关键风险指标监测

关键风险指标通常包括交易量、员工水平、技能水平、客户满意度、市场变动、产品成熟度、

地区数量、变动水平、产品复杂度和自动化水平等。

4.情景分析

情景分析是银行对业务中潜在的重大操作风险事件进行分析，评估事件发生的可能性和造成的影响，并采取相应的控制措施的方法，它要满足全面性、前瞻性、客观性、动态性。

（三）个贷业务操作风险控制

1.加强个贷业务集约化管理

适应个人信贷业务批量化、标准化的特点，实施个人信贷业务集约化管理，提升管理层次，实现审贷分离。利用个人信贷业务专营机构，集中进行统一调查和审批，实现专业化经营和管理。

2.推进操作风险管理工具应用

推进操作风险与控制自评估在个贷业务各产品和各层级的应用，及时发现经营管理中的内控缺陷和薄弱环节，提出改进措施。建立个人信贷业务操作风险损失事件收集和分析工作机制，明确操作风险损失事件定义、形态、统计标准、分工、报告路径等，保障损失数据统计的规范性。

3.责任追究，明晰奖惩

强化责任约束，明确责任认定与追究办法，建立不良贷款与重大风险事件问责与通报制度，严格损失追究要求，强化警示作用。在建立责任制的同时，配之以奖励制度，将经办人员的贷款发放质量与收入挂钩。

4.提高从业人员专业水平和职业道德

加强员工培训，提高对制度的敬畏感，掌握规章，按规定操作，避免因制度学习不到位导致的违规或“失误”。严格履行职责，按规定操作，遵程序办事，不越权处理问题；减少口头请示，按照正式签署意见处理问题。提升员工自身修养，杜绝不良嗜好，提高自我保护意识。

5.健全规章制度体系和工作机制

完善的规章制度是规范操作的依据和防范操作风险的有力保障。要建立覆盖个人信贷业务各产品、各层级的业务管理规章，明确业务操作与岗位职责。明确个人信贷业务经营部门和操作风险管理负责部门的职责，建立分工合作、运行高效的工作机制。

6.重视内外部审计检查发现问题整改

落实业务检查规定动作，配合内外部审计与监管检查，关注风险预警提示问题，对发现的问题进行整改并分析问题成因，定位制度和内控缺陷，促进制度的完善。

7.动态优化信息系统

强化信息系统对个人信贷业务的支持力度，实现个贷业务操作流程系统化，信息流转电子化，档案资料管理影像化，风险监测预警自动化，对关键风险点逐步实现系统机控，减少人为干预。加强操作风险管理工具的系统化建设，建立支持操作风险与控制自评估、损失收集、关键风险指标监控等功能的操作风险管理系统，加强在个贷业务操作风险管理中的应用，不断提高系统的操作便利性和对个贷业务的适用性。

直击考点

（多选）巴塞尔协议根据操作风险损失事件类型，将操作风险分为（　　）。

A.内部欺诈事件　　B.信息科技系统事件

C.外部欺诈事件　　D.国家政策变动事件

E.实物资产的损坏

【答案】ABCE

【解析】巴塞尔协议根据操作风险损失事件类型，将操作风险分为以下七类：（1）内部欺诈事件；（2）外部欺诈事件；（3）信息科技系统事件；（4）实物资产的损坏；（5）客户、产品和业务活动事件；（6）就业制度和工作场所安全事件；（7）执行、交割和流程管理事件。

四、其他风险管理

（一）市场风险管理

1.个人贷款市场风险的主要表现

个人贷款的借款人按合同约定还本付息，也可能会发生部分贷款本息损失，如固定利率贷款、外汇贷款等，因受到利率、汇率等市场风险的影响使得贷款本息受到损失。

2.市场风险的影响

（1）固定利率的影响

如果固定利率贷款的数量比较多，那么就会影响银行的资产收益率、资本收益率，对银行的市场形象、市场竞争力带来负面影响；如果固定贷款利率等于银行经营成本，那么贷款将对银行没有经济意义；如果固定利率低于银行经营成本，那么银行不仅要损失利息，甚至还有可能要损失本金。

（2）汇率的影响

由于汇率的市场化程度更高，不仅贷款利息会受到影响，而且连贷款的本金也会同时受到损失。

3.市场风险管理的主要措施

（1）开展市场风险监测分析。关注信贷市场利率走势，监测分析个人贷款所支持行业（如房地产业、汽车、农产品等）主要产品供求关系、影响供求的主要因素、政府政策和商品价格走势，为信贷决策提供参考。

（2）定期执行市场风险监控报告。运用有效的风险监测和报告工具，及时向管理层或业务部门提供有价值的风险信息与风险管理建议，辅助业务决策。

（3）合理评估市场风险影响程度。定期开展房价波动、利率波动、汇率波动等价格波动敏感性分析，评估重要价格变动可能给个人贷款收益与风险带来的影响。

（4）实施市场风险限额管理。坚持有效分散风险原则，对投入到不同行业的个人贷款实施行业限额控制。单一经营机构对同一市场或同一行业的个人贷款投放规模不应超过限额，对市场或行业投放过于集中的机构，及时采取措施。

（三）声誉风险管理

1. 声誉风险管理的必要性

（1）社会关注度高。一直以来，银行收费、服务、资金安全、合规操作等与民生密切相关的问题都是新闻媒体、普通百姓关注的热点。个人信贷业务作为与居民生活密切相关的业务，如果出现负面新闻，被媒体、大众关注的可能性较大。

（2）客户维权意识增强。随着社会的进步和经济的发展，客户法律维权意识不断增强，商业银行销售误导、业务处理失误、投诉处理不力等客户投诉类声誉风险案例呈现出日渐增多的趋势，特别是聚众拉横幅上访，通过微博、博客、微信等发帖，找律师、媒体曝光等手段被效仿，加剧了声誉风险管理难度。

（3）新媒体传播能力强。新媒体的裂变式传播和互动属性，导致舆情扩散速度快，舆情的破坏性增强，传统应对手段如“删、堵、埋”不再有效。同时，相比传统媒体，新媒体信息发布门槛低、言论随意性强，情绪化非理性的偏激言论易受关注，银行的澄清信息却往往不易被广泛传播，声誉重塑工作难度增大。

2. 声誉风险管理的内容

（1）强化公司治理在声誉风险管理中的作用，设立或指定声誉风险管理部门，明确银行的战略愿景和价值理念。

（2）有明确记录的声誉风险管理政策和流程。

（3）理解不同利益相关者（如股东、员工、客户、监管机构、社会公众等）的期望。

（4）培养开放、互信、互助的机构文化。

（5）建立强大的、动态的风险管理系统，有能力提供风险事件的早期预警。

（6）努力建设学习型组织，有能力在出现问题时及时纠正。

（7）建立公平的奖惩机制，支持发展目标和股东价值的实现。

（8）利用自身的价值理念、道德规范影响合作伙伴、供应商和客户。

（9）建立公开、诚恳的内外部交流机制，尽量满足不同利益持有者的要求。

（10）定期开展声誉风险隐患排查、声誉风险情景模拟和应急演练。

3. 声誉风险管理的主要做法

（1）强化声誉风险管理培训

对员工开展声誉风险管理培训，使员工理解、贯彻商业银行的价值理念和风险管理政策，遵守内部流程，将声誉风险管理渗透到工作的各个环节，从微观处减少潜在的声誉风险因素。

（2）兑现承诺

无论对利益持有者作出何种承诺，商业银行都必须努力兑现，如果因各种原因无法兑现承诺，则必须作出明确、诚恳的解释。

（3）及时处理投诉和批评

商业银行在运营和发展过程中，出现某些错误是不可避免的，应积极主动统一新闻口径，通过新闻发布、媒体通气、声明、公告等适当形式，及时披露相关信息，澄清实施情况，回应社会关切。及时改正并且正确处理投诉和批评至关重要，有助于商业银行提高金融产品（服务）的质量和效率。恰当处理投诉和批评对于维护商业银行的声誉固然重要。除此之外，通过接受利益持有者的投诉和批评，发掘商业银行的潜在风险，更具价值。商业银行应当从投诉和批评中积累早期声誉风险预警经验。风险管理人员应当有能力分析和判断投诉的起因、规模、趋势、规律与潜在风险之间的相关性。

（4）维护大多数利益持有者的期望与商业银行发展战略相一致

现实中，商业银行应当对不同利益持有者的期望进行分类并优先排序，一旦发现某些利益持有者的期望和商业银行的未来发展相冲突时，董事会和高级管理层应作出取舍。

（5）增强客户（公众）的透明度

客户应当被看作是商业银行的核心资产，而不仅仅是产品或服务的被动接受者。传统上，商业银行通常都会因为竞争关系而将很多信息秘而不宣，如今越来越多的商业银行将产品研发、未来发展计划向客户（公众）告知，并广泛征求意见，以提早预知和防范新产品（服务）可能引发的声誉风险。

（6）将商业银行的企业社会责任和经营目标相结合

这是创造公共透明度、维护商业银行声誉的另一个重要层面。虽然增强企业社会责任感不是提高声誉、降低风险的“万能药”，但负责任的商业银行形象有助于增强员工凝聚力、投资者信心，以及吸引更多优质客户。高级管理层应当制订详细的企业社会责任行动方案，力争更多地服务和回馈社会，创建更加友善的机构和人文环境，以利于更稳健、持久地实施商业战略。商业银行应当不仅在其内部广泛传播价值理念，也应当将这种价值观延续到其合作伙伴、客户和供应商（服务商），并在整个经济和社会环境中，树立富有责任感并值得信赖的机构形象。

（7）保持与媒体的良好接触

商业银行的良好声誉源自利益持有者的持久信任，而媒体是商业银行和这些利益相关群体保持密切联系的纽带。因此，商业银行需要通过不同的媒体，定期或不定期地宣传商业银行的价值理念。发言人制度、首席执行官的媒体访谈，以及可信赖的第三方（如研究机构的客观评价）都可以成为商业银行在利益持有者以及公众心目中建立积极、良好声誉的重要媒介。

（8）制定危机管理规划

商业银行应当制定声誉风险管理应急机制，并定期测试以确保危机时刻商业银行的反应是及时、恰当的。对于难以评估（预期）的风险威胁，可以参照其他商业银行的历史情景，测试自身在同样情况下的危机处理能力。

直击考点

（单选）下列关于声誉风险管理的主要做法错误的是（　　）。

A.强化声誉风险管理培训

B.将商业银行的企业社会责任和经营目标相结合

C.增强客户（公众）的透明度

D.减少与媒体的接触

【答案】D

【解析】声誉风险管理的主要做法有：(1)强化声誉风险管理培训；(2)兑现承诺；(3)及时处理投诉和批评；(4)维护大多数利益持有者的期望与商业银行发展战略相一致；(5)增强客户(公众)的透明度；(6)将商业银行的企业社会责任和经营目标相结合；(7)保持与媒体的良好接触；(8)制定危机管理规划。

第六节　个人贷款押品管理

一、押品管理基本概念

1.押品管理

押品管理是指押品的受理、审查、评估、权利设立、监控、返还与处置等一系列活动。

2.押品管理的原则

(1)合法性原则。押品准入、抵质押合同订立、登记手续办理、押品处置等活动应符合国家法律法规规定。

(2)有效性原则。选择具有缓释能力、易于变现的押品，充分考虑押品价值与债务人风险的相关性，及时开展押品的评估、抵质押权设立、监测和处置，采取有效措施控制化解可能发生的风险隐患。

(3)审慎性原则。开展押品价值评估，应充分考虑各种可能的风险因素，保守估计押品价值，审慎确定抵质押率。

(4)差别化原则。根据不同类型押品的特点，在准入、审查、价值评估和贷后监控等方面采取不同的政策、标准、方法和要求。

(5)平衡制约原则。完善岗位制衡机制，实现押品的评价与审查分离、押品权证的收取与保管分离。

3.押品种类

押品分类是押品管理的基础和前提。银行的存量押品分为金融质押品、应收账款、商用房地产和居住用房地产、其他押品四大类，具体常见类型如下：

押品种类	具体常见类型
金融质押品	现金及其等价物、贵金属、债券、票据、股票(基金)、保单等
应收账款	交易类应收账款、应收租金、公路收费权、学校收费权等
商用房地产和居住用房地产	商用房地产、居住用房地产、商用建设用地使用权和居住用建设用地使用权、房地产类在建工程等
其他押品	流动资产、出口退税账户、机器设备、交通运输设备、资源资产、设施类在建工程、知识产权、采矿权等

直击考点

（单选）公路收费权、学校收费权等属于银行存量押品种类的（　　）。

A.金融质押品　　B.商用房地产和居住用房地产

C.其他押品　　D.应收账款

【答案】D

【解析】银行的存量押品分为金融质押品、应收账款、商用房地产和居住用房地产、其他押品四大类。其中，应收账款包括交易类应收账款、应收租金、公路收费权、学校收费权等。

二、押品管理基本流程

（1）材料受理：受理债务人提供的拟接受押品、抵质押人的权属证明材料。

（2）审查：对押品的形式要件和抵质押权设立的合法性、合规性、有效性进行审查。

（3）押品价值评估：根据各类押品的特点，综合考虑其押品类型、市场价格、变现难易程度及其各种影响价值的不确定因素，评估押品的价值。

（4）抵质押权的设立与变更：与借款人、担保人签订《抵质押合同》等文本，及时办理押品登记手续及变更登记手续。

（5）押品的日常管理：对抵质押权证的保管、出入库、押品日常监控等环节进行管理。

（6）押品的返还与处置：对抵质押权证的返还、移交、处置等环节进行管理。

实战演练

一、单项选择题

1.数字化业务不具备的特点是（　　）。

A.运行环境开放　　B.电子虚拟服务方式

C.提高了银行成本　　D.模糊的业务时空界限

2.准确把握个人贷款业务操作流程，可有效规避贷款风险。下列环节不属于贷款操作流程的是（　　）。

A.审查与审批

B.支付管理与贷后管理

C.受理与调查

D.产品开发与设计

3.下列关于个人贷款合同的说法，错误的是（　　）。

A.应使用统一格式的个人贷款的有关合同文本

B.对不准备填写内容的空白栏不需再做处理

C.同笔贷款的合同填写人与合同复核人不得为同一人

D.对采取抵押担保方式的，应要求抵押物共有人在相关合同文本上签字

4.目前,银行最常见的个人贷款营销渠道不包括(　　)。

A.合作机构营销　　B.网点机构营销

C.数字化营销　　D.上门拜访营销

二、多项选择题

5.个人信贷业务中,加强风险管理有助于(　　)。

A.准确把握客户或产品风险,提高定价能力

B.降低非预期损失,减少资本占用,增加经济增加值

C.促进合规经营,防范案件发生

D.提高资产质量,降低减值准备

E.支持产品服务创新,提升市场竞争力

6.个人贷款原则上应当采用贷款人受托支付的方式向借款人交易对象支付,下列(　　)情形的个人贷款,经贷款人同意可以采取借款人自主支付方式。

A.借款人交易对象不具备条件有效使用非现金结算方式的

B.借款人无法事先确定具体交易对象且单次提款金额不超过30万元人民币的

C.贷款资金用于生产经营且单次提款金额超过100万元人民币的

D.借款人交易对象具备使用非现金结算方式的

E.购买商住两用房且金额超过50万元人民币的

7.我国商业银行个人贷款的借款对象包括(　　)。

A.具有限制民事行为能力的中华人民共和国公民

B.符合国家有关规定的境外自然人

C.境内股份有限责任公司

D.具有完全民事行为能力的中华人民共和国公民

E.社团组织

8.关于个人贷款的档案管理,下列说法正确的有(　　)。

A.档案进行移交时要经双方签字

B.贷款档案的查阅、借出必须进行登记

C.贷款档案只能是原件,不能是复印件

D.借款人还清贷款本息后,所有档案材料须由银行永久保管

E.贷款档案主要包括借款人相关资料和贷后管理相关资料

9.银行个人住房贷款业务的合作机构有(　　)。

A.担保公司　　B.证券公司

C.房地产开发商　　D.房地产经纪公司

E.资产评估公司

10.下列属于押品管理基本流程的有(　　)。

A.材料受理　　B.审查

C.押品价值评估　　D.抵质押权的设立与变更

E.押品的日常管理

三、判断题

11.重视贷后管理原则的关键是让借款人按照贷款合同的约定用途使用贷款资金。(　　)

A.正确　　　　B.错误

12.对于一手个人购房贷款而言，在借款人购买的房屋没有办抵押登记之前，一般要求由开发商提供阶段性或全程担保。(　　)

A.正确　　　　B.错误

13.在贷款的签约与发放过程中，贷款人应与借款人签订书面借款合同，需担保的可以以后再签订担保合同。(　　)

A.正确　　　　B.错误

14.低成本策略强调降低银行成本，同时意味着成为一个低价格的竞争者。(　　)

A.正确　　　　B.错误

15.借款人采取自主支付的，银行将贷款资金直接发放至借款人账户后，借款人可自主支配使用。(　　)

A.正确　　　　B.错误

参考答案及解析

一、单项选择题

1.C 【解析】数字化业务的特征包括：(1)电子虚拟服务；(2)运行环境开放；(3)模糊的业务时空界限；(4)业务实时处理，服务效率高；(5)运营成本低，降低了银行运营成本；(6)严密的安全系统，保证交易安全。

2.D 【解析】个人贷款业务操作流程包括受理与调查、审查与审批、签约与发放、支付管理和贷后管理。

3.B 【解析】在填写个人贷款合同时，需要填写空白栏，且空白栏后有备选项的，在横线上填好选定的内容后，对未选的内容应加横线表示删除；合同条款有空白栏，但根据实际情况不准备填写内容的，应加盖“此栏空白”字样的印章。

4.D 【解析】银行营销渠道是指提供银行服务和方便客户使用银行服务的各种手段，即银行产品和服务从银行流转到客户手中所经过的流通途径。从目前情况看，银行最常见的个人贷款营销渠道主要有合作机构营销、网点机构营销和数字化营销三种。

二、多项选择题

5.ABCDE 【解析】加强风险管理的意义包括：(1)提高资产质量，降低减值准备；(2)促进合规经营，防范案件发生；(3)降低非预期损失，减少资本占用，增加经济增加值；(4)准确把握客户或产品风险，提高定价能力；(5)支持产品服务创新，提升市场竞争力。

6.AB 【解析】个人贷款原则上应当采用贷款人受托支付的方式向借款人交易对象支付，属于下列情形之一的个人贷款，经贷款人同意可以采取借款人自主支付方式：(1)借款人无法事先确定具体交易对象且单次提款金额不超过三十万元人民币的；(2)借款人交易对象不具备条件有效使用非现金结算方式的；(3)贷款资金用于生产经营且单次提款金额不超过五十万元人民币的；(4)法律法规规定的其他情形。

7.BD 【解析】个人贷款借款人为具有完全民事行为能力的中华人民共和国公民或符合国家有关规定的境外自然人。

8.ABE 【解析】选项C，个人贷款档案可以是原件，也可以是具有法律效力的复印件；选项D，借款人还清贷款本息后，重要档案材料需要退还借款人。

9.CD 【解析】对于一手个人购房贷款，商业银行最主要的合作机构是房地产开发商；对于二手个人购房贷款，商业银行最主要的合作机构是房地产经纪公司。

10.ABCDE 【解析】押品管理基本流程除了ABCDE选项之外，还包括押品的返还与处置。

三、判断题

11.B 【解析】实贷实付原则的关键是让借款人按照贷款合同的约定用途使用贷款资金，减少贷款挪用的风险。

12.A 【解析】目前，商业性个人一手购房贷款中较为普遍的贷款营销方式是银行与房地产开发商合作的方式。这种合作方式是指房地产开发商与贷款银行共同签订《商品房销售贷款合作协议》，由银行向购买该开发商房屋的购房者提供个人购房贷款，借款人用所购房屋作抵押，在借款人购买的房屋没有办好抵押登记之前，由开发商提供阶段性或全程担保。

13.B 【解析】在贷款的签约与发放过程中，贷款人应与借款人签订书面借款合同，需要担保的应当同时签订担保合同。

14.B 【解析】低成本策略强调降低银行成本，使银行保持令人满意的边际利润，同时成为一个低成本竞争者。然而，低成本并不一定等同于低价格。

15.B 【解析】借款人自主支付是指贷款人根据借款人的提款申请将贷款资金直接发放至借款人账户，并由借款人自主支付给符合合同约定用途的借款人交易对象。

第三章　个人住房贷款

思维导图

- 个人住房贷款
  - 个人住房贷款基础知识
    - 基础知识
    - 个人住房贷款的特征
    - 个人住房贷款的发展历程
    - 个人住房贷款的要素
  - 个人住房贷款流程
    - 合作项目准入流程
    - 单笔贷款流程
  - 个人住房贷款风险管理
    - 合作机构风险管理
    - 信用风险管理
    - 操作风险管理
  - 公积金个人住房贷款
    - 基础知识
    - 贷款流程

直击考纲

1. 掌握个人住房贷款的分类、特征和要素。
2. 掌握个人住房贷款的流程。
3. 熟悉个人住房贷款的风险管理。
4. 掌握公积金个人住房贷款的要素和操作流程。

考点详解

第一节　个人住房贷款基础知识

一、基础知识

1. 概念

个人住房贷款是指银行向自然人发放的，用于购买、建造和大修理各类型住房的贷款。

2. 分类

分类依据	类别	内容
资金来源	自营性个人住房贷款	也称商业性个人住房贷款，是指银行运用信贷资金向在城镇购买、建造或大修理各类型住房的个人发放的贷款
	公积金个人住房贷款	也称委托性住房公积金贷款，是指由各地住房公积金管理中心运用个人及其所在单位所缴纳的住房公积金，委托商业银行向购买、建造、翻建或大修自住住房的住房公积金缴存人以及在职期间缴存住房公积金的离退休职工发放的专项住房贷款
	个人住房组合贷款	是指按时足额缴存住房公积金的职工在购买、建造或大修住房时，可以同时申请公积金个人住房贷款和自营性个人住房贷款，从而形成特定的个人住房贷款组合
住房交易形态	新建房个人住房贷款	也称个人一手房贷款，是指银行向符合条件的个人发放的、用于在住房一级市场上购买新建住房的贷款
	个人二手房住房贷款	是指银行向符合条件的个人发放的、用于购买在住房二级市场上合法交易的各类型个人住房的贷款
贷款利率的确定方式	可分为固定利率贷款和浮动利率贷款	

二、个人住房贷款的特征

1. 贷款期限长

购房支出通常是家庭支出的主要部分，住房贷款也普遍占家庭负债的较大份额。因此，个人住房贷款相对其他个人贷款而言，金额较大，期限也较长，通常为10~20年，最长可达30年，绝大多数采取分期还本付息的方式。

2. 大多以抵押为前提建立借贷关系

通常情况下，个人住房贷款是以住房作抵押这一前提条件发生的资金借贷行为。对于个人住房贷款的借款人而言，其目的是通过借款融资取得购买住房的资金，实现对住房的拥有；对于个人住房贷款的贷款人而言，其取得该住房抵押权的目的并不是要实际占有住房，而是为了在贷出资金未能按期收回时，作为一种追偿贷款本息的保障。因此，从融通资金的方式来说，个人住房贷款是以抵押物的抵押为前提而建立起来的一种借贷关系。

3. 风险具有系统性特点

由于个人住房贷款大多数为房产抵押担保贷款，所以风险相对较低。但由于大多数个人住房贷款具有类似的贷款模式，系统性风险也相对集中。除了客户还款能力和还款意愿等方面的因素外，房地产交易市场的波动性和规范性，对个人住房贷款风险的影响也较大。

直击考点

（单选）以下关于个人住房组合贷款的表述，正确的是（　　）。

A.商业性个人住房贷款与公积金个人住房贷款的组合

B.公积金贷款与个人委托贷款的组合

C.房屋购置贷款与房屋装修贷款的组合

D.一手房贷款与二手房贷款的组合

【答案】A

【解析】个人住房组合贷款是指按时足额缴存住房公积金的职工在购买、建造或大修住房时，可以同时申请公积金个人住房贷款和自营性个人住房贷款，从而形成特定的个人住房贷款组合。自营性个人住房贷款，也称商业性个人住房贷款。

三、个人住房贷款的发展历程

个人住房贷款在各国个人贷款业务中都是最主要的个人贷款产品，在我国也是最早开办、规模最大的个人贷款产品。我国个人住房贷款业务发展大致可分为四个阶段。

1.探索阶段

国内个人住房贷款最早萌芽于改革开放初期，源于城市住宅制度的改革。1985年，中国建设银行率先开办了土地开发和商品房贷款，成为国内最早开办住房贷款业务的国有商业银行。1987年，作为首批住房体制改革的试点城市，烟台、蚌埠两市分别成立了住房储蓄银行，开始发放住房贷款。自1988年起，建设银行和工商银行相继成立了房地产信贷部，专门从事住房信贷业务，承办各个地方政府委托的住房金融业务，并出台了住房抵押贷款的相关管理办法，个人住房贷款开始陆续向规模化、制度化发展。

2.起步阶段

1997年，中国人民银行又颁布了《个人住房担保贷款管理试行办法》（现已废止）等一系列关于个人住房贷款的制度办法，标志着国内住房贷款业务的正式全面启动。1998年7月3日，国务院正式宣布停止住房实物分配，逐步实行住房分配货币化，同时，“建立和完善以经济适用住房为主的多层次城镇住房供应体系”被确定为住房体制改革的基本方向，个人住房贷款业务逐步进入快速发展阶段。

3.快速发展和调控阶段

2003年，房地产市场进入快速发展阶段，围绕房地产的宏观调控也全面开始，调控工具越来越丰富。从2007年开始，住房信贷政策也成为调控住房市场的重要工具之一。国家根据宏观经济和住房市场景气程度的变化，通过调整贷款首付款比例、利率水平、贷款规模等要素，控制住房信贷的可获得性以及贷款成本，从而影响住房市场的需求水平，起到熨平市场波动的作用。

4.发展新阶段

2023年7月24日中央政治局会议明确，适应我国房地产市场供求关系发生重大变化的新形势，适时调整优化房地产政策，因城施策用好政策工具箱。7月31日国务院常务会议提出，根据不同需求、不同城市等推出有利于房地产市场平稳健康发展的政策举措，加快研究构建房地产业新发展模式。

为适应我国房地产市场供求关系的新变化以及人民群众对优质住房的新期待，促进房地产市场平稳健康发展，人民银行立足中央银行货币政策和宏观审慎管理职能定位，于2024年5月17日起连续发布通知，对个人住房贷款政策作出重大调整：（1）降低全国层面个人住房贷款最低首付比例，将首套房最低首付比例从不低于20%调整为不低于15%，二套房最低首付比例从不低于30%调整为不低于25%。（2）取消全国层面个人住房贷款利率政策下限。首套房和二套房贷利率均不再设置政策下限。

四、个人住房贷款的要素

1.贷款对象

个人住房贷款的对象应是具有完全民事行为能力的中华人民共和国公民或符合国家有关规定的境外自然人。同时，申请人还须满足贷款银行的以下要求：

（1）合法有效的身份或居留证明。

（2）有稳定的经济收入，信用状况良好，有偿还贷款本息的能力。

（3）有合法有效的购买（建造、大修）住房的合同、协议，有符合规定的首付款证明材料及贷款银行要求提供的其他证明文件。

（4）有贷款银行认可的资产进行抵押或质押，或有足够代偿能力的法人、其他经济组织或自然人作为保证人。

（5）贷款银行规定的其他条件。

2.贷款利率

2024年5月17日，中国人民银行发布《关于调整商业性个人住房贷款利率政策的通知》，取消全国层面首套住房和二套住房商业性个人住房贷款利率政策下限。

个人住房贷款的计息、结息和重定价方式，由借贷双方协商确定。其中，采用浮动利率的商业性个人住房贷款，利率重定价周期最短为1年。利率重定价日，定价基准调整为最近一个月相应期限的贷款市场报价利率。

3.贷款期限

（1）个人一手房贷款和二手房贷款的期限由银行根据实际情况合理确定，最长期限都为30年。其中，个人二手房贷款的期限不能超过所购住房的土地使用权剩余期限。

（2）对于借款人已离退休或即将离退休的（目前法定退休年龄为男60岁，女55岁），贷款期限不宜过长。一般男性自然人的还款期限不超过65岁，女性自然人的还款年限不超过60岁。

4.还款方式

个人住房贷款可采取多种还款方式进行还款。例如，一次还本付息法、等额本息还款法、等额本金还款法、等比累进还款法、等额累进还款法及组合还款法等多种方法。一般来说，贷款期限在1年以内（含1年）的，借款人可采取一次还本付息法；贷款期限在1年以上的，可采用等额本息还款法和等额本金还款法等。

5. 担保方式

在个人住房贷款业务中，采取的担保方式以抵押担保为主，在未实现抵押登记前，普遍采取抵押加阶段性保证的方式。

阶段性保证人通常是借款人所购住房的开发商或售房单位，且与银行签订了商品房销售贷款合作协议书。在一手房贷款中，在房屋办妥抵押登记前，一般由开发商承担阶段性保证责任；借款人、抵押人、保证人应同时与贷款银行签订抵押加阶段性保证借款合同。在所抵押的住房取得房屋所有权证并办妥抵押登记后，根据合同约定，保证人不再承担保证责任。

采用抵押担保方式的，抵押的财产必须符合《民法典》的法定条件。抵押物的价值按照抵押物的市场成交价或评估价格确定。银行通常要求借款人以所购住房作抵押，往往规定其贷款额度不得超过抵押物价值的一定比例。

少数情况下，个人住房贷款可采用质押、保证的担保方式。采用质押担保的，质物须符合《民法典》的法定条件。采用保证担保的，保证人应与贷款银行签订保证合同。保证人为借款人提供的贷款担保为全额连带责任保证，借款人之间、借款人与保证人之间不得相互提供保证。

在贷款期间，经贷款银行同意，借款人可根据实际情况变更贷款担保方式。抵押物、质押权利、保证人发生变更的，应与贷款银行重新签订相应的担保合同。

6. 贷款额度

个人住房贷款额度根据借款人的还款能力和差别化住房信贷政策规定的贷款成数上限综合确定。

借款人还款能力要求将借款人住房贷款的月房产支出与收入比控制在50%以下（含50%），月所有债务支出与收入比控制在55%以下（含55%）。

个人住房贷款的贷款成数最高不超过85%，即最低首付款比例为15%。具体规定为：对于贷款购买商品住房的居民家庭，首套住房商业性个人住房贷款最低首付款比例调整为不低于15%，二套住房商业性个人住房贷款最低首付款比例调整为不低于25%。在此基础上，中国人民银行各省级分行、国家金融监督管理总局各派出机构根据城市政府调控要求，按照因城施策原则，自主确定辖区各城市首套和二套住房商业性个人住房贷款最低首付款比例下限。在当地下限基础上，商业银行可根据客户风险状况自主决定具体的首付比例。

第二节 个人住房贷款流程

一、合作项目准入流程

（一）合作项目准入调查

1.开发商资信调查

（1）房地产开发商资质调查。目前，房地产开发企业按照企业条件分为一、二两个资质等级，新设立的房地产开发企业符合条件的核发暂定资质证书。房地产开发企业应按照核定的资质等级，承担相应的房地产项目。其中，一级资质的房地产开发企业承担房地产项目的建设规模不受限制，可以在全国范围内承揽房地产开发项目。二级资质及二级资质以下的房地产开发企业可以承担建筑面积25万平方米以下的开发建设项目，承担业务的具体范围由省、自治区、直辖市人民政府建设行政主管部门确定。各资质等级企业应当在规定的业务范围内从事房地产开发经营业务，不得越级承担任务。

（2）企业资信等级或信用程度。资信等级是企业信用程度的形象标识，它表明了企业守约或履约的主观愿望与客观能力。

（3）企业法人营业执照。企业法人营业执照是企业进行合法经营的凭证，通过调查营业执照，可了解开发商的经营是否合法，掌握企业的经营期限和经营范围，了解企业注册资本和法人代表，确定项目开发、销售是否在企业的经营范围内；了解企业按期纳税的情况，会同企业的会计报表，可较准确地掌握企业的经营业绩和依法纳税情况。

（4）会计报表。会计报表是综合反映企业一定时期内财务状况和经营成果的书面文件，一般包括资产负债表、损益表和财务状况变动表。通过会计报表可以了解开发商的财务状况和资金实力，从而对企业的担保能力作出判断。

（5）开发商的债权债务和为其他债权人提供担保的情况。通过对开发商的债权债务和为其他债权人提供担保情况的了解，可以对企业的担保能力、融资能力和楼宇能否按期竣工作出判断并提供参考资料。

（6）企业法人代表的个人信用程度和管理层的决策能力。企业法人情况是银行选择合作伙伴的重要参考因素。银行在选择合作伙伴时，必须对企业法人代表的履历、资信状况、以往经营业绩、学历等情况进行了解，对企业领导班子的结构、凝聚力、信誉、决策能力进行分析，为今后能否合作以及怎样合作做好准备。

2.项目调查

（1）项目资料的完整性、真实性和有效性调查

开发商申请商品房销售贷款项目合作需向银行提供下列资料：商品房销售贷款项目合作申请表；营业执照（副本，附年审记录）；资质等级证书（是经当地建设委员会调查批准，赋予开发资格、准予从事房地产开发经营的凭证，需附年审记录）；国有土地使用权证（已实施不动产统一登记的，提供不动产权利证书，下同）；建设用地规划许可证；建设工程规划许可证（是经政府

工程规划行政主管部门审定，许可建设各类工程的法律凭证）；建筑工程施工许可证；预售商品房许可证（是经房地产管理部门审核准予商品房预售的许可证）；公司章程（有限责任公司和股份有限公司提供）；合作协议书（开发项目由两个以上企业进行合作开发经营时提供）；工程竣工验收合格证（现楼提供）；财务报表；贷款银行和当地政府管理部门要求提交的其他资料。

验收、检查开发商提供的项目资料是否齐全；将提交的项目资料的复印件与原件对照，对原件所盖印章进行调查，检查资料的真实性；查看提交资料上有关部门规定的有效期限，确定项目资料是否有效。

（2）项目的合法性调查

项目开发的合法性调查。通过调查开发商的国有土地使用权证和建设用地规划许可证等证书，确定开发商是否已按政府规定交纳完土地出让金，土地使用是否经批准，工程建筑时间是否在有效期间内，建筑物的结构是否与规划许可证相符，从而确定项目的开发是否合法。其中注意土地使用权是否被抵押，对土地使用权已被抵押其他银行的项目，由于房屋与土地不可分的特殊属性，为了防止处置抵押物时的纠纷，避免贷款风险，贷款银行一般不应再为该项目提供商品房销售贷款。

项目销售的合法性调查。通过调查项目的预售许可证确定项目的销售是否经当地政府房管部门批准，销售的商品房是否被抵押、销售的对象是否符合规定，外销房是否经过有关审批程序等。

（3）项目工程进度调查

由于商品房的预售都需经过当地政府房屋管理部门的同意，一般政府部门对商品房预售时的工程进度都作出了比较明确的规定。因此，在决定是否进行商品房销售贷款合作时，需对项目的工程进行调查，对其项目进度是否符合有关规定作出判断。

（4）项目资金到位情况调查

调查开发商按项目要求比例的自筹资金是否到位。

3.对项目的实地考察

对项目进行实地考察主要目的是：①检查开发商所提供的资料和数据是否与实际一致，是否经过政府部门批准，从而保证项目资料的真实性、合法性；②开发商从事房地产建筑和销售的资格认定，检查项目的工程进度是否到达政府部门规定预售的进度内；③检查项目的位置是否理想，考察房屋售价是否符合市场价值，同时对项目的销售前景作出理性判断。

4.撰写调查报告

报告应包括以下内容：

（1）开发商的企业概况、资信状况。

（2）开发商要求合作的项目情况、资金到位情况、工程进度情况、市场销售前景。

（3）通过商品房销售贷款的合作可给银行带来的效益和风险分析，即银行通过与开发商进行商品房销售合作，将对负债业务、资产业务、中间业务等各类业务带来哪些效益和风险。

（4）项目合作的可行性结论，并对可提供个人住房贷款的规模、相应年限及贷款成数提出建议。

(二)合作项目准入审查和审批

1.准入审查

审查人员审查内容主要包括:

(1)开发商及住房楼盘项目资料的完整性、有效性和合规性。

(2)开发商及住房楼盘项目是否符合准入条件。

(3)项目开发进度是否正常,项目到位资金是否充足。

(4)项目销售价格是否合理。

(5)项目销售前景是否良好。

(6)是否存在影响后续个人住房贷款安全性的不利因素。

(7)调查报告内容和结论是否合理。

2.准入审批

审批人员主要对开发商及住房楼盘项目的合法性、可行性,销售价格的合理性,项目市场前景,以及后续贷款合作的安全性等进行综合判断后,进行准入审批。

(三)签署合作协议

合作项目经审批同意准入的,银行与开发商签署商品房销售贷款合作协议,约定双方合作事宜、权利和义务,明确贷款阶段性保证担保、后续权证办理等重要内容。

合作项目签署合作协议后,可正式开展按揭合作,办理单笔个人住房贷款。

(四)合作后的管理

银行与开发商确立合作后,还需要加强对开发商和合作项目的后续管理,主要包括:

(1)及时了解开发商的工程建设进度、销售情况,防止"烂尾"工程。

(2)及时了解开发商的经营及财务状况是否正常,担保责任的履行能力能否保证。

(3)借款人的入住情况及对住房的使用情况等。

(4)借款人早期发生违约行为后,及时通知开发商履行担保责任。

(5)密切注意和掌握房地产市场的动态等。

直击考点

(多选)银行与开发商确立合作后,还需要加强对开发商和合作项目的后续管理,采取的措施主要有(　　)。

A.借款人的入住情况及对住房的使用情况等

B.借款人早期发生违约行为后,及时通知开发商履行担保责任

C.及时了解开发商的工程进度,防止"烂尾"工程

D.密切注意和掌握房地产市场的动态

E.及时了解开发商的经营及财务状况是否正常,担保责任的履行能力能否保证

【答案】ABCDE

【解析】银行与开发商确立合作后,还需要加强对开发商和合作项目的后续管理,主要包括:

（1）及时了解开发商的工程建设进度、销售情况，防止“烂尾”工程；（2）及时了解开发商的经营及财务状况是否正常，担保责任的履行能力能否保证；（3）借款人的入住情况及对住房的使用情况等；（4）借款人早期发生违约行为后，及时通知开发商履行担保责任；（5）密切注意和掌握房地产市场的动态等。

二、单笔贷款流程

（一）贷款的受理

个人住房贷款的申请材料清单如下：

（1）合法有效的身份证件，包括居民身份证、户口本、军官证、警官证、文职干部证、港澳台居民还乡证、居留证件或其他有效身份证件及婚姻状况证明。

（2）借款人还款能力证明材料，包括收入证明材料和有关资产证明等。

（3）合法有效的购房合同。

（4）涉及抵押担保的，需提供抵押物的权属证明文件以及有处分权人同意抵押的书面证明，一般操作模式下，财产共有人在借款（抵押）合同上直接签字，可无书面声明。

（5）涉及保证担保的，需保证人出具同意提供担保的书面承诺，并提供能证明保证人保证能力的证明材料。

（6）购房首付款证明材料，包括借款人首付款交款单据（如发票、收据、银行进账单、现金交款单等），首付款尚未支付或者首付款未达到规定比例的，要提供用于购买住房的自筹资金的有关证明。

（7）银行规定的其他文件和材料。

（二）贷前调查

1.调查的方式和要求

（1）审核借款申请材料

贷前调查人通过审核借款申请材料了解借款申请人的基本情况、借款所购（建）房屋情况、贷款担保情况等。

（2）面谈借款申请人

贷前调查人应通过面谈了解借款申请人的基本情况、借款所购（建）房屋情况以及贷前调查人认为应调查的其他内容，判断购房人及购房行为的真实性。

2.调查的内容

除参照第二章个人贷款调查内容外，个人住房贷款还应重点调查以下内容：

（1）首付款证明

个人一手住房贷款的首付款证明材料包括开发商开出的发票或收据、借款申请人支付首付款的银行进账单等，如果不能提供开发商开具的发票，须同时提供开发商开具的首付款收据及银行POS机单据，在对以上材料查验确认真实、有效后，可视为首付款证明材料齐备。贷前调查人应查验发票是否为税务局核发的商品房专用发票；首付款证明是否由售房单位开具并加盖售房单位的财务专用章；首付款证明原件与复印件是否一致、首付款金额是否达到贷款条件要求、交款单据上列明的所购房产是否与购房合同或协议一致。

个人二手住房贷款的首付款证明材料包括借款申请人支付首付款的转账凭证，售房人签字确认的首付款收据等。

(2)借款人还款能力

银行应着重考核借款人还款能力，将借款人住房贷款的月房产支出与收入比控制在50%以下(含50%)，月所有债务支出与收入比控制在55%以下(含55%)。收入应该是指申请人自身的可支配收入，即单一申请的为申请人本人可支配收入，共同申请的为主申请人和共同申请人的可支配收入。但对于单一申请的贷款，如银行考虑将申请人配偶的收入计算在内，则应该先予以调查核实，同时对于已将配偶收入计算在内的贷款也应相应地把配偶的债务一并计入。

(3)购房合同或协议

一手住房贷款贷前调查人应查验借款申请人提交的商品房销售合同或协议上的房屋坐落与房地产开发商的商品房销售许可证或售房单位的房地产权证是否一致，审核购房合同的销售登记备案手续是否办妥；查验合同签署日期是否明确，所购住房是现房还是期房，交房日期是否明确；所购住房面积、售价是否明确、合理等；核对商品房买卖合同中的卖方是否是该房产的所有人，签字人是否为有权签字人或其授权代理人，所盖公章是否真实有效；商品房买卖合同中的买方是否与借款人姓名一致等。

二手住房贷款贷前调查人应核存量房买卖合同上的房屋坐落与售房人房地产权证是否一致，合同中的买方是否与借款人姓名一致，成交价格是否合理等。

(4)担保材料

对开发商提供阶段性保证担保的，要对开发商的经营情况、信用情况(主要包括履行担保责任情况、履约情况等)、财务状况、高级领导层变动情况、是否卷入纠纷、与银行合作情况(主要包括是否在银行有房地产开发贷款、过往合作是否顺利等)等进行调查；对住房置业担保公司提供保证担保的，要对住房置业担保公司的营业期限、实有资本、经营状况、或有负债和是否按贷款银行要求存入足额保证金等进行全面调查，核实其担保能力。

(5)贷款真实性

贷前调查人应调查借款人家庭拥有住房情况是否符合规定，借款申请人购房行为的真实性，对存在虚假购房行为套贷的，不予贷款。

贷前调查完成后，贷前调查人应对调查结果进行整理、分析，填写个人住房贷款调查审批表，提出是否同意贷款的明确意见及贷款额度、贷款期限、贷款利率、担保方式、还款方式、划款方式等方面的建议，并形成对借款申请人还款能力、还款意愿、担保情况以及其他情况等方面的调查意见，连同申请资料等一并送交贷款审查人员进行贷款审查。

(三)审查与审批

1.贷款审查

贷款审查人负责对借款申请人提交的材料进行合规性审查，对贷前调查人提交的个人住房贷款调查审批表、面谈记录以及贷前调查的内容是否完整进行审查。

贷款审查人审查完毕后，应对贷前调查人提出的调查意见和贷款建议是否合理、合规等，在个人住房贷款调查审查表上签署审查意见，连同申请材料、面谈记录等一并送交贷款审批人进行审批。

2. 贷款审批

个人住房贷款的审批流程可参照第二章个人贷款管理部分，报批材料包括个人信贷业务报批材料清单、个人住房贷款调查审批表、个人住房贷款借款申请书以及个人住房贷款管理制度规定需提供的材料等。

(四)签约与发放

1. 贷款的签约

经审批同意的，贷款银行与借款人、担保人签订个人住房担保借款合同，明确各方权利和义务。借款合同应符合法律规定，明确约定各方当事人的诚信承诺和贷款资金的用途、支付对象、支付金额、支付条件、支付方式等。

2. 贷款的发放

贷款发放前，贷款发放人应落实有关贷款发放条件。个人住房贷款应重点确认借款人首付款是否已全额支付到位。借款人所购房屋为新建房的，要确认项目工程进度符合人民银行规定的有关放款条件，其他内容遵守个人贷款的规定。

(五)支付管理

个人住房贷款应采用贷款人受托支付方式，银行直接将贷款支付给售房人。银行应明确受托支付的条件，规范受托支付的审核要件，要求借款人在使用贷款时提出支付申请，并授权贷款人按合同约定方式支付贷款资金。银行应在贷款资金发放前审核借款人相关交易资料和凭证是否符合合同约定条件，支付后做好有关细节的认定工作。

贷款人受托支付完成后，应详细记录资金流向，归集保存相关凭证。

(六)贷后管理

1. 贷后检查

除参照个人贷款贷后检查内容外，还应对开发商和项目以及合作机构进行检查，一手房贷款贷后检查的要点有：

(1)开发商的经营状况及账务状况。

(2)开发商涉诉情况。

(3)项目资金到位及使用情况。

(4)项目工程形象进度。

(5)项目销售情况及资金回笼情况。

(6)产权证办理的情况。

(7)履行担保责任的情况。

(8)开发商履行按揭合作协议的情况。

其他合作机构还应检查：

(1)合作机构的资信情况、经营情况及财务情况等。

(2)其他可能影响借款人按时、足额还贷的因素。

2.合同变更

经审批同意变更借款合同主体后，贷款银行与变更后的借款人、担保人重新签订有关合同文本。在抵(质)押登记变更等有关手续办妥后，经办人填写个人住房借款合同主体变更通知书，连同一份借款合同交会计部门办理有关借款主体变更事宜。新合同借款利率按原合同利率约定执行。

个人住房贷款一般采用分期还款方式。借款人在借款时采用何种还款方式，应根据个人住房贷款的贷款品种、贷款期限等条件，按借款人和银行双方协商结果在借款合同中予以明确。一种还款方式能否变更为另一种还款方式需要根据银行的有关规定执行。

3.贷款的回收

银行根据借款合同的约定进行贷款的回收。借款人与银行应在借款合同中约定借款人归还借款采取的支付方式、还款方式和还款计划等。借款人按借款合同约定偿还贷款本息，银行则将还款情况定期告知借款人。

贷款的还款方式有委托扣款和柜面还款两种方式。借款人可在合同中约定其中一种方式，也可以根据情况在贷款期间进行变更。借款人要按照借款合同中规定的还款方式进行还款。常用的个人住房贷款还款方式包括等额本息还款法和等额本金还款法两种。

4.贷款风险分类和不良贷款的管理

关于个人住房贷款的贷款风险分类和不良贷款的管理可参照第二章个人贷款管理部分。

5.贷款档案管理

个人住房贷款档案管理可参照第二章个人贷款管理部分。贷款档案中的借款人的相关资料包括：

(1)借款人身份证件(居民身份证、户口簿或其他有效证件)。

(2)贷款银行认可部门出具的借款人经济收入和偿债能力证明。

(3)符合规定的购买住房意向书、合同书或其他有效文件。

(4)购房交易收件收据。

(5)所购住房的估价证明。

(6)抵押物或质物清单、权属证明、有处分权人同意抵押或质押的证明及有权部门出具的抵押物估价证明。

(7)保证人资信证明及同意提供担保的文件。

(8)房屋他项权利证明书。

(9)个人住房贷款借款申请书、调查审批表。

(10)借款合同。

(11)抵押合同(质押合同、保证合同)。

(12)保险合同、保险单据。

(13)个人住房贷款凭证。

(14)委托转账付款授权书。

一般档案材料需要退还借款人的，档案管理员将材料复印后退还借款人或委托人，复印件归档进行有关信息登记。

直击考点

（判断）涉及抵押担保的贷款，需提供抵押物的权属证明文件以及有处分权人同意抵押的书面证明，一般操作模式下，财产共有人在借款（抵押）合同上签字，必须有书面声明。（ ）

A.正确 B.错误

【答案】B

【解析】涉及抵押担保的，需提供抵押物的权属证明文件以及有处分权人同意抵押的书面证明，一般操作模式下，财产共有人在借款（抵押）合同上直接签字，可无书面声明。

第三节 个人住房贷款风险管理

个人住房贷款业务是涉及购房人（借款人）、贷款银行以及房屋卖方（开发商或二手房卖主）等多方交易主体，以购房人所购的特定房屋为纽带，并通过购房合同、借款合同、房屋抵押合同或其他担保合同所约定的权利、义务关系约束的市场交易行为。

一、合作机构风险管理

（一）合作机构风险的表现形式

1.房地产开发商和中介机构的欺诈风险

房地产开发商和中介机构的欺诈风险主要表现为“假个贷”。

（1）定义

所谓“假个贷”一般是指借款人并不具有真实的购房目的，采取各种手段套取银行个人住房贷款资金的行为。

（2）含义

“假个贷”的“假”，一是指不具有真实的购房目的，二是指虚构购房行为使其具有“真实”的表象，三是指捏造借款人资料或者其他相关资料等。

“假个贷”的主要成因包括开发商利用“个贷”恶意套取银行资金进行诈骗；开发商为缓解楼盘销售窘境而通过“假个贷”获取资金；开发商为获得优惠贷款而实施“假个贷”；银行的管理漏洞给“假个贷”以可乘之机等。

（3）特征

“假个贷”行为具有若干共性特征，包括：①没有特殊原因，滞销楼盘突然热销；②没有特殊原因，楼盘售价与周围楼盘相比明显偏高；③开发企业员工或关联方集中购买同一楼盘，或一人购买多套；④借款人收入证明与年龄、职业明显不相称，在一段时间内集中申请办理贷款；⑤借款人对所购房屋位置、朝向、楼层、户型、交房时间等与所购房屋密切相关的信息不甚了解；⑥借款人首付款非自己交付或实际没有交付；⑦多名借款人还款账户内存款很少，还款日前由同一人或同一单位进行转账或现金支付来还款；⑧开发商或中介机构代借款人统一还款；⑨借款人集体中断还款。

2.担保公司的担保风险

担保公司的担保风险主要表现是“担保放大倍数”过大，即担保公司对外提供担保的余额与自身实收资本的倍数过大，造成过度担保而导致最终无力代偿。

3.其他合作机构的风险

在二手房贷款业务中，往往涉及多个社会中介机构，如房屋中介机构、评估机构及律师事务所等。

（二）合作机构风险的防范措施

1.“假个贷”的防控措施

（1）深入调查分析合作机构资质情况：包括对合作机构领导层素质、合作机构的业界声誉、合作机构的历史信用记录、合作机构的管理规范程度、企业的经营成果以及合作机构的偿债能力的分析。

（2）加强一线人员培训，严把贷款准入关。在具体的操作上，要注意检查借款人身份的真实性、借款人信用状况、各类证件的真实性以及申报价格的合理性。

（3）进一步完善个人住房贷款风险保证金制度。

（4）积极利用法律手段，追究当事人刑事责任，加大“假个贷”的实施成本。

2.其他合作机构风险的防控措施

（1）深入调查，选择讲信用、重诚信的合作机构。一般来讲，应重点选择具有以下特征的合作机构：①企业领导层比较稳定，从业时间长，专业技术高，团队稳定，在社会上有一定的地位；②企业和主要领导人在业内具有良好的声誉，取得高等级专业资质；③具有良好的信用记录，近期无重大经济纠纷及诉讼；④企业组织机构健全，具有较为完善的内部管理规章制度，企业治理结构合理；⑤具有良好的历史经营业绩和较强的盈利能力；⑥具有较强的资金实力和偿债能力。

（2）业务合作中不过分依赖合作机构。

（3）严格执行准入退出制度。对具有担保性质的合作机构，准入时需要重点考虑以下五个方面：①注册资金是否达到一定规模；②是否具有一定的信贷担保经验；③资信状况是否达到银行规定的要求；④是否具备符合担保业务要求的人员配置、业务流程和系统支持；⑤公司及主要经营者是否存在不良信用记录、违法涉案行为等。

（4）有效利用保证金制度。

（5）严格执行回访制度。存在经营出现明显问题的；有违法违规经营行为的；与银行合作的存量业务出现严重不良贷款的；所进行的合作对银行业务拓展没有明显促进作用的；其他对银行业务发展不利的因素等情况的，应暂停与相应机构的合作。

直击考点

（单选）下列关于“假个贷”的表述，错误的是（　　）。

A.“假个贷”的成因包括开发商为获得优惠贷款而实施“假个贷”

B.“假个贷”的成因包括开发商利用“个贷”套取银行资金进行诈骗

C.“假个贷”的“假”是指借款人和所购房屋都是真实存在的，只是购房行为为“假”

D.银行的管理漏洞给“假个贷”以可乘之机

【答案】C

【解析】选项C，“假个贷”的“假”是指：（1）不具有真实的购房目的；（2）虚构购房行为使其具有“真实”的表象；（3）捏造借款人资料或者其他相关资料等。

二、信用风险管理

个人住房贷款的信用风险通常是因借款人的还款能力和还款意愿的下降而导致的。因此，防范个人住房贷款的信用风险，就要求个人住房贷款的经办人员通过细致的工作，把握好借款人的还款能力和还款意愿。

（一）信用风险表现形式

主要表现为还款能力风险和还款意愿风险两个方面。

1.还款能力风险

个人住房贷款属于中长期贷款，其还款期限通常要持续在20~30年，在这段时间里，个人资信状况面临着巨大的不确定性，个人支付能力下降的情况很容易发生，这往往就可能转化为银行的贷款风险。同时，我国目前个人住房贷款中的浮动利率制度，使借款人承担了相当大比率的利率风险，这就导致了借款人在利率上升周期中出现贷款违约的可能性加大。

2.还款意愿风险

还款意愿是指借款人对偿还银行贷款的态度。在还款能力确定的情况下，借款人可能由于多种原因，主观不履行还款责任，从而产生还款意愿风险。

（二）信用风险防范措施

1.加强对借款人还款能力的甄别

（1）验证工资收入的真实性

在验证工资收入真实性的工作中，借款人需提供可靠的证明材料，如至少过去三个月的工资单、工资卡或存折入账流水、纳税证明、住房公积金缴存清单等证明；通过电话调查、面谈核实其工作单位和收入的真实性；通过了解其公积金数额及存折上流水情况来验证收入证明的真实情况；对于难以提供工资单或公积金数额的客户，可以通过验证借款人缴纳个人所得税税单的数额来判定其真实收入水平。

（2）验证租金收入的真实性

在考察租金收入的真实性时要做到：①通过验证房屋产权和租赁合同来确认借款人对房产的所有权及租赁行为的真实性；②在条件允许的情况下，通过实地考察验证房产面积和位置等情况，以确认租金收入的稳定性；③通过房地产中介机构来调查该房产附近地区的房产租赁市场租金收入的平均水平，验证该借款人是否有故意提高其租金收入的行为。

（3）验证投资收入的真实性

对于借款人的投资收入，个人住房贷款的经办人验证起来的难度相对较大，主要可以通过投资证明、被投资方的分红决议及支付凭证等相关资料的齐备性和真实性来确认借款人投资收入的真实性。

（4）验证经营收入的真实性

经营收入的真实性最难把握的是部分个体工商户，没有进行正规的企业申办手续，更无正规的财务资料，相关的收入较难核实。贷款经办人应该通过电话访谈、面谈、侧面了解等方式，来分析其经营的规模和盈利情况，判断其月收入是否符合贷款条件。

2.深入了解客户还款意愿

在当前的业务环境下，真实个人信息获取的成本和难度都比较大，往往造成工作中的信息不对称。事前的信息不对称使得一些优质客户被拒之门外，即经济学中的逆向选择；而事后的信息不对称使得银行的贷款资金遭受风险，即道德风险。为了防范这种信息不对称造成的风险，银行应该对借款人的还款意愿有良好的把握。

如果借款人是老客户，通常可以通过检查其以往的账户记录、还款记录以及当前贷款状态，了解其还款意愿。如果是新客户，往往可以通过职业、家庭、教育、年龄、稳定性等个人背景因素来综合判断。这些信息可以通过借款人提交的申请资料和人民银行的个人征信系统的信用报告来获取。而借款人的稳定性可以通过借款人在现职公司的工作年限、在现住址的年限来判断。银行查证借款人的身份证明文件、核实其就业状况及收入情况，审查借款人申请资料的真实性、准确性及品格特征是必不可少的贷款审查内容。同时，坚持贷款面谈制度，对申请人的还款意愿从细节上进行把握。此外，贷后管理中应高度重视抵押物管理，开展动态的、连续的监管，遇有导致抵押物价值大幅减值、灭失等不利于银行抵押权实现和信贷资产安全的风险因素，要及时采取措施，确保押品有效、足值。

直击考点

（单选）我国某城市受国内外经济不景气影响，很多企业经营者收益下降或员工收入减少，借款人无力或不愿继续供款，个人住房贷款不良率开始上升，这种风险属于（　）。

A.操作风险　　B.道德风险　　C.信用风险　　D.市场风险

【答案】C

【解析】个人住房贷款的信用风险通常是因借款人的还款能力和还款意愿的下降而导致的。因此，防范个人住房贷款的信用风险，就要求个人住房贷款的经办人员通过细致的工作，把握好借款人的还款能力和还款意愿。

三、操作风险管理

（一）贷款流程中的风险

1.贷款受理和调查中的风险

（1）贷款受理中的风险

个人住房贷款的受理环节是经办人员与借款人接触的重要环节，这一环节的风险点主要有以下两个方面。

①借款申请人的主体资格是否符合所申请贷款管理办法的规定，包括：是否具有完全民事行为能力；是否具备个人住房贷款资格。

②借款申请人提交的资料是否齐全，格式是否符合银行的要求；所有原件和复印件之间是否一致。

（2）贷前调查中的风险

个人住房贷款贷前调查中的风险来自对项目的调查和对借款人的调查两个方面。

①项目调查中的风险。提供贷款业务的项目未按规定上报审批，或审批未批准的情况下开展业务。提供贷款业务的项目，根据情况应当落实有关方面承担相应责任的，未按规定与之签订协议或签订的协议无效。

②借款人调查中的风险。主要包括对借款申请人所提交资料未按规定核实是否真实、合法、合规；对借款申请人第一还款来源未按规定核实是否稳定、充足；对借款申请人的担保措施未规定核实是否足额、有效。

2.贷款审查和审批中的风险

贷款审批环节主要业务风险控制点为：

（1）未按独立公正原则审批。

（2）不按权限审批贷款，使得贷款超授权发放。

（3）审批人员对应审查的内容审查不严，导致向不符合条件的借款人发放贷款。

3.贷款签约和发放中的风险

（1）合同签订的风险

合同签订主要的风险点有：①未签订合同或是签订无效合同；②合同文本中的不规范行为；③未对合同签署人及签字（签章）进行核实，例如借款相关人员（借款人、共同还款人）及其配偶必须到场而未到场，或是伪造授权书等。

（2）贷款发放的风险

贷款发放是资金划拨的过程，主要从贷款发放的条件审查与贷款资金的划拨两个方面加以考虑，主要风险点如下：

①个人信贷信息录入是否准确；贷款发放程序是否合规。

②贷款担保手续是否齐备、有效；抵（质）押物是否办理抵（质）押登记手续。

③在发放条件不齐全的情况下放款，例如贷款未经审批或是审批手续不全，各级签字（签章）不全；借款人未在借款凭证上签字（签章）；未按规定办妥相关评估、公证等事宜；担保未落

实等。

④在资金划拨中的风险点包括会计凭证填制不合要求；未对会计凭证进行审查。

⑤未按规定的贷款金额、贷款期限、贷款的担保方式、贴息等发放贷款，导致贷款错误核算，发放金额、期限与审批表不一致，造成错误发放贷款。

4.贷款支付管理中的风险

个人住房贷款支付管理环节的主要风险点包括：

（1）贷款资金发放前，未审核借款人相关交易资料和凭证。

（2）未按规定将贷款发放至相应账户。

（3）在未接到借款人支付申请、支付委托的情况下，直接将贷款资金支付出去。

（4）未详细记录资金流向和归集保存相关凭证。

5.贷后管理中的风险

（1）贷后管理的风险

主要包括：①未建立贷后监控检查制度，未对重点贷款使用情况进行跟踪检查；②房屋他项权证办理不及时；逾期贷款催收不及时，不良贷款处置不力，造成贷款损失；③未按规定保管借款合同、担保合同等重要贷款档案资料，造成合同损毁，他项权利证书未按规定进行保管，造成他项权证遗失，他项权利灭失；④只关注借款人按月还款情况，在还款正常的情况下，未对其经营情况及抵押物价值、用途等变动情况进行持续跟踪监测。

（2）档案管理中的风险

主要包括：①是否按照要求收集整理贷款档案资料，是否按要求立卷归档；②是否对每笔贷款设立专卷，是否按贷款种类、业务发生时间编序，是否核对“个人贷款档案清单”；③重要单证保管是否及时移交会计部门专管，档案资料使用是否实施借阅审批登记制度。

（二）法律和政策风险

1.借款人主体资格风险

（1）未成年人能否申请个人住房贷款的问题

根据我国法律规定，未成年人可作为购房人购买房屋，但需由其监护人作为法定代理人进行代理。中国人民银行《个人住房贷款管理办法》第四条规定：“贷款对象应是具有完全民事行为能力的自然人。”因此，未成年人作为无民事行为能力人或限制行为能力人，不能以贷款方式购买房屋。银行不宜办理房屋唯一产权人为未成年人的住房贷款申请。

（2）外籍自然人能否办理住房贷款的问题

境外机构在境内设立的分支、代表机构（经批准从事经营房地产业的企业除外）和在境内工作、学习的境外个人可以购买符合实际需要的自用、自住商品房。

2.合同有效性风险

（1）格式条款无效的风险

依据《民法典》第四百九十七条的规定：“提供格式条款一方不合理地免除或者减轻其责任、加重对方责任、排除对方主要权利。”则格式条款无效。

（2）未履行法定提示义务的风险

依据《民法典》第四百九十六条的规定，商业银行作为格式条款的提供方，应当采取合理的方式提示对方注意免除或者减轻其责任的条款，并按照对方提出的要求，对该条款予以说明。提请借款人注意必须在借款合同签订前作出，若贷款银行没有履行这一法定义务，这些条款对当事人不产生约束力。

（3）格式条款解释风险

《民法典》第四百九十八条规定："对格式条款的理解发生争议的，应当按照通常理解予以解释。对格式条款有两种以上解释的，应当做出不利于提供格式条款一方的解释。"

（4）格式条款与非格式条款不一致的风险

非格式条款是在格式条款外另行商定的条款，或对原来的格式条款重新协商的条款，是借款合同当事人的特别约定。当非格式条款与格式条款的意思表达不一致或矛盾时，依《民法典》第四百九十八条规定办理，即"格式条款与非格式条款不一致的，应当采用非格式条款"。可见，补充条款、特别约定条款等非格式条款的效力优于格式条款。

3. 担保风险

银行个人住房贷款业务的担保方式主要有抵押、质押、保证三种方式。个人住房贷款中的担保风险主要来源于以下三个方面：

项目	内容
抵押担保的法律风险	（1）抵押物的合法有效性。根据法律规定，学校、医院等公益性事业单位公益财产，所有权不明、有争议的以及宅基地使用权不得设定抵押，共有财产的抵押须取得共有人的同意等，公司董事、经理不得以公司财产为个人提供抵押担保等。 （2）约定限制抵押物转让的局限性。 （3）抵押登记存在瑕疵，使得抵押担保处于抵押不生效的风险中
质押担保的法律风险	质押担保目前主要是权利质押，较多的是存单、保单、国债、收费权质押。主要风险在于： （1）质押物的合法性。 （2）对于无处分权的权利进行质押。 （3）非为被监护人利益以其所有权利进行质押；非法所得、不当得利所得的权利进行质押等
保证担保的法律风险	保证担保的法律风险主要表现在： （1）未明确连带责任保证，导致追索的难度大。 （2）未明确保证期间或保证期间不明。 （3）保证人保证资格有瑕疵或缺乏保证能力。 （4）借款人互相提供保证无异于发放信用贷款

4. 诉讼时效风险

在个人住房贷款实践中，由于经办人员法律知识的缺陷或工作责任心问题，未能及时中断诉讼时效或虽有中断诉讼时效行为但没有及时保留中断诉讼时效证据，导致诉讼中处于不利或被动的地位。

5.政策风险

政策风险是指政府的金融政策或相关法律、法规发生重大变化或是有重要的举措出台,引起市场波动,从而给商业银行带来的风险。常见的政策风险包括:

(1)对境外人士购房的限制

对于违反相关限制购买住宅并申请住房贷款的境外自然人,银行应当关注因抵押房产不能过户导致无法行使抵押权的风险。

(2)对购房人资格的政策性限制

对于经济适用房等实行定向销售的住房,政府一般对购房人的资格进行严格的限制,如对购房人的户籍(居住地)、收入水平、现有居住条件等作出特别要求。

(三)操作风险的防范措施

1.提高贷款经办人员职业操守和敬业精神

人员因素引起的操作风险包括操作失误、违法行为(员工内部欺诈或内外勾结)等情况。防范人员导致的操作风险,首先需要个人住房贷款经办人员努力培养自身的职业道德;其次要加强法制教育,加重对违规违纪行为的处罚力度;最后要加强并完善银行内控制度。

2.掌握并严格遵守个人住房贷款相关的规章制度和法律法规

为应对个人住房贷款的法律风险和政策风险,个人住房贷款的经办人员需要学习相关的法律知识,具体包括借贷、签订合同、担保、抵押登记、商品房销售、诉讼和执行等法律常识。

3.严格落实贷前调查和贷后检查

个人住房贷款的经办人员应该认真负责地进行实地调查和资料收集,获取真实、全面的信息资料,独立地对借款人信用和经济收入作出评价和判断。调查和检查的工作重点如下:

(1)建立并严格执行贷款面谈制度。

(2)提高贷前调查深度。

(3)加强对贷款用途的审查。

(4)合理确定贷款额度。

(5)加强抵押物管理。

(6)完善授权管理。

(7)加强贷款合同管理。

(8)加强对贷款的发放和支付管理。

(9)强化贷后管理。

直击考点

(单选)个人住房贷款操作风险的防范措施不包括(　　)。

A.提高贷款经办人员的职业操守和敬业精神

B.严格落实贷前调查和贷后检查

C.加强对借款人还款能力的甄别

D.掌握并严格遵守个人住房贷款相关的规章制度和法律法规

【答案】C

【解析】个人住房贷款的经办人员应该提高对操作风险的认识水平，增强对操作风险的应对能力。操作风险的防范措施包括：（1）提高贷款经办人员职业操守和敬业精神；（2）掌握并严格遵守个人住房贷款相关的规章制度和法律法规；（3）严格落实贷前调查和贷后检查。

第四节　公积金个人住房贷款

一、基础知识

（一）公积金个人住房贷款的概念

公积金个人住房贷款，也称委托性住房公积金贷款，是指由各地住房公积金管理中心运用个人及其所在单位所缴纳的住房公积金，委托商业银行向购买、建造、翻建、大修自住住房的住房公积金缴存人以及在职期间缴存住房公积金的离退休职工发放的专项住房消费贷款。公积金个人住房贷款实行“存贷结合、先存后贷、整借零还和贷款担保”的原则。

（二）公积金个人住房贷款的特点

1.互助性

公积金个人住房贷款其资金来源为单位和个人共同缴存的住房公积金。

2.普遍性

只要是具有完全民事行为能力、正常缴存住房公积金的职工，都可申请公积金个人住房贷款。

3.利率低

相对商业贷款，公积金个人住房贷款的利率相对较低。

4.期限长

目前，公积金个人住房贷款最长期限为30年，且贷款到期日不超过借款申请人（含共同申请人）法定退休时间后5年。

直击考点

（多选）公积金个人住房贷款实行（　　）的原则。

A.存贷结合　　B.先存后贷

C.贷款担保　　D.整借零还

E.先贷后存

【答案】ABCD

【解析】公积金个人住房贷款是住房公积金使用的中心内容。公积金个人住房贷款实行“存贷结合、先存后贷、整借零还和贷款担保”的原则。

(三)公积金个人住房贷款的要素

要素	内容
贷款对象	公积金个人住房贷款是缴存公积金的职工才享有的一种贷款权利，只要是公积金缴存的职工，均可申请公积金个人住房贷款。申请公积金个人住房贷款必须符合住房公积金管理部门有关公积金个人住房贷款的规定。应具备的基本条件为： (1)具有城镇常住户口或有效居留身份。 (2)按时足额缴存住房公积金并具有个人住房公积金存款账户。 (3)有稳定的经济收入，信用良好，有偿还贷款本息的能力。 (4)有合法有效的购买、大修住房的合同、协议以及贷款银行要求提供的其他证明文件。 (5)有当地住房公积金管理部门规定的最低额度以上的自筹资金，并保证用于支付所购(大修)住房的首付款。 (6)有符合要求的资产进行抵押或质押，或有足够代偿能力的法人、其他经济组织或自然人作为保证人。 (7)符合当地住房公积金管理部门规定的其他借款条件
贷款利率	公积金个人住房贷款的利率按中国人民银行规定的公积金个人住房贷款利率执行
贷款期限	公积金个人住房贷款的期限最长为30年，如当地公积金管理中心有特殊规定，按当地住房公积金信贷政策执行
还款方式	公积金个人住房贷款的还款方式包括等额本息还款法、等额本金还款法和一次还本付息法。一般而言，贷款期限在1年以内(含1年)的实行到期一次还本付息；贷款期限在1年以上的，借款人从发放贷款的次月起偿还贷款本息，一般采取等额本息还款法或等额本金还款法
担保方式	公积金个人住房贷款担保方式一般有抵押、质押和保证三种
贷款额度	个人住房公积金贷款最低首付款比例为20%，部分城市按当地住房公积金信贷政策执行

(四)公积金个人住房贷款业务的职责分工

1.公积金管理中心基本职责

制定公积金信贷政策、负责信贷审批和承担公积金信贷风险。

2.承办银行职责

(1)基本职责

公积金借款合同签约、发放、职工贷款账户设立和计结息以及金融手续操作。

(2)可委托代理职责

贷前咨询受理、调查审核、信息录入，贷后审核、催收、查询对账。

(五)公积金个人住房贷款与商业银行自营性个人住房贷款的区别

1.承担风险的主体不同

公积金个人住房贷款是一种委托性住房贷款，它是国家住房公积金管理部门利用归集的住房公积金资金，由政府设立的住房置业担保机构提供担保，委托商业银行发放给公积金缴存人的住房贷款。从风险承担的角度上讲，商业银行本身不承担贷款风险。而自营性个人住房贷款是商业银行利用自有信贷资金发放的住房贷款，商业银行自己承担贷款风险。

2.资金来源不同

公积金个人住房贷款的资金来自公积金管理部门，而商业银行的自营性个人住房贷款来源于银行自有的信贷资金。

3.贷款对象不同

公积金个人住房贷款的对象需要是住房公积金缴存人，而商业银行自营性个人住房贷款不要求是住房公积金缴存人，而是符合商业银行自营性个人住房贷款条件的、具有完全民事行为能力的自然人。

4.贷款利率不同

公积金个人住房贷款的利率比自营性个人住房贷款利率低。

5.审批主体不同

公积金个人住房贷款与商业银行自营性个人住房贷款审批之间存在区别。公积金个人住房贷款的申请由各地方公积金管理中心负责审批，而自营性个人住房贷款由商业银行自己审批。

直击考点

（多选）公积金个人住房贷款与商业银行自营性个人住房贷款的区别有（　　）。

A.二者审批主体存在差异

B.前者的贷款对象比后者范围小

C.后者的贷款利率更加优惠

D.前者的资金来源于公积金管理部门，后者的贷款资金来自银行

E.商业银行对前者不承担风险，而对后者要承担一定的风险

【答案】ABDE

【解析】选项C，公积金个人住房贷款的利率比自营性个人住房贷款利率低。

二、贷款流程

（一）贷款的受理与调查

银行要先和公积金管理中心签订《住房公积金贷款业务委托协议书》，取得公积金个人住房贷款业务的承办权之后，才能接受委托办理公积金个人住房贷款业务。根据委托协议及公积金管理中心的具体要求，承办银行接受当地公积金管理中心委托，受托办理公积金借款咨询和申请，经办人员会告知借款人必须符合当地公积金管理中心规定的住房公积金贷款条件。

借款人在符合基本条件后，申请不同的公积金个人住房贷款，还需要提供相关的补充申请材料，具体包括：

（1）借款人及参贷人（共同还款人、担保人）的居民身份证、户口簿原件及复印件和共同还款承诺书。

（2）婚姻状况证明（已婚的提供结婚证复印件，其他情况由所在单位或派出所出具证明）。

（3）合法的商品房购房合同或协议。

(4)借款人及参贷人所在单位提供的个人资信证明。

(5)借款人已交付符合规定首付比例购房款的有效凭据。

(6)有效的担保证明。

(7)办理公积金个人住房贷款的期房楼盘,必须是由开发商与受委托银行签订个贷合作协议的楼盘,借款人可通过个贷银行办理贷款手续。

二手房办理是以所购住房作抵押担保,申请二手房公积金贷款的借款人,还须提供以下补充材料:

(1)卖方身份证、户口簿复印件。

(2)房产证原件和复印件。

(3)由区级以上房产交易部门进行抵押登记。

(4)由公积金管理中心认可的中介机构与买卖双方签订的三方协议。

(5)由公积金管理中心认可的评估机构出具的评估报告。

(二)贷款的审查与审批

1.贷前审查

管理中心收到申请材料后,先由业务部门经办人员对借款人的资信状况进行考察、测算、核实,签署意见,经业务部门负责人审查后,报管理中心分管负责人批准。审核的内容主要有:

(1)借款人缴存住房公积金情况

借款人缴存住房公积金情况包括借款人是否建立住房公积金,是否按时足额缴存住房公积金,是否欠缴住房公积金等。

(2)借款用途

审核借款人提供的购买住房合同或协议,建造、翻建或大修自住住房的由城市规划行政管理部门、房地产行政管理部门出具的证明文件。

(3)借款内容

对借款人提出的贷款额度、期限等申请进行审核,看其是否符合有关公积金个人住房贷款的规定。

(4)贷款资信审查

住房公积金管理中心应对借款人信用状况及偿还能力进行审查,并核实贷款担保情况,包括抵押物或质物清单、权属证明以及有处分权人同意抵押或质押证明,有关部门出具的抵押物估价证明,保证人同意提供担保的书面文件和保证人资信证明等。

住房公积金管理中心根据上述情况,对贷款进行审批。对借款人信用较差、无还款能力或贷款担保不落实等,贷款风险较大的,应不予批准发放贷款。对信用良好、贷款担保属实的借款人,给予发放贷款,并确定批准额度、期限和利率等内容。

2.贷款审批

(1)登记台账

承办银行将通过初步审核的公积金贷款登记台账,按照公积金管理中心委托要求和管理规定,将贷款初步审核意见连同借款申请材料、面谈记录等公积金管理中心所需要的资料全部送交公积金管理中心审批。

（2）贷款审批

公积金贷款的审批决策权属于公积金管理中心，公积金管理中心作为贷款审批环节的执行者，对贷款额度、成数、年限作出最终的决策。

（3）核对或登记台账

承办银行取回公积金管理中心出具的审批意见和委托放款通知书后，核对已登记台账。对于公积金管理中心受理贷款申请的，承办银行要跟踪公积金管理中心审批进程，及时取回公积金管理中心出具的审批意见、委托放款通知书及贷款资料，并登记台账。

（三）贷款的签约与发放

1.贷款签约

借款人的申请通过公积金管理中心审批后，公积金管理中心向受委托主办银行出具委托贷款通知书，明确贷款的对象、金额、期限、利率等内容，同时将委托贷款基金划入银行的住房委托贷款基金账户。银行凭委托放款通知书与借款人签订借款合同和担保合同，办理抵押手续。借款合同生效后填制各类会计凭证，办理贷款划付手续。交易完成后，向客户出具借款回单，向公积金管理中心移交和报送公积金贷款发放明细资料。

（1）合同签约

承办银行按照公积金管理中心委托放款通知书，审核预签合同或制作借款合同；落实借款人、住房置业公司等合同签约人在合同上盖章、签字（章），经有权签字人审核同意，在合同上加盖合同专用章及有权签字人个人名章，由承办银行经办人员录入并检查修改系统中的信息。

（2）担保落实

由承办银行办理与公积金贷款担保相关事宜，包括抵押登记手续和住房置业担保公司担保手续等。

（3）申领和存拨基金

承办银行按公积金管理中心审批后待放的公积金贷款金额，向公积金管理中心申请住房委托贷款基金。公积金管理中心受理申请基金的申请和拨存住房委托贷款基金。承办银行为公积金管理中心建立住房委托贷款基金账户，根据公积金管理中心拨存委托贷款基金资金划转通知单划拨资金，核实委托贷款基金是否到账，并对住房委托贷款基金的使用、结余等方面进行统计管理，按委托要求定期与公积金管理中心对账，报送业务资料和报表等。

2.贷款的发放

承办银行必须在收到公积金管理中心拨付的住房委托贷款基金，办妥所购房屋抵押登记（备案）手续，审核放款资料齐全性、真实性和有效性后发放贷款。

（四）支付管理

除当地公积金管理中心有特殊规定外，公积金个人住房贷款必须采用委托支付的支付管理方式，即贷款资金必须由贷款银行以转账的方式划入售房人账户，不得由借款人提取现金。发放完贷款，承办银行向客户提供回单，并将有关放款资料报送公积金管理中心。

支付操作要点包括：

（1）明确借款人应提交的资料要求。

（2）明确支付审核要求。

(3)完善操作流程。

(4)合理确定流动资金贷款的受托支付标准。

(5)要合规使用放款专户。

贷款人受托支付完成后,应详细记录资金流向,归集保存相关凭证。

(五)贷后管理

按照公积金管理中心委托要求,承办银行定期(按日)将有关公积金管理中心的账户记账回单、公积金贷款回收、逾期及结清等资料移交和报送公积金管理中心,定期与公积金管理中心核对公积金个人住房贷款账务,协助催收贷款,及时结算住房委托贷款手续费。

1. 贷款检查

按照委托协议,承办银行应定期对公积金贷款的办理情况进行检查,检查内容包括业务操作的合规性、是否按委托协议要求的工作时限办理贷款业务、贷款账户的催收情况等。

2. 协助催收贷款

承办银行应根据公积金管理中心的委托要求,协助公积金管理中心对贷款进行催收,及时向公积金管理中心报告情况。如果借款人违反了借款合同的约定而没有及时、足额地偿还贷款本息,贷款银行一般采取的催收措施为:

(1)逾期90天以内的,选择短信、电话和信函等方式进行催收。

(2)如果借款人超过90天不履行还款义务,会给借款人发出提前还款通知书,有权要求借款人提前偿还全部借款,并支付逾期期间的罚息。

(3)如果在提前还款通知书确定的还款期限届满时,仍未履行还款义务,就抵押物的处置与借款人达成协议。

(4)逾期180天以上,将对拒不还款的借款人提起诉讼,对抵押物进行处置;处分抵押物所得价款用于偿还贷款利息、罚金及本金。

3. 对账工作

(1)与公积金管理中心对账。为了保证贷款业务的真实性和准确性,保障住房委托贷款资金的安全,承办银行应与公积金管理中心定期对账,核对公积金管理中心划拨基金与银行收到的基金是否一致;核对银行住房回收贷款本息金额与公积金管理中心收到的回收贷款本息是否一致。

(2)与借款人对账。承办银行以定期(按月、按季、按年)寄发对账单或电子银行查询对账的形式与借款人进行账务核对。

4. 基金清退和利息划回

承办银行应根据公积金管理中心的委托要求和具体规定,按时将回收贷款本金与利息划入公积金管理中心指定的结算账户和增值收益账户,及时进行资金清算。

5. 贷款手续费的结算

按委托协议的约定,公积金管理中心应定期(每月、每季、每年)按比例将委托贷款手续费划归给承办银行。

6. 担保贷后管理

对已发放贷款,具备抵押登记(含预登记)办理条件后,应及时办理抵押登记手续,并及时修改维护抵押登记信息，处理抵押物账务，并将他项权证移交入库；结清贷款的，对注销的抵押登记相关资料进行核实审查，及时办理抵押登记注销手续和处理相关账务。

7.贷款数据的报送

承办银行应根据公积金管理中心的委托要求和具体规定，按时向公积金管理中心报送公积金贷款数据、报表及其他资料，并确保报送资料的真实性、完整性和准确性。

8.委托协议终止

公积金管理中心与承办银行的委托贷款协议终止时，承办银行应清算住房委托贷款手续费，办理公积金管理中心存款账户的销户交易，最后移交和报送公积金管理中心账户记账回单及相关业务资料。

9.档案管理

贷款档案是贷款在申请、审查、发放和回收等过程中形成的文件和资料。贷款发放后，经办人员应在一定时间内，对贷款资料进行复查和清理，检查资料的有效性和完整性，对文件材料进行整理，合理编排顺序。

实战演练

一、单项选择题

1.下列关于公积金个人住房贷款的表述，错误的是（　　）。

A.公积金个人住房贷款的资金来源为单位和个人共同缴存的住房公积金

B.相对自营性个人住房贷款，公积金个人住房贷款的利率相对较低

C.所有城乡居民都享有公积金个人住房贷款的权利

D.申请公积金个人住房贷款必须符合住房公积金管理部门有关公积金个人住房贷款的规定

2.关于个人借款合同的格式条款与非格式条款，下列表述错误的是（　　）。

A.格式条款与非格式条款不一致的，应当采用格式条款

B.对格式条款有两种以上解释的，应当作出不利于提供格式条款一方的解释

C.非格式条款是在格式条款外另行商定的条款

D.格式条款的提供方应当采取合理的方式提请对方注意免除或限制其责任的条款

3.下列关于个人住房贷款的还款方式的说法，错误的是（　　）。

A.个人住房贷款可采取多种还款方式进行还款

B.个人住房贷款的还款方式有一次还本付息法和组合还款法两种

C.贷款期限在1年以内（含）的，可采取一次还本付息法

D.贷款期限在1年以上的，可采取等额本息还款法和等额本金还款法等

4.贷款中，单笔贷款的审查不包括（　　）。

A.审查借款申请人提交材料的合规性

B.审查贷前调查内容的完整性

C.审查开发商的债权债务和为其他债权人提供担保的情况

D.审查贷前调查人提交的个人住房贷款调查审批表和面谈记录

二、多项选择题

5.公积金个人住房贷款的特点有(　　)。

A.期限长　B.利率低　C.互助性　D.营利性

E.普遍性

6.商业银行受托承办公积金个人住房业务的代理范围包括(　　)。

A.贷后催收　B.贷前调查审核

C.贷前咨询受理　D.贷款审批决策

E.减免贷款利息

7.个人住房贷款按照资金来源划分为(　　)。

A.公积金个人住房贷款　B.自营性个人住房贷款

C.个人委托贷款　D.再交易个人住房贷款

E.个人住房组合贷款

8.人住房贷款贷前调查中的项目调查具体包括(　　)。

A.项目工程进度　B.项目资料的真实性和有效性

C.项目资金到位情况　D.项目的合法性

E.项目资料的完整性

9.借款人申请个人住房贷款须提供购房首付款证明材料,可以证明首付款交款的单据有(　　)。

A.收款收据　B.现金交款单　C.银行进账单　D.购房发票

E.借款人声明

三、判断题

10.个人住房贷款大多数为房产抵押担保贷款,风险相对较低,但由于大多数个人住房贷款具有类似的贷款模式,系统性风险也相对集中。(　　)

A.正确　B.错误

11.我国目前个人住房贷款中的浮动利率制度,使借款人承担了相当大比率的利率风险,这就导致借款人在利率下降周期中出现贷款违约的可能性加大。(　　)

A.正确　B.错误

12.住房公积金贷款只能向处于公积金政策缴存状态的在职职工发放。(　　)

A.正确　B.错误

13.公积金个人住房贷款资金一般不得由借款人提取现金。(　　)

A.正确　B.错误

参考答案及解析

一、单项选择题

1.C 【解析】选项C,公积金个人住房贷款是缴存公积金的职工才享有的一种贷款权利,只要是公积金缴存的职工,均可申请公积金个人住房贷款。

2.A 【解析】非格式条款是在格式条款外另行商定的条款,或对原来的格式条款重新协商的条款,是借款合同当事人的特别约定。《民法典》规定,格式条款与非格式条款不一致的,应当采用非格式条款。

3.B 【解析】个人住房贷款可采取多种还款方式进行还款。例如,一次还本付息法、等额本息还款法、等额本金还款法、等比累进还款法、等额累进还款法及组合还款法等多种方法。

4.C 【解析】贷款审查人负责对借款申请人提交的材料进行合规性审查,对贷前调查人提交的个人住房贷款调查审批表、面谈记录以及贷前调查的内容是否完整进行审查。

二、多项选择题

5.ABCE 【解析】公积金个人住房贷款的特点有:(1)互助性,公积金个人住房贷款其资金来源为单位和个人共同缴存的住房公积金;(2)普遍性,只要是具有完全民事行为能力、正常缴存住房公积金的职工,都可申请公积金个人住房贷款;(3)利率低,相对商业贷款,公积金个人住房贷款的利率相对较低;(4)期限长,目前,公积金个人住房贷款最长期限为30年,且贷款到期日不超过借款申请人(含共同申请人)法定退休时间后5年。。

6.ABC 【解析】承办银行可委托代理职责包括:(1)贷前咨询受理、调查审核、信息录入;(2)贷后审核、催收、查询对账。

7.ABE 【解析】按照资金来源划分,个人住房贷款包括:(1)自营性个人住房贷款,是指银行运用信贷资金向在城镇购买、建造或大修理各类型住房的个人发放的贷款;(2)公积金个人住房贷款,是指由各地住房公积金管理中心运用个人及其所在单位所缴纳的住房公积金,委托商业银行向购买、建造、翻建或大修自住住房的住房公积金缴存人以及在职期间缴存住房公积金的离退休职工发放的专项住房贷款;(3)个人住房组合贷款,是指按时足额缴存住房公积金的职工在购买、建造或大修住房时,可以同时申请公积金个人住房贷款和自营性个人住房贷款,从而形成特定的个人住房贷款组合。

8.ABCDE 【解析】在个人住房贷款的贷前调查中,项目调查具体包括:(1)项目资料的完整性、真实性和有效性调查;(2)项目的合法性调查;(3)项目工程进度调查;(4)项目资金到位情况调查。

9.ABCD 【解析】购房首付款证明材料,包括借款人首付款交款单据(如发票、收据、银行进账单、现金交款单等),首付款尚未支付或者首付款未达到规定比例的,要提供用于购买住房的自筹资金的有关证明。

三、判断题

10.A 【解析】由于个人住房贷款大多数为房产抵押担保贷款,所以风险相对较低。但由于大多数个人住房贷款具有类似的贷款模式,系统性风险也相对集中。

11.B 【解析】我国目前个人住房贷款中的浮动利率制度,使借款人承担了相当大比率的利率风险,这就导致了借款人在利率上升周期中出现贷款违约的可能性加大。

12.B 【解析】公积金个人住房贷款可向住房公积金缴存人以及在职期间缴存住房公积金的离退休职工发放。

13.A 【解析】除当地公积金管理中心有特殊规定外,公积金个人住房贷款资金必须以转账的方式划入售房人账户,不得由借款人提取现金。

第四章 个人消费类贷款

思维导图

- 个人消费类贷款
  - 个人汽车贷款
    - 基础知识
    - 贷款流程
    - 风险管理
  - 个人教育贷款
    - 基础知识
    - 贷款流程
    - 风险管理

直击考纲

1. 掌握个人汽车贷款的要素、贷款流程和风险管理。
2. 掌握个人教育贷款的分类、贷款流程和风险管理。

考点详解

第一节 个人汽车贷款

一、基础知识

(一)个人汽车贷款的含义和分类

1. 含义

个人汽车贷款是指贷款人向个人借款人发放的用于购买汽车的贷款。

2. 分类

(1)所购车辆按用途划分

个人汽车贷款所购车辆按用途可以划分为自用车和营运车。

自用车是指借款人申请汽车贷款购买的、不以营利为目的的汽车;营运车是指借款人申请汽车贷款购买的、以营利为目的的汽车。

（2）所购车辆按注册登记情况划分

个人汽车贷款所购车辆按注册登记情况可以划分为一手车和二手车。

一手车是指借款人申请汽车贷款购买的新车；二手车是指借款人申请汽车贷款购买的，从办理完机动车注册登记手续到规定报废年限一年之前进行所有权变更并依法办理过户手续的汽车。

（3）所购车辆按汽车动力划分

个人汽车贷款所购车辆按汽车动力不同可以划分为传统动力汽车和新能源汽车。

其中，新能源汽车是指采用新型动力系统，完全或者主要依靠新型能源驱动的汽车，包括插电式混合动力（含增程式）汽车、纯电动汽车和燃料电池汽车等。

（二）个人汽车贷款的原则

个人汽车贷款实行“设定担保，分类管理，特定用途”的原则。

（1）设定担保，指借款人申请个人汽车贷款需提供所购汽车抵押或其他有效担保。

（2）分类管理，指按照贷款所购车辆种类和用途的不同，对个人汽车贷款设定不同的贷款条件。

（3）特定用途，指个人汽车贷款专项用于借款人购买汽车，不允许挪作他用。

（三）个人汽车贷款的特征

（1）作为汽车金融服务领域的主要内容之一，在汽车产业和汽车市场发展中占有一席之地。从国内外市场发展过程来看，汽车贷款除了是商业银行个人信贷的重要产品外，其在汽车市场中的地位和作用也非常突出。由于汽车产业属于资金密集型产业，对资金融通方面的需求较大，除了上游的汽车生产和批发环节外，作为大额消费品，在汽车销售市场中，汽车贷款日益起到举足轻重的作用。

（2）与汽车市场的多种行业机构具有密切关系。首先，借款申请人要从汽车经销商处购买汽车，银行贷款的资金将直接转移至经销商处；其次，由于汽车贷款多以所购车辆做抵押，贷款银行会要求借款人及时足额购买汽车产品的保险，从而与保险公司建立业务关系。此外，汽车贷款业务拓展中还有可能涉及多种担保机构和服务中介等，甚至在业务拓展方面商业银行还要与汽车生产企业进行联系沟通。因此，银行在汽车贷款业务开展中不是独立作业的，而是需要多方的协调配合。

（3）风险管理难度相对较大。由于汽车贷款购买的标的产品为移动易耗品，以汽车做抵押的风险缓释作用有限，其风险相对于住房贷款来说更难把握。特别是在国内信用体系尚不完善的情况下，商业银行对借款人的资信状况较难评价，对其违约行为缺乏有效的约束力。因此，汽车贷款风险控制的难度相对较大。

直击考点

（单选）下列不属于个人汽车贷款特征的是（　　）。

A.个人汽车贷款与汽车市场的多种行业机构具有密切关系

B.个人汽车贷款风险管理难度相对较大

C.个人汽车贷款一般不需要采取受托支付的方式

D.个人汽车贷款是汽车金融服务领域的主要内容之一

【答案】C

【解析】个人汽车贷款的特点主要体现在以下三个方面：（1）作为汽车金融服务领域的主要内容之一，在汽车产业和汽车市场发展中占有一席之地；（2）与汽车市场的多种行业机构具有密切关系；（3）风险管理难度相对较大。由于汽车贷款购买的标的产品为移动易耗品，以汽车作抵押的风险缓释作用有限，其风险相对于住房贷款来说更难把握。

（四）个人汽车贷款的发展历程

（1）出现

1993年，受宏观经济紧缩政策的影响，汽车市场销售不畅，一些汽车经销商开始尝试分期付款的售车业务，国内随之出现最初的汽车贷款业务，是作为促进国内汽车市场发展、支持国内汽车产业的金融手段。

（2）萌芽

1996年，中国建设银行开始在部分地区试点办理一汽大众轿车的汽车贷款业务，开始了国内商业银行个人汽车贷款业务的尝试。

（3）发展

1998年《汽车消费贷款管理办法（试点办法）》的颁布，是继1997年出台个人住房贷款业务的政策之后，中国人民银行推动消费信贷业务的又一新举措。

（4）规范

2004年8月，中国人民银行、原银监会联合颁布了《汽车贷款管理办法》。《汽车贷款管理办法》在贷款人、借款人范围、车贷首付比例和年限等关键问题的规定上，都与1998年的《汽车消费贷款管理办法（试点办法）》有很大不同，主要表现在：①调整了贷款人主体范围；②细化了借款人类型；③扩大了贷款购车的品种。

2016年为促进国内消费升级，扩大汽车消费市场，中国人民银行、原银监会联合印发了《关于加大对新消费领域金融支持的指导意见》（以下简称《指导意见》），对新消费重点领域加大了金融支持。其中提到："加快修订《汽车贷款管理办法》。经营个人汽车贷款业务的金融机构办理新能源汽车和二手车贷款的首付款比例，可分别在15%和30%最低要求基础上自主决定。"该《指导意见》体现了对于新能源汽车和二手汽车的支持力度，将新能源汽车作为一个单独品种提出，首付要求也低于《汽车贷款管理办法》对于个人消费类汽车贷款的要求。同时，《指导意见》大幅降低了二手汽车贷款的首付款要求。

2017年在《指导意见》基础上，人民银行、原银监会下发《关于调整汽车贷款有关政策的通知》，进一步区分传统动力和新能源汽车，并自2018年1月1日起，调整个人汽车贷款最高发放比例要求。具体为：自用传统动力汽车贷款最高发放比例为80%，商用传统动力汽车贷款最高发放比例为70%；自用新能源汽车贷款最高发放比例为85%，商用新能源汽车贷款最高发放比例为75%；二手车贷款最高发放比例为70%。

为响应国家消费品以旧换新政策，2024年3月28日，中国人民银行、国家金融监督管理总局联合印发《关于调整汽车贷款有关政策的通知》，将自用传统动力汽车、自用新能源汽车贷款最高发放比例调整为由金融机构自主确定。

（五）个人汽车贷款的要素

1. 贷款对象

个人汽车贷款的对象应该是具有完全民事行为能力的中华人民共和国公民或符合国家有关规定的境外自然人。借款人申请个人汽车贷款，须具备贷款银行要求的下列条件：（1）中华人民共和国公民，或在中华人民共和国境内连续居住1年以上（含1年）的港、澳、台居民及外国人。（2）具有有效身份证明、固定和详细住址且具有完全民事行为能力。（3）具有稳定的合法收入或足够偿还贷款本息的个人合法资产。（4）个人信用良好。（5）能够支付贷款银行规定的首期付款。（6）贷款银行要求的其他条件。

2. 贷款利率

银行会根据客户的风险进行差异化定价，个人汽车贷款利率根据对应期限档次的LPR利率、客户的风险状况等综合确定。

3. 贷款期限

个人汽车贷款的贷款期限（含展期）不得超过5年，其中，二手车贷款的贷款期限（含展期）不得超过3年。

借款人应按合同约定的计划按时还款，如果确实无法按照计划偿还贷款，可以申请展期。借款人须在贷款全部到期前30天提出展期申请。贷款银行须按照审批程序对借款人的申请进行审批。展期之后全部贷款期限不得超过贷款银行规定的最长期限，同时对展期的贷款应重新落实担保。

4. 还款方式

个人汽车贷款的还款方式包括等额本息还款法、等额本金还款法、一次还本付息法、按月还息任意还本法等多种还款方式，具体方式根据各商业银行的规定来执行。

5. 担保方式

申请个人汽车贷款，借款人应提供一定的担保措施，包括以贷款所购车辆作抵押、质押、房地产抵押和第三方保证等，还可采取购买个人汽车贷款履约保证保险的方式。经银行审查、评估后，确认借款人信用良好，确能偿还贷款的，可以不提供担保。在实际操作中，各商业银行通常会根据具体情况对各种担保方式做进一步的细化规定。

6. 贷款额度

所购车辆为自用传统动力汽车、自用新能源汽车的，贷款最高发放比例由金融机构自主确定；所购车辆为商用传统动力汽车的，贷款额度不得超过70%；所购车辆为商用新能源汽车的，贷款额度不得超过75%；所购车辆为二手车的，贷款额度不得超过70%。

汽车价格，对于新车是指汽车实际成交价格与汽车生产商公布价格中的低者；对于二手车是指汽车实际成交价格与贷款银行认可的评估价格中的低者。上述成交价格均扣除政府补贴，且不含有各类附加税费及保费等。

二、贷款流程

（一）贷款的受理与调查

1.贷款的受理

贷款受理人应要求借款申请人以书面形式提出个人汽车贷款借款申请，并按银行要求提交能证明其符合贷款条件的相关申请材料。对于有共同申请人的，应同时要求共同申请人提交有关申请材料。申请材料清单如下：

（1）合法有效的身份证件，包括居民身份证、户口薄或其他有效身份证件，借款人已婚的还需要提供配偶的身份证明材料。

（2）贷款银行认可的借款人还款能力证明材料，包括收入证明材料和有关资产证明等。

（3）由汽车经销商出具的购车意向证明或购车合同。

（4）以所购车辆抵押以外的方式进行抵押或质押担保的，需提供抵押物或质押权利的权属证明文件和有处分权人（包括财产共有人）同意抵（质）押的书面证明（也可由财产共有人在借款合同、抵押合同上直接签字），以及贷款银行认可部门出具的抵押物估价证明。

（5）涉及保证担保的，需保证人出具同意提供担保的书面承诺，并提供能证明保证人保证能力的证明材料。

（6）购车首付款证明材料。

（7）如借款所购车辆为二手车，还需提供购车意向证明或购车合同、贷款银行认可的评估机构出具的车辆评估报告书、车辆出卖人的车辆产权证明、所交易车辆的机动车辆登记证和车辆年检证明等。

（8）如借款所购车辆为商用车，还需提供所购车辆可合法用于运营的证明，如车辆挂靠运输车队的挂靠协议和租赁协议等。

（9）贷款银行要求提供的其他文件、证明和资料。

2.贷前调查

（1）调查方式

贷款调查应以现场实地调查与非现场间接调查相结合的形式开展，采取现场核实、电话查问、信息咨询以及其他数字化电子调查等途径和方法。

（2）调查内容

贷前调查人在调查申请人基本情况、贷款用途和贷款担保等情况时，除参照第二章个人贷款管理部分内容，还应重点调查以下内容。

①贷前调查人应通过借款申请人对所购汽车的了解程度、所购买汽车价格与本地区价格是否差异很大和二手车的交易双方是否有关联关系等判断借款申请人购车行为的真实性、了解借款申请人购车动机是否正常、额度是否合理。

②通过与借款人的交谈、电话查询、审查借款人提供的收入材料等方式，核实借款人收入情况，判断借款人支出情况，了解借款人正常的月均消费支出，除购车贷款以外的债务支出情况等，了解和评估借款人实际还款能力。

③通过与经销商、保险公司的沟通，登录车管所查询所购车辆抵押情况等，了解车辆权属是否清晰、明确。此外，商用车还应查阅了解该车辆是否具备营运资格证、借款人经营企业和车辆年检情况等，二手车还应综合评估考虑折旧情况等。

贷前调查完成后，贷前调查人应对调查结果进行整理、分析，提出是否同意贷款的明确意见及贷款额度、贷款期限、贷款利率、担保方式、还款方式、支付方式等方面的建议，并形成对借款申请人还款能力、还款意愿、担保情况以及其他情况等方面的调查意见，连同申请资料等一并送交贷款审核人进行贷款审核。

(二)贷款的审查与审批

关于个人汽车贷款的审查与审批可参照第二章个人贷款管理相关部分。

(三)贷款的签约与发放

1.贷款的签约

对经审批同意的贷款，应及时通知借款申请人以及其他相关人（包括抵押人和出质人等），确认签约的时间，签署《个人汽车贷款借款合同》和相关担保合同。借款合同应符合法律规定，明确约定各方当事人的诚信承诺和贷款资金的用途、支付对象、支付金额、支付条件、支付方式等。贷款发放人应根据审批意见确定应使用的合同文本并填写合同，在签订有关合同文本前，应履行充分告知义务，告知借款人、保证人等合同签约方关于合同内容、权利义务、还款方式以及还款过程中应当注意的问题等。对采取抵押担保方式的，应要求抵押物共有人当面签署个人汽车借款抵押合同。

2.贷款的发放

（1）落实贷款发放条件

贷款发放前，应落实有关贷款发放条件。以质押和房产抵押方式办理个人汽车贷款的，分别按照质押贷款业务流程和房产抵押登记流程办理；以贷款所购车辆作抵押的，借款人须在办理完购车手续后，及时到贷款银行所在地的车辆管理部门办理车辆抵押登记手续，并将购车发票原件、各种缴费凭证原件、机动车登记证原件、行驶证复印件、保险单等交予贷款银行进行保管。在贷款期限内，借款人须持续按照贷款银行的要求为贷款所购车辆购买指定险种的车辆保险，并在保险单中明确第一受益人为贷款银行。在担保条件的落实上，不得存在担保空白。

（2）贷款发放

贷款发放条件落实后，贷款发放人应按照合同约定发放贷款，按照合同要求借款人需要到场的，应通知借款人持本人身份证件到场协助办理相关手续。贷款发放的具体流程如下。

①出账前审核。审核放款通知：业务部门在接到放款通知书后，对其真实性、合法性和完整性进行审核。

②开户放款。业务部门在确定有关审核无误后，进行开户放款。

在开户放款时应注意：借款人与贷款银行签约时，要明确告知在放款时遇法定利率调整，应执行具体放款日当日利率。因此，当贷款签约后，遇法定贷款利率调整，业务部门开户放款时，发现“放款通知”贷款利率与贷款账户执行利率不一致，应通知相关部门按最新利率档次重新修改信贷发放信息，并重新办理开户放款有关手续。

③放款通知。当开户放款完成后，银行应将放款通知书、个人贷款信息卡等一并交借款人作回单。对于借款人未到银行直接办理开户放款手续的，会计部门应及时将有关凭证邮寄给借款人或通知借款人来银行取回。贷款发放后，业务部门应依据借款人相关信息建立贷款台账，并随时更新台账数据。

（四）支付管理

个人汽车贷款的支付包括划款至经销商在贷款银行开立的存款账户和直接转入借款人在贷款银行开立的存款账户两种方式，即通过贷款人受托支付或借款人自主支付的方式发放贷款资金。贷款银行须与借款人以合同或协议的形式对资金的使用与提取等内容作书面约定，保证贷款使用符合合同要求。

（五）贷后管理

个人汽车贷款的贷后检查是以借款人、抵（质）押物、保证人等为对象，通过客户提供、访谈、实地检查和行内资源查询等途径获取信息，对影响个人汽车贷款资产质量的因素进行持续跟踪调查、分析，并采取相应补救措施的过程。其目的就是对可能影响贷款质量的有关因素进行监控，及早发现预警信号，从而采取相应的预防或补救措施。

贷后检查的主要内容包括借款人情况检查和担保情况检查两个方面。

对借款人进行贷后检查的主要内容包括：借款人是否按期足额归还贷款；借款人工作单位、收入水平是否发生变化；借款人的住所、联系电话有无变动；有无发生可能影响借款人还款能力或还款意愿的突发事件，如卷入重大经济纠纷、诉讼或仲裁程序，借款人身体状况恶化或突然死亡等；对于经营类车辆还应监测借款人经营的实际情况。

担保情况检查主要指对保证人及抵（质）押物进行检查。包括：保证人的经营状况和财务状况；抵押物的存续状况、使用状况和价值变化情况等；质押权利凭证的时效性和价值变化情况；经销商及其他担保机构的保证金情况；对以车辆抵押的，对车辆的使用情况及其车辆保险有效性和车辆实际价值进行检查评估；其他可能影响担保有效性的因素。

个人汽车贷款的合同变更、贷款回收、贷款风险分类与不良贷款管理、贷后档案管理等参见第二章个人贷款管理相关内容。

直击考点

（单选）个人汽车贷款发放的具体流程不包括（　　）。

A. 出账前审核　　B. 放款通知　　C. 开户放款　　D. 建立“贷款台账”

【答案】D

【解析】个人汽车贷款发放的具体流程如下：（1）出账前审核，审核放款通知：业务部门在接到放款通知书后，对其真实性、合法性和完整性进行审核；（2）开户放款，业务部门在确定有关审核无误后，进行开户放款；（3）放款通知，当开户放款完成后，银行应将放款通知书、个人贷款信息卡等一并交借款人作回单。

三、风险管理

（一）合作机构风险管理

1.合作机构风险的内容

（1）汽车经销商的欺诈风险

一些银行出于对长期合作的汽车经销商的信赖及市场竞争的需要，过度依赖汽车经销商在客户资质审查方面的作用，贷款调查仅限于对汽车经销商推荐的借款人的有关资料进行书面上的形式审查，放松了自身对借款人的资信审查要求。而汽车经销商一方面由于不具备专业的资信调查能力和相应经验，缺乏基本的防范风险意识，难以对借款人资信状况作出有效评估；另一方面，为了扩大业务规模，获取更多的利润，往往在明知借款人不符合贷款条件的情况下，放松资信要求，将不合格客户推荐给银行，对银行的资金安全造成很大隐患。

（2）合作机构的担保风险

合作机构的担保主要是保险公司的履约保证保险以及汽车经销商和专业担保公司的第三方保证担保。

银行在与保险公司的合作过程中可能存在下列风险：①保险公司依法解除保险合同，贷款银行的债权难以得到保障；②免责条款成为保险公司的"护身符"，贷款银行难以追究保险公司的保险责任；③保证保险的责任限制造成风险缺口；④银保合作协议的效力有待确认，银行降低风险的努力难以达到预期效果。

第三方保证担保主要包括汽车经销商保证担保和专业担保公司保证担保。这一担保方式存在的主要风险在于保证人往往缺乏足够的风险承担能力，在仅提供少量保证金的情况下提供巨额贷款担保，一旦借款人违约，担保公司往往难以承担保证责任，造成风险隐患。

2.合作机构风险防控措施

（1）加强贷前调查，切实核查经销商的资信状况。坚持实地调查原则，严格审查经销商的信用水平、领导层的资信及管理水平、自有资金实力、财务状况、履行保证责任的意愿及能力等，对新近进入汽车市场的经销商要慎重考察，不能对只有办公场所而没有车场的经销商办理贷款合作业务。

（2）按照银行的相关要求，严格控制合作担保机构的准入，确保合作的担保机构具有监管认可的融资担保业务经营许可证，动态监控合作担保机构的经营管理资质、资金实力、对外担保情况和实际担保能力、及时调整其担保额度。

（3）由经销商、专业担保机构担保的贷款，应实时监控担保方是否保持足额的保证金。在担保的借款客户出现欠款时，督促担保方及时向客户进行催收，按合同约定从担保方保证金中扣收欠款，并通知担保方补充保证金。

（4）与保险公司的履约保证保险合作，应严格按照有关规定拟定合作协议，约定履约保证保险的办理、出险理赔、免责条款等事项，避免事后因合作协议的无效或漏洞无法理赔，造成贷款损失情况的发生。

直击考点

(单选)对于个人汽车贷款,银行在与保险公司合作过程中可能存在的风险不包括(　　)。

A.保证保险的责任限制造成风险缺口

B.保险公司依法解除保险合同,贷款银行的债权难以得到保障

C.免责条款成为保险公司的“护身符”,贷款银行难以追究保险公司的保险责任

D.保险公司不具备代理资格

【答案】D

【解析】除ABC选项外,银行在与保险公司的合作过程中还可能存在的风险有:(1)银保合作协议的效力有待确认;(2)银行降低风险的努力难以达到预期效果。

(二)信用风险管理

1.信用风险的内容

(1)借款人的还款能力风险

借款人的还款能力是个人汽车贷款资金安全的根本保证。借款人能否按时足额偿还贷款本息,根本上要依靠借款人及其家庭的收入来源,或者其他的再融资渠道,这就是所谓的还款能力。除非借款人主观恶意骗贷,影响借款人还款能力的因素主要有借款人及其家庭成员收入锐减、工作岗位变化、单位经济效益恶化、个人经营失败、借款人及其家庭成员重病死亡或家庭遭遇其他不可预见或不可克服的灾难。

(2)借款人的还款意愿风险

借款人的还款意愿是信贷资金安全,特别是个人汽车贷款资金安全的重要前提。诚实信用、公平有偿的市场契约原则在人们的思想中还没有根深蒂固,对此也缺乏有效制约机制和惩罚措施。

(3)借款人的欺诈风险

借款人恶意欺诈、骗贷和贷款后恶意转移资产的逃废债等现象,是借款人信用风险的重要表现形式。借款人一般具有谋取非法所得的动机和行为,如伪造申报材料、虚假陈述等。

(4)抵押物风险

个人汽车贷款一般以所购车辆为抵押,以此为担保方式会存在抵押物损毁和消失、抵押物担保效力不足的风险。

抵押物损毁消失或担保效力不足影响的是借款人的第二还款来源,所以从广义上来说抵押物风险也可以归为还款能力风险。

2.信用风险的防控措施

(1)严格审查客户信息资料的真实性

经办机构应指定专人负责个人汽车贷款的贷前调查工作,贷前调查人应对客户信息资料的真实性负责。借款人提交申请材料后,应当认真审查申请人的真实身份、家庭状况、居住地址、联系方法等个人信息。查看借款人的个人信用报告,是否有存量负债会影响其还款能力,是否有逾期欠款记录并了解其欠款原因。

坚持与借款人面谈的原则，必须面谈客户了解信息，不得由保险公司和经销商包办从借款申请到签订合同的全部手续。认真审查借款人购车行为的真实性，严防经销商伪造合同从而虚构借款人购车事实的行为。

（2）详细调查客户的还款能力

了解客户是否具有稳定的收入或合法资产来按期还款，如客户还有其他银行负债，应评价其总负债额在家庭总收入中的比例是否合理。

在贷后管理工作中应及时了解客户的经济状况，积极发挥汽车经销商或保险公司在贷后管理方面的作用。贷款应由借款人直接向贷款银行经办机构还款，经办机构要及时进行贷后客户信息的调查了解，掌握借款人收入的变动状况。

（3）科学合理地确定客户还款方式

在受理客户申请时，应根据客户现金流状况和贷款风险管理的需要等因素灵活、合理地与客户协商确定还款方式，以确保客户的还款能力和风险可控性。对于贷款期限在一年以上的，原则上应采取等额本金或等额本息还款方式。对于符合贷款条件的客户，如其资金周转存在一定的周期性，在准确把握其还款能力的基础上，也可选择按月还息，按计划表还本的还款方式。

（4）切实做好押品管理

在开展个人汽车贷款业务过程中，加强与经销商和厂商合作，可要求所抵押车辆安装GPS定位系统，以确保抵押物可追踪定位。同时加强贷后管理工作，提升贷后押品价值重估频率和准确性。

直击考点

（单选）下列关于个人汽车贷款信用风险管理措施的表述中，错误的是（　　）。

A.如客户还有其他银行负债，应评价其总负债额在家庭总收入中的比例是否合理

B.在贷后管理工作中应及时了解客户的经济状况，积极发挥汽车经销商或保险公司在贷后管理方面的作用

C.严格审查客户信息资料的真实性

D.贷款期限在一年以上的，原则上应采取一次还本付息的还款方式

【答案】D

【解析】选项D，对于贷款期限在一年以上的，原则上应采取等额本金或等额本息还款方式。

（三）操作风险管理

1.操作风险的内容

个人汽车贷款操作风险与个人住房贷款操作风险内容相似，在参照个人住房贷款相关内容的基础上，还应重点关注：

（1）借款申请人的主体资格是否符合银行个人汽车贷款管理办法的相关规定，包括是否具有完全民事行为能力；如借款人为非中国籍公民，应重点关注是否在我国境内连续居住1年（含）以上；是否有稳定、合法的收入来源以及按期偿还本息的能力等。

(2)借款申请人所提交的材料是否真实、合法,包括借款人、保证人、抵押人和出质人的身份证件是否真实、有效;抵(质)押物的权属证明材料是否真实,有无涂改现象;借款人提供的直接划拨账户是否是借款人本人所有的活期存款账户等。

(3)借款申请人的担保措施是否足额、有效,包括担保物所有权是否合法、真实、有效;担保物共有人或所有人授权情况是否核实;担保物是否容易变现,同区域同类型担保物价值的市场走势如何;贷款额度是否控制在抵押物价值的规定比率内;抵押物是否由贷款银行认可的评估机构评估;是否办理车辆抵押登记手续;第三方保证人是否具备保证资格和保证能力等。

2.操作风险的防控措施

(1)掌握个人汽车贷款业务的规章制度,严格按照制度规定开展业务

加强对于制度和操作流程的学习,特别关注制度中,关于借款人资格、须提供的申请材料、业务处理流程、审批授权规定、押品操作流程等内容,把握个人汽车贷款业务流程中的主要操作风险点,确保业务操作的各个环节符合制度规定,对于关键操作,完成后应做好记录备查,尽职免责,提高自我保护能力。

(2)完善汽车经销商和银行在贷款管理方面的职责分工

由于银行多委托汽车经销商帮助对借款人进行贷款资料搜集和初步贷前调查,所以汽车经销商的尽职程度直接影响到银行贷前审查工作的有效性。在与汽车经销商合作的过程中,银行应明确约定汽车经销商在贷前调查方面承担的主要职责和义务,相应的违约责任等。另外,不能将所有贷前调查工作都外包给汽车经销商,必须对借款人的身份、购车和贷款的真实性进行验证,以防范汽车经销商利用虚假贷款套取银行资金的行为。

(3)及时办理车辆抵押登记手续,确保抵押权的有效落实

虽然根据我国《民法典》规定,以车辆设置抵押,抵押权自抵押合同生效时即成立,但不进行抵押登记,将不能对抗善意第三人的条款规定,造成借款人将车辆出售给别人后,银行抵押权无法行使,实际相当于抵押权丧失。因此,在贷款放款前,必须及时办理车辆抵押登记手续,确保抵押权的有效落实,以避免出现无法对抗善意第三人的情形,造成银行抵押权落空。

直击考点

(单选)下列不属于个人汽车贷款操作风险的防控措施的是(　　)。

A.掌握个人汽车贷款业务的规章制度,严格按照制度规定开展业务

B.完善汽车经销商和银行在贷款管理方面的职责分工

C.及时办理车辆抵押登记手续,确保抵押权的有效落实

D.详细调查客户的还款能力

【答案】D

【解析】个人汽车贷款操作风险的防控措施包括:(1)掌握个人汽车贷款业务的规章制度,严格按照制度规定开展业务;(2)完善汽车经销商和银行在贷款管理方面的职责分工;(3)及时办理车辆抵押登记手续,确保抵押权的有效落实。

第二节　个人教育贷款

一、基础知识

（一）个人教育贷款的发展历程

1. 定义及种类

个人教育贷款是银行向在读学生或其直系亲属、法定监护人发放的用于满足其就学及在校期间正常学习、生活所需资金的贷款。目前，个人教育贷款主要包括国家助学贷款、商业助学贷款、个人留学贷款等。

2. 发展历程

（1）1999年，为推动科教兴国战略的实施，解决贫困学生求学问题，中国人民银行、教育部和财政部等有关部门联合下发了开办享受财政贴息的国家助学贷款业务的通知，并首先以中国工商银行为试点在北京、上海、天津、重庆、武汉、沈阳、西安和南京8个城市进行。

（2）从2000年9月1日起，国家助学贷款在全国范围内全面推行，所有普通高等学校均能申办国家助学贷款，经办机构范围也有所扩大，成为四大国有商业银行均可办理的业务。

（3）2002年2月，中国人民银行、教育部、财政部联合出台了个人教育贷款开办的“四定三考核”政策，即对国家助学贷款业务要定学校、定范围、定额度、定银行，并按月考核经办银行国家助学贷款的申请人数和申请金额、已审批借款人数和贷款合同金额、实际发放贷款人数和发放金额等指标。

（4）2003年，在经过两年的快速发展后，个人教育贷款的风险问题开始显现。为抑制不良贷款的增长，2003年8月，中国人民银行出台助学贷款“双20标准”，即国家助学贷款违约率达到20%，且违约学生达到20人的高校，经办银行可以停止对其发放助学贷款。

（5）2004年初，为扭转助学贷款业务停滞不前的状况，中国人民银行、原银监会和教育部联合下发了《关于加强和改进国家助学贷款工作的通知》，提出停止执行“双20标准”等政策措施。经过半年的酝酿，教育部、财政部、中国人民银行和原银监会等又正式出台了对国家助学贷款政策进行重大调整的几条措施，包括通过招投标方式确定国家助学贷款经办银行、实行助学贷款风险补偿制度和改变财政贴息方式等。此后，各管理部门、银行和高校等迅速开始新政策的实施工作。

（6）2020年，为加大对家庭经济困难学生的支持力度，进一步减轻贷款学生经济负担，经国务院同意，教育部、财政部、中国人民银行、原银保监会联合发布《关于调整完善国家助学贷款有关政策的通知》（教财［2020］4号），对助学贷款年限、利率和还本宽限期进行了调整。

（7）2023年，教育部等四部门联合发布《关于调整完善助学贷款有关政策的通知》，将全日制普通本专科学生每人每年申请额度由不超过12 000元提高至不超过16 000元；全日制研究生每人每年申请额度由不超过16 000元提高至不超过20 000元；同时，调降了国家助学贷款利率30个基点，对于存量贷款，承办银行可与贷款学生协商，将原合同利率相应调降。政策调整更加符合实际，减轻学生经济负担，能够更好地支持家庭经济困难学生的求学生活。

（二）个人教育贷款的特征

个人教育贷款具有与其他个人贷款所不同的一些特点，主要体现在以下两个方面：

1.具有社会公益性，政策参与程度较高

个人教育贷款是作为支持教育事业发展的政策性举措推出的，能够促进教育事业发展、提高国民素质。因此，个人教育贷款业务的发展会得到国家政策的支持，如国家以承担部分利息的方式对国家助学贷款进行补贴。

2.多为信用类贷款，风险度相对较高

个人教育贷款的借款人多为在校学生，而学生属于暂时无收入的群体，没有现成的资产可作为申请贷款的担保，因而个人教育贷款多为信用贷款，如国家助学贷款。同时，个人教育贷款的偿还主要依靠学生毕业后的工作收入，加之学生信用水平的不确定性，其风险度相对较高。

（三）四种个人教育贷款的含义及要素

1.国家助学贷款

（1）基本含义

国家助学贷款是由政府主导、财政贴息、财政和高校共同给予银行一定风险补偿金，银行、教育行政部门与高校共同操作的，帮助高校家庭经济困难学生支付在校学习期间所需的学费、住宿费的银行贷款。

国家助学贷款有生源地国家助学贷款和校园地国家助学贷款两种。生源地国家助学贷款是商业银行向符合条件的家庭经济困难的普通高校新生和在校生发放的，在学生入学前户籍所在县（市、区）办理的助学贷款。生源地贷款为信用贷款，学生和家长（或其他法定监护人）为共同借款人，共同承担还款责任。校园地国家助学贷款是商业银行向符合条件的家庭经济困难的普通高校新生和在校生发放的，在学生入学后，在就读学校办理的助学贷款。校园地国家助学贷款为信用贷款，学生本人为借款人。校园地国家助学贷款采用公开招标的形式确定业务办理银行。每3年公开招标一次。

国家助学贷款采取“借款人一次申请、贷款银行一次审批、单户核算、分次发放”的方式，实行“财政贴息、风险补偿、信用发放、专款专用和按期偿还”的原则。

（2）贷款要素

要素	内容
贷款对象	中华人民共和国境内的（不含香港特别行政区和澳门特别行政区、台湾地区）普通高等学校中经济确实困难的全日制本专科生（含高职生）、研究生和第二学士学位学生。借款人申请国家助学贷款，须具备贷款银行要求的下列条件：①具有中华人民共和国国籍，并持有合法、有效的身份证件；②家庭经济确实困难，无法支付正常完成学业所需的基本费用（包括学费、住宿费）；③具有完全民事行为能力（未成年人申请国家助学贷款需由其法定监护人书面同意）；④学习刻苦，能够正常完成学业；⑤诚实守信，遵纪守法，无违法违纪行为；⑥贷款银行规定的其他条件

续表

要素	内容
贷款利率	国家助学贷款利率按照同期同档次贷款市场报价利率（LPR）减60个基点执行。如果贷款利率政策调整，按照国家有关部门相关规定执行
贷款期限	学制加15年，最长不超过22年
还款方式	包括等额本金还款法、等额本息还款法两种。学生在校期间的贷款利息全部由财政补贴，贷款本金由学生本人在毕业后自行偿还。学生毕业后与经办银行确认还款计划时，可以选择使用还本宽限期。还本宽限期内学生只偿还贷款利息，不偿还贷款本金。还本宽限期最长5年
担保方式	采用信用贷款的方式
贷款额度	全日制普通本专科学生（含第二学士学位、高职学生）每人每年申请贷款额度不超过16 000元；全日制研究生每人每年申请贷款额度不超过20 000元。国家助学贷款应优先用于支付在校期间学费和住宿费，超出部分可用于弥补日常生活费

2. 商业助学贷款

（1）基本含义

商业助学贷款是指银行按商业原则自主向借款人或其直系亲属、法定监护人发放的用于满足其就学资金需求的商业贷款。商业助学贷款实行“部分自筹、有效担保、专款专用和按期偿还”的原则。

与国家助学贷款相比，商业助学贷款财政不贴息，各商业银行、城市信用社和农村信用社等金融机构均可开办。

（2）贷款要素

①贷款对象

商业助学贷款的贷款对象是在境内高等院校就读的全日制本专科生、研究生和第二学士学位学生。贷款银行可根据业务发展需要和风险管理能力，自主确定开办针对境内其他非义务教育阶段全日制学校在校困难学生的商业助学贷款。

借款人申请商业助学贷款，须具备贷款银行要求的下列条件：具有中华人民共和国国籍，具有完全民事行为能力，并持有合法身份证件；无重大不良信用记录，不良信用等行为评价标准由贷款银行制定；必要时需提供有效的担保；必要时需提供其法定代理人同意申请贷款的书面意见；贷款银行要求的其他条件。

②贷款利率

商业助学贷款的利率以同期同档次贷款市场报价利率（LPR）为基础，根据各行的成本、盈利目标、业务风险权重等综合考虑。

借款人可申请利息本金化，即在校年限内的贷款利息按年计入次年度借款本金。如遇中国人民银行调整贷款利率，执行中国人民银行的有关规定。

③贷款期限

商业助学贷款的期限原则上为借款人在校学制年限加6年，借款人在校学制年限指从贷款发放至借款人毕业或终止学业期间。对借款人毕业后继续攻读学位的，借款人在校年限和贷款期限可相应延长，贷款期限延长须经贷款银行许可。

④还款方式

贷款可按月、按季或按年分次偿还，利随本清，也可在贷款到期时一次性偿还。

贷款银行可视情况给予借款人一定的宽限期，宽限期内不还本金，也可视借款人困难程度对其在校期间发生的利息本金化，但借款合同签订后，如需变更还款方式，需事先征得贷款银行的同意。

⑤担保方式

申请商业助学贷款，借款人需提供一定的担保措施，包括抵押、质押、保证或其组合，贷款银行也可要求借款人投保相关保险。

以抵押方式申请商业助学贷款的，借款人提供的抵押物，应当符合《民法典》的规定，并按有关规定办理相应登记手续。以质押方式申请商业助学贷款，需办理质物或其权利凭证转移占有手续及相关出质登记。贷款银行认为需要公证的，借款人（或出质人）应当办理公证。质押物须符合《民法典》的规定。用于抵（质）押的财产需要估价的，可以由贷款银行进行评估，也可委托贷款银行认可的资产评估机构进行估价。

抵押期间，抵押人未经贷款银行同意，不得转移、变卖或重复抵押已被抵押的财产；质押期间对质押的有价证券，未经质权人同意，不得以任何理由挂失。以资产作抵押的，借款人应根据贷款银行的要求办理抵押物保险，保险期不得短于借款期限，经借款人确认后，将保险单项下因保险事件发生而对保险人享有的保险金权益转让给贷款银行，无须另行签署转让合同，保险单不得有任何有损贷款银行权益的限制条件，保险所需费用由借款人负担。在贷款未偿清期间，保险单正本交贷款银行执管。在保险有效期内，借款人不得以任何理由中断或撤销保险，如保险中断，贷款银行有权代为投保，费用由借款人负担；如发生保险责任范围以外的损毁，借款人应及时通知贷款银行，并落实其他担保，否则，贷款银行有权提前收回贷款。

以第三方保证方式申请商业助学贷款的，保证人和贷款银行之间应签订“保证合同”，第三方提供的保证为不可撤销的连带责任保证。保证人应具备品质良好、合法稳定的收入来源及与借款人同城户籍等条件，原则上不允许同学之间互保。如保证人失去保证能力、破产或发生合并、分立等重大事项的，借款人应及时通知贷款银行，并重新提供足额担保和重新签订保证合同，否则贷款银行有权提前收回贷款。借款人和自然人保证人的工作单位及通讯方式发生变更或法人保证人的法律关系、性质、名称、地址等发生变更时，借款人应提前30天通知贷款银行，借款双方应签订借款合同修正文本和保证合同修正文本。

⑥贷款额度

商业助学贷款的额度不超过借款人在校年限内所在学校的学费、住宿费和基本生活费。贷款银行可参照学校出具的基本生活费或当地生活费标准确定有关生活费用贷款额度。

学费应按照学校的学费支付期逐笔发放，住宿费、生活费可按学费支付期发放，也可分列发放。

直击考点

（单选）下列关于个人教育贷款的表述，错误的是（　　）。

A.商业助学贷款实行“部分自筹、有效担保、专款专用和按期偿还”的原则

B.商业助学贷款的期限原则上为借款人在校学制年限加4年

C.生源地国家助学贷款属于国家助学贷款的一种

D.与国家助学贷款相比，商业助学贷款财政不贴息

【答案】B

【解析】选项B，商业助学贷款的期限原则上为借款人在校学制年限加6年，借款人在校学制年限指从贷款发放至借款人毕业或终止学业期间。对借款人毕业后继续攻读学位的，借款人在校年限和贷款期限可相应延长，贷款期限延长须经贷款银行许可。

3.个人留学贷款

（1）基本含义

个人留学贷款是指银行向个人发放的用于留学所需学杂费、生活费或留学保证金的个人贷款。个人留学贷款不但可以满足留学人员在留学签证过程中所需要的一切资金需求，还可以为留学人员解决在境外求学所需的各种学杂费用。

（2）贷款要素

要素	内容
贷款对象	个人留学贷款的对象为拟留学人员或其直系亲属、配偶、法定监护人。借款人申请个人留学贷款，须具备贷款银行要求的下列条件：①年满18周岁的具有完全民事行为能力的中华人民共和国公民；②贷款到期日时的实际年龄不得超过55周岁；③应具有可控制区域内的常住户口或其他有效居住身份，有固定住所、稳定职业和收入来源；④借款用途为留学教育消费；⑤借款人信用良好，有按期偿还贷款本息的能力；⑥应持有拟留学人员的国外留学学校的入学通知书或其他有效入学证明和已办妥拟留学人员留学学校所在国入境签证的护照；⑦贷款银行要求的其他条件
贷款利率	以同期同档次贷款市场报价利率（LPR）为基础，根据各行的成本、盈利目标、业务风险权重等综合考虑
贷款期限	最短6个月，一般为1~6年，最长不超过10年
还款方式	贷款的偿还遵循“贷人民币还人民币”和“贷外汇还外汇”的原则。贷款期限1年（含）以内的，到期时一次性还本付息，利随本清；贷款期限1年以上的，采用借款人与贷款银行约定的还款方式偿还贷款

续表

要素	内容
担保方式	包括抵押、质押和保证等方式
贷款额度	最低不少于1万元人民币，最高不得超过借款人学杂费和生活费的80%

直击考点

（单选）个人留学贷款的最短期限是（　　）。

A.12个月　　B.6个月

C.9个月　　D.3个月

【答案】B

【解析】个人留学贷款期限最短6个月，一般为1~6年，最长不超过10年。

二、贷款流程

（一）国家助学贷款流程

1.受理与调查

国家助学贷款的受理是指从借款人向学校提出申请，学校初审，银行受理到上报审核的全过程。

申请人须提供以下材料：①借款人有效身份证件的原件和复印件；②借款人学生证或入学通知书的原件和复印件；③经本人填写并签字确认的家庭经济困难学生认定申请表；④未成年人须提供法定监护人的有效身份证明及书面同意申请贷款的声明；⑤贷款银行要求的其他材料。

学校机构对学生提交的国家助学贷款申请材料进行资格审查，对其完整性、真实性和合法性负责。此项工作完成后，学校机构在一定时间内进行公示，并对有问题的申请予以退回。初审工作无误后，学校机构在审查合格的贷款申请书上加盖公章予以确认，将审查结果通知学生，并编制国家助学贷款学生审核信息表（以下简称信息表）与申请资料一并送交国家助学贷款经办银行。

2.审查与审批

（1）贷款的审查

经办行在收到学校提交的信息表和申请材料后，由贷款审查人负责对学校提交的信息表和申请材料进行合规性、真实性和完整性审查。贷款审查人认为有差错或遗漏的，可要求学校进行更正或补充。贷款审查人审查完毕后，在“国家助学贷款申请审批表”上签署审核意见，连同申请材料等一并送交贷款审批人进行审批。

（2）贷款的审批

贷款人应根据审慎性原则，完善授权管理制度，规范审批操作流程，明确贷款审批权限，实行审贷分离和授权审批，确保贷款审批人按照授权独立审批贷款。

贷款审批人应对以下内容进行审查：①对贷款申请审批表和贫困证明等内容进行核对；②审查每个申请学生每学年贷款金额是否超过限额，具体金额根据学校的学费、住宿费标准以及学生的困难程度确定；③其他需要审查的事项。

贷款审批人应根据审查情况在“国家助学贷款申请审批表”上签署审批意见：对未获批准的贷款申请，应写明拒批理由，并告知借款人；对需补充材料后再审批的，应详细说明需要补充的材料名称与内容。

3. 签约与发放

（1）贷款的签约

对经审批同意的贷款，高校会收到经办银行的“国家助学贷款学生审查合格名册”。贷款发放人根据贷款审批意见确定应使用的合同文本并填写合同，在填写或打印有关合同文本过程中，借款合同应符合《民法典》的规定，明确约定各方当事人的诚信承诺和贷款资金的用途、支付对象（范围）、支付金额、支付条件、支付方式等，应做到贷款额度、贷款期限、贷款利率和还款方式等有关条款要与贷款最终审批意见一致。

借款合同要体现协议承诺原则，保证借款合同的完善性、承诺的法律化乃至管理的系统化，要涵盖以下要点：①明确约定各方当事人的诚信承诺；②明确约定贷款资金的用途；③明确借款人不履行合同或怠于履行合同时应当承担的违约责任。

合同填写并复核无误后，贷款发放人应负责通知学校组织借款人签订“国家助学贷款借款合同”等协议文件，并提交经办银行。贷款发放人应要求借款人当面签订借款合同及其他相关文件，但电子银行渠道办理的贷款除外。

在签订有关合同文本前，应履行充分告知义务，告知借款人等合同签约方合同内容、权利义务、还款方式以及还款过程中应注意的问题等。

经办人员填写“个人贷款开立账户通知书”“贷转存凭证”，协助借款人办理贷款发放手续，并将上述材料以及其他重要单据一起提交会计岗位进行账务处理。其他贷款资料直接移交档案管理岗整理、保管。

（2）贷款的发放

贷款发放要遵循审贷与放贷分离的原则，由独立的放款管理部门或岗位负责落实放款条件、发放满足约定条件的贷款。借款合同生效后，贷款发放人应按合同约定及时发放贷款。

放款部门在放贷前要确定有关审核无误，然后进行开户放款。国家助学贷款实行借款人一次申请、贷款银行一次审批、单户核算、分次发放的方式。学费和住宿费贷款按学年（期）发放，直接划入借款人所在学校在贷款银行开立的账户上。

贷款发放后，业务部门应依据借款人相关信息建立“贷款台账”，并随时更新台账数据。

4. 支付管理

对国家助学贷款而言，学费和住宿费贷款，银行应当采用贷款人受托支付方式向借款人交易对象（借款人所在学校）支付，按学年（期）发放，直接划入借款人所在学校在贷款银行开立的账户上。

银行应要求借款人在使用贷款时提出支付申请，并授权贷款人按合同约定方式支付贷款资金。银行应在贷款资金发放前审核借款人相关凭证是否符合合同约定条件，支付后做好有关细节的认定记录。

5.贷后管理

(1)贷款贴息管理

经办银行在发放贷款后，于每季度结束后的10个工作日内，按照"中央部门所属高校国家助学贷款贴息资金汇总表"汇总已发放的国家助学贷款学生名单、贷款金额、利率、利息，经合作高校确认后上报总行。

全国学生贷款管理中心在收到各贷款银行总行提供的贴息申请资料后的10个工作日内，将贷款贴息统一划入总行国家助学贷款贴息专户，由总行直接划入各经办行贴息专户。

(2)风险补偿金管理

经办银行于每年9月底前，将上一年度(上年9月1日至当年8月31日)实际发放的国家助学贷款金额和违约率按各高校进行统计汇总，并经合作高校确认后填制"中央部门所属高校国家助学贷款实际发放汇总表"上报总行，由总行提交全国学生贷款管理中心。

全国学生贷款管理中心在收到经办行总行提交的"风险补偿金申请书""中央部门所属高校国家助学贷款实际发放汇总表""中央部门所属高校国家助学贷款风险补偿金确认书"后20个工作日内将对应的风险补偿金支付给贷款银行总行。

总行将风险补偿金划拨至各分行，各分行在收到总行下拨的风险补偿金的当日将其划入对应账户。

(3)贷款的偿还

每年借款学生毕业离校前，学校应组织借款学生与经办银行办理还款确认手续，制订还款计划，签订还款协议。借款学生自取得毕业证书之日(以毕业证书签发日期为准)起，下月1日(含1日)开始归还贷款利息，并可以选择在毕业后的60个月内的任何一个月开始偿还贷款本息，但原则上不得延长贷款期限。经办银行及所属银行应派人主动上门服务，为借款学生讲解还款有关事宜，并解答学校及借款学生的咨询。经办银行应向每一位借款学生发放"国家助学贷款毕业生资料确认书"，要求学生在毕业后一个月内填写完毕并寄回原经办银行。经办银行对学生毕业去向及相关资料进行抽查，并与学校进行核实。

如借款学生在学校期间发生休学、退学、转学、出国(境)、被开除学籍、死亡及其他不能正常完成学业的情况，学校应在为借款学生办理相关手续之前及时通知银行，并要求学生到银行办理归还贷款或还款确认手续。经办银行在得到学校通知后应停止发放尚未发放的贷款，并采取提前收回贷款本息和签订还款协议等措施，主动为学生办理相关手续。提前离校的借款学生在办理离校手续之日的下月1日起自付贷款利息。休学的借款学生复学当月恢复财政贴息。

借款学生毕业后申请出境留学的，应主动通知经办银行并一次性还清贷款本息，经办银行应及时为其办理还款手续。

(4)贷款的催收

各经办银行应建立详细的还贷监测系统。各经办银行要加强日常还贷催收工作，做好催收记录，确认借款人已收到催收信息。各经办银行应按季将已到还款期的借款学生还款情况反馈给学校，学校负责协助经办银行联系拖欠还款的借款学生及时还款。

（5）贷后档案管理

各经办银行在与借款学生签订还款协议后，需将相关信息录入信贷系统。在收到借款人毕业后发回的“国家助学贷款毕业生资料确认书”后，应及时在系统上进行资料更新。各经办银行需严格按零售贷款档案管理办法管理国家助学贷款相关档案。

直击考点

（多选）学校机构对学生提交的国家助学贷款申请材料进行资格审查，并对其（　　）负责。

A.完整性　　B.真实性

C.一致性　　D.有效性

E.合法性

【答案】ABE

【解析】学校机构对学生提交的国家助学贷款申请材料进行资格审查，对其完整性、真实性和合法性负责。

（二）商业助学贷款流程

1.受理与调查

（1）贷款的受理

贷款受理人应要求商业助学贷款申请人填写贷款申请表，以书面形式提出贷款申请，并按银行要求提交相关申请材料。申请材料清单如下：①借款人的合法身份证件，包括身份证、户口簿或其他有效居留证件原件及复印件；②如借款人未满18周岁，应提供监护人身份证明材料及与借款人的关系证明；③贷款银行认可的借款人或其家庭成员的经济收入证明；④借款人为入学新生的提供就读学校的录取通知书或接收函，借款人为在校生的提供学生证或其他学籍证明；⑤借款人就读学校开出的学生学习期内所需学费、住宿费和生活费总额的有关材料；⑥以财产作抵（质）押的，应提供抵（质）押物权证和有处分权人（包括财产共有人）签署的同意抵（质）押的承诺，对抵押物需提交银行认可的机构出具的价值评估报告，对质物需提供权利凭证，以第三方保证担保的应出具保证人同意承担不可撤销连带责任担保的书面文件及有关资信证明材料；⑦借款人和担保人应当面出具并签署书面授权，同意贷款银行查询其个人征信信息；⑧银行要求提供的其他证明文件和材料。

借款人办理校园地贷款的，贷款银行还应联系借款人就读学校作为介绍人做好以下工作：①向贷款银行推荐借款人，对借款人资格及申请资料进行初审；②协助贷款银行对贷款的使用进行监督；③将借款人在校期间失踪、死亡或丧失完全民事行为能力或劳动能力，以及发生休学、转学、出国留学或定居、自行离校、开除等情况及时通知贷款银行，并协助贷款银行采取相应的债权保护措施；④在借款人毕业前，向贷款银行提供其毕业去向、就业单位名称、居住地址、联系电话等有关信息；⑤协助贷款银行开展对借款人的信用教育和还贷宣传工作，讲解还贷的程序和方法，协助贷款银行做好借款人的还款确认和贷款催收工作。

贷款受理人应对借款申请人提交的借款申请表及申请材料进行初审，主要审查借款申请人的主体资格及借款申请人所提交材料的完整性与规范性。如果借款申请人提交材料不完整或不符合材料要求规范，应要求申请人补齐材料或重新提供有关材料；如果不予受理，应退回贷款申请并向申请人说明原因。经初审符合要求后，贷款受理人应将借款申请表及申请材料交由贷前调查人进行贷前调查。

(2)贷前调查

贷前调查是商业助学贷款贷前处理中非常重要的环节，主要由银行贷前调查人审核申请材料是否真实、完整、合法、有效，调查借款申请人的还款能力、还款意愿的真实性以及贷款担保等情况。

调查方式：贷款调查应以现场实地调查与非现场间接调查相结合的形式开展，采取现场核实、电话查问、信息咨询以及其他数字化电子调查等途径和方法。对于金额不超过二十万元人民币的贷款，贷款人通过非现场间接调查手段可有效核实相关信息真实性，并可据此对借款人作出风险评价的，可简化或不再进行现场实地调查(不含用于个人住房用途的贷款)。

调查内容：贷前调查人在调查申请人基本情况、贷款用途和贷款担保等情况时，应重点调查材料一致性、借款人身份、资信状况和借款用途、担保情况，详细内容请参照第二章个人贷款管理相关内容。

2.审查与审批

参照第二章个人贷款管理相关内容。

3.签约与发放

对经审批同意的贷款，应及时通知借款申请人以及其他相关人(包括抵押人和出质人等)，确认签约的时间，签署书面借款合同和相关担保合同等协议文件。签约流程主要包括填写合同、审核合同和签订合同三部分。

4.支付管理

商业助学贷款的支付管理方式与国家助学贷款基本相同，不同的是，商业助学贷款可以一次性放款，也可以分次放款。

5.贷后管理

参见第二章个人贷款管理相关内容。

三、风险管理

(一)信用风险管理

1.信用风险的内容

(1)借款人的还款能力风险

借款人的还款能力是个人教育贷款资金安全的根本保证。借款人能否按时足额偿还贷款本息，根本上要依靠借款人及其家庭的收入，或者其他的再融资渠道，这就是所谓的还款能力。

(2)借款人的还款意愿风险

借款人的还款意愿是个人教育贷款资金安全的重要前提。目前，诚实信用、公平有偿的市场契约原则在人们的思想中还没有根深蒂固，对此也缺乏有效制约机制和惩罚措施。因此，贷款的偿还情况很大程度上取决于借款人的还款意愿。大学生作为社会上一批没有任何工作经历和信用记录的群体，其信用根本无法去衡量与评估。教育贷款本来是想形成一个良性循环机制，但如果借款人缺乏信用意识，主观上不愿还款，就把风险转嫁给了银行。

（3）借款人的欺诈风险

借款人的恶意欺诈、骗贷等现象也是个人教育贷款信用风险的重要表现形式，尤其是采用信用形式发放的贷款。借款人一般具有谋取非法所得、带有犯罪性质的动机和行为。

2. 信用风险的防控措施

（1）加强对借款人的贷前审查

加强对借款人的贷前审查有助于从源头上控制个人教育贷款的信用风险，其审查要点包括：①对以学生父母为借款人的，要审查其收入的真实性，要对借款人的基本情况进行分析，分析其所处行业的发展趋势等因素，判断其职业的稳定性和收入的可靠性等，并在此基础上制定合理的还款计划；②对于借款人是学生本人的，要审查学生本人的基本情况，如学习成绩、在校表现等，对其所学专业的就业情况也要有一定的了解，对其未来收入进行合理的预测；③通过入学通知书、贫困证明等判断贷款申请的合法性和真实性，防止借款人利用上学欺骗银行，套取资金；④要对借款人目前家庭状况、居住地址、工作单位和通讯方式等资料进行核实，并定期回访或联系。

（2）建立和完善防范信用风险的预警机制

科学的风险预警机制是防范信用风险的关键。风险预警机制就是组建一个专门的组织机构，利用一定的监测工具，确定若干科学细分的指标网络。

（3）完善银行个人教育贷款的催收管理系统

借款学生毕业后，经办银行要实施严格的贷后风险监测，一旦发现借款学生不及时还款或不与银行联系，银行贷款清收部门应立刻与学生所在单位联系和交涉，督促其还款。所在单位不详或不知去向者，银行贷款清收部门应立即与学生所在家庭联系，由其父母提供学生的联系方式并督促学生还款，必要时由其父母替其归还。通过家庭仍无法联系上的借款学生，银行贷款清收部门应立即与公安部门联系，通过其唯一的身份证号码在全国范围内进行查询。

（4）建立有效的信息披露机制

信息的公开披露是实施有效监管的基础，同时也能起到约束作用。建立信用披露制度，定期在大众媒体报道失信人黑名单，使那些失信的人有所收敛。当然，信用的建立要靠全社会人的共同努力，个人教育贷款的实施要靠全社会的共同监督，特别是对已毕业的贷款学生，社会的监督意义更大，有效的信息披露制度能约束其信用行为。

（5）加强对学生的诚信教育

学校应当加强对学生的诚信意识教育和法制教育，把培养大学生的人格修养与诚信教育结合起来，并且要加强讲信用光荣、不讲信用可耻的诚信教育，坚持正确的舆论导向，强化借款人的还款意愿，形成良好的社会信用文化。

直击考点

(单选)办理个人教育贷款时,可能面临的信用风险不包括(　　)。

A.借款人的还款能力风险

B.借款人的还款意愿风险

C.审批人对应审查的内容审查不严,导致内外勾结骗取银行信贷

D.借款人的欺诈风险

【答案】C

【解析】个人教育贷款的信用风险包括:(1)借款人的还款能力风险;(2)借款人的还款意愿风险;(3)借款人的欺诈风险。

(二)操作风险管理

1.操作风险的内容

(1)贷款受理与调查中的风险

这一环节的风险点主要在于以下五个方面:①未深入调查借款申请人的主体资格是否符合银行个人教育贷款的相关规定;②未深入调查借款申请人所提交材料的真实性,包括借款人的身份是否真实、贫困证明是否真实有效、成绩是否优秀等;③对于商业助学贷款而言,未深入调查借款申请人的担保措施是否足额、有效;④未按规定建立、执行贷款面谈、借款合同面签制度;⑤将贷款调查的全部事项委托第三方完成。

(2)贷款审查与审批中的风险

个人教育贷款审查与审批环节的主要风险点包括:贷款审查、审批未尽职;业务不合规,业务风险与效益不匹配;不按权限审批贷款,使得贷款超越授权发放;审批人对应审查的内容审查不严,导致向不具备贷款发放条件的借款人发放贷款。

(3)贷款签约与发放中的风险

个人教育贷款签约与发放中的风险点主要包括:合同凭证预签无效、合同制作不合格、合同填写不规范、未对合同签署人及签字(签章)进行核实;在发放条件不齐全的情况下发放贷款,如贷款未经审批或是审批手续不全,各级签字(签章)不全;未按规定办妥相关评估、公证等事宜;未按规定的贷款额度、贷款期限、贷款的担保方式、结息方式、计息方式、还款方式、适用利率、利率调整方式和发放方式等发放贷款,导致错误发放贷款和贷款错误核算;借款合同采用格式条款未公示。

(4)支付管理中的风险

个人教育贷款支付管理中的风险点主要包括:将学费和住宿费的贷款资金全额发放至借款人账户;未详细记录资金流向和归集保存相关凭证,造成凭证遗失;未通过账户分析、凭证查验或现场调查等方式,核查贷款支付是否符合约定用途。

(5)贷后管理中的风险

个人教育贷款贷后管理的风险点主要包括:未对贷款使用情况进行跟踪检查,逾期贷款催

收、处置不力，造成贷款损失；未按规定保管借款合同、担保合同等重要贷款档案资料，造成合同损毁；他项权利证书未按规定进行保管，造成他项权证遗失，他项权利灭失；对借款人违背借款合同约定的行为应发现而未发现，或虽发现但未采取有效措施的。

2.操作风险的防控措施

（1）规范操作流程，提高操作能力

掌握个人教育贷款业务的规章制度；规范业务操作；熟悉关于操作风险的管理政策；把握个人教育贷款业务流程中的主要操作风险点；对于关键操作，完成后应做好记录备查，尽职免责，提高自我保护能力。

（2）完善银行、高校及政府在贷款管理方面的职责界定

在业务实践中，应当明确高校及政府管理部门在借款学生资质审核、风险防控等方面的职责，充分发挥各方优势，从而提高银行的风险管理能力。

直击考点

（单选）下列不属于个人教育贷款操作风险的防控措施是（　　）。

A.完善银行、高校及政府在贷款管理方面的职责界定

B.规范操作流程

C.提高操作能力

D.加强对借款人的贷前审查

【答案】D

【解析】个人教育贷款操作风险的防控措施包括：（1）规范操作流程，提高操作能力；（2）完善银行、高校及政府在贷款管理方面的职责界定。选项D属于信用风险的防控措施。

实战演练

一、单项选择题

1.个人教育贷款信用风险的防控措施不包括（　　）。

A.加强对借款人的贷前审查

B.建立有效的信息披露机制

C.加强对担保物价值的检查

D.完善银行个人教育贷款的催收管理系统

2.个人汽车贷款在开户放款时应注意：借款人与贷款银行签约时，要明确告知在放款时遇法定利率调整，应执行（　　）。

A.原借款合同利率与具体放款日当日利率两者中的低者

B.原借款合同利率与具体放款日当日利率两者中的高者

C.原借款合同利率

D.具体放款日当日利率

3.个人汽车贷款受理人应要求借款申请人以(　　)提出个人汽车贷款借款申请,并按银行要求提交能证明其符合贷款条件的相关申请材料。

A.书面形式　　B.口头形式　　C.会议形式　　D.面谈形式

4.银行在办理个人汽车贷款业务时,可采取的信用风险防控措施不包括(　　)。

A.加强对借款人的贷前审查

B.严格审查客户信息资料的真实性

C.切实做好押品管理

D.详细调查客户的还款能力

二、多项选择题

5.个人汽车贷款的贷后与档案管理是指贷款发放后到合同终止前对有关事宜的管理,具体包括(　　)。

A.贷款回收　　B.贷后检查

C.贷后档案管理　　D.合同变更

E.贷款风险分类与不良贷款管理

6.下列关于个人留学贷款说法正确的有(　　)。

A.贷款用途为留学教育消费

B.贷款对象为拟留学人员或其直系亲属、配偶、法定监护人

C.贷款期限一般为1~6年

D.贷款到期日时借款人的实际年龄不得超过60周岁

E.贷款的偿还遵循“贷人民币还人民币”和“贷外汇还外汇”的原则

7.个人汽车贷款的原则有(　　)。

A.等额偿还本息　　B.设定担保

C.分类管理　　D.分期偿还本金、一次付息

E.特定用途

三、判断题

8.商业助学贷款的额度不超过借款人在校年限内所在学校的学费、住宿费和基本生活费。(　　)

A.正确　　B.错误

9.个人汽车贷款所购车辆按注册登记情况可以划分为营运车和自用车。(　　)

A.正确　　B.错误

参考答案及解析

一、单项选择题

1.C 【解析】个人教育贷款信用风险的防控措施包括:(1)加强对借款人的贷前审查;(2)建立和完善防范信用风险的预警机制;(3)完善银行个人教育贷款的催收管理系统;(4)建立有效的信息披露机制;(5)加强对学生的诚信教育。

2.D 【解析】个人汽车贷款在开户放款时应注意:借款人与贷款银行签约时,要明确告知在

放款时遇法定利率调整，应执行具体放款日当日利率。

3.A 【解析】个人汽车贷款受理人应要求借款申请人以书面形式提出个人汽车贷款借款申请，并按银行要求提交能证明其符合贷款条件的相关申请材料。

4.A 【解析】个人汽车贷款业务的信用风险防控措施包括：(1)严格审查客户信息资料的真实性；(2)详细调查客户的还款能力；(3)科学合理地确定客户还款方式；(4)切实做好押品管理。

二、多项选择题

5.ABCDE【解析】个人汽车贷款贷后管理包括：(1)贷后检查；(2)合同变更；(3)贷款回收；(4)贷款风险分类与不良贷款管理；(5)贷后档案管理。

6.ABCE 【解析】选项D，借款人在贷款到期日的实际年龄不得超过55周岁。

7.BCE 【解析】个人汽车贷款实行“设定担保，分类管理，特定用途”的原则。

三、判断题

8.A 【解析】商业助学贷款的额度不超过借款人在校年限内所在学校的学费、住宿费和基本生活费。贷款银行可参照学校出具的基本生活费或当地生活费标准确定有关生活费用贷款额度。

9.B 【解析】个人汽车贷款中，所购车辆按注册登记情况可以划分为一手车和二手车。

第五章 个人经营性贷款

思维导图

- 个人经营性贷款
  - 个人经营贷款
    - 基础知识
    - 贷款流程
    - 风险管理
  - 个人商用房贷款
    - 基础知识
    - 贷款流程
    - 风险管理
  - 涉农贷款
    - 农户贷款
    - 两权抵押贷款

直击考纲

1. 掌握个人经营贷款的要素、贷款流程和风险管理。
2. 掌握个人商用房贷款的要素、贷款流程和风险管理。
3. 掌握农户贷款的要素和贷款流程及两权抵押的主要内容。

考点详解

第一节 个人经营贷款

一、基础知识

(一)含义

个人经营贷款是指银行向从事合法生产经营的自然人发放的,用于满足个人控制的企业(包括个体工商户)生产经营流动资金需求和其他合理资金需求的贷款。

(二)贷款要素

1. 贷款对象

个人经营贷款的对象应该是具有合法经营资格的个体工商户和小微企业主。借款人申请个人经营贷款，需具备银行要求的下列条件：

（1）具有完全民事行为能力的自然人，符合经办银行关于借款人的年龄要求。

（2）具有合法有效的身份证明、户籍证明（或有效居住证明）及婚姻状况证明。

（3）借款人具有合法的经营资格，能提供相关营业执照。

（4）具有稳定的收入来源和按时足额偿还贷款本息的能力。

（5）具有良好的信用记录和还款意愿，借款人及其经营实体在银行及其他已查知的金融机构无不良信用记录。

（6）能提供贷款人认可的合法、有效、可靠的贷款担保。

（7）借款人在银行开立个人结算账户。

（8）贷款人规定的其他条件。

2. 贷款用途

个人经营贷款的用途为借款人或其经营实体合法的经营活动，且符合工商行政管理部门许可的经营范围。

借款人须承诺贷款不以任何形式流入证券市场、期货市场和用于股本权益性投资、房地产项目开发，不用于借贷牟取非法收入，以及用于其他国家法律法规明确规定不得经营的项目。

3. 贷款利率

个人贷款利率需同时符合中国人民银行、国家金融监督管理总局和各银行总行对相关产品的风险定价政策，并符合各行总行利率授权管理规定，在同期同档次LPR利率的基础上上下浮动。

4. 贷款期限

个人经营贷款期限一般不超过5年。贷款人应根据借款人经营活动及借款人还款能力确定贷款期限。对于贷款用途对应的经营现金流回收周期较长的，可适当延长贷款期限，最长不超过10年。

5. 还款方式

贷款期限在1年（含）以内的，一般采用按月付息到期一次性还本、随借随还等还款方式。1年以上的，多采用按月等额本息还款法、按月等额本金还款法、定期还息到期还本等还款方式。

6. 担保方式

申请个人经营贷款，借款人需提供一定的担保措施，包括抵押、质押和保证等方式。

采用抵押担保方式的，抵押物须为借款人本人或第三人（限自然人）名下已取得房屋所有权证的住房、商用房或商住两用房、办公用房、厂房或拥有土地使用权证的出让性质的土地。贷款人应与抵押人（或其代理人）到房产所在地的房地产登记机关或土地登记机关办理抵押登记，取得他项权证或其他证明文件。贷款期限不得超过抵押房产剩余的土地使用权年限，贷款金额根据借款人收入、经营情况及实际用途综合确定，并最高不超过抵押物价值的70%。抵押房产或土地应由银行确定的评估公司进行评估定价，也可由符合银行规定的相关资格的内部评估人员对抵押房产或土地进行价值评估。抵押房产或土地需满足以下条件：

（1）抵押房产或土地已取得完整产权，未设定抵押（在银行已设定最高额抵押担保除外），无产权争议，易于变现。

(2)以第三人房产或土地抵押或抵押房产具有共有人的,须提供房屋或土地所有权人及共有人同意抵押的书面证明。

(3)以出租房产抵押的,承租人须出具因借款人违约导致房产处置时同意解除租赁合同的书面承诺。

(4)不得接受不具备转让、交易、处置条件的房产或土地用于抵押。

贷款采用质押担保的,可接受自然人(含第三人)名下的银行存单及国债等作为质物,相关规定按照个人质押贷款相关规定执行。

贷款采用保证担保的,保证人可为自然人或银行认可的专业担保公司。如为专业担保公司,应严格执行保证金管理制度。

7. 贷款额度

个人经营贷款的额度由各商业银行根据贷款风险管理相关原则确定,通常各家银行会根据不同的抵(质)押物制定相应的抵(质)押率,有关抵(质)押率将决定贷款的额度。

直击考点

(单选)个人经营贷款期限一般不超过(   )年。

A.2 B.1 C.5 D.3

【答案】C

【解析】个人经营贷款期限一般不超过5年。贷款人应根据借款人经营活动及借款人还款能力确定贷款期限。

二、贷款流程

(一)受理与调查

1. 贷款的受理

贷款受理人应要求个人经营贷款申请人填写借款申请书,以书面形式提出个人贷款申请,并按银行要求提交相关申请材料。对于有共同申请人的,应同时要求共同申请人提交有关申请材料。申请材料清单如下:

(1)个人经营贷款申请表。

(2)抵押房产权属证明原件及复印件。有权处分人(包括房产共有人)同意抵押的证明文件。抵押房产如需评估,须提供评估报告原件。

(3)个人收入证明,如个人纳税证明、工资薪金证明、个人在经营实体的分红证明、租金收入、在银行近6个月内的存款、国债、基金等平均金融资产证明等。

(4)经年检的个体工商户营业执照原件及复印件。

(5)能反映借款人或其经营实体近期经营状况的银行结算账户明细或完税凭证等证明资料。

(6)借款人及其配偶有效身份证件、户籍证明、婚姻状况证明原件及复印件。

(7)贷款采用保证方式的,须提供保证人相关资料。

(8)贷款人要求提供的其他文件或资料。

2.贷前调查

贷款人受理借款人个人经营贷款申请后，应履行尽职调查职责，对个人经营贷款申请内容和相关情况的真实性、准确性、完整性进行调查核实，形成贷前调查报告。

（1）调查方式

贷前调查应以现场实地调查与非现场间接调查相结合的形式开展，采取现场核实、电话查问、信息咨询以及其他数字化电子调查等途径和方法。贷款人应建立并严格执行贷款面谈制度。个人经营贷款调查由贷款经办行负责，实行双人调查和见客谈话制度。调查人对贷款资料的真实性负责。

①实地调查。贷前调查人应通过实地调查了解申请人企业经营情况、抵押物状况，判断借款人所经营企业未来的发展前景等。

②面谈借款申请人。贷前调查人应通过面谈了解借款申请人的基本情况、贷款用途、还款意愿和还款能力以及调查人认为应调查的其他内容，尽可能多地了解会对借款人还款能力产生影响的信息，如借款人所经营企业的盈利状况等。

对于金额不超过20万元人民币的贷款，贷款人通过非现场间接调查手段可有效核实相关信息真实性，并可据此对借款人作出风险评价的，可简化或不再进行现场实地调查。可根据业务需要通过视频形式与借款人面谈，配合电话调查和其他辅助调查方式核实有关申请人身份、收入等其他情况。

（2）调查内容

①借款人收入来源是否稳定，是否具备按时足额偿还贷款本息的能力。

②借款人及其经营实体信誉是否良好，经营是否正常。是否涉及法律纠纷、诉讼，或纳入失信人员黑名单等。

③通过查询银行客户信息系统、人民银行个人信息基础数据库，判断借款人资信状况是否良好，是否具有较好的还款意愿。

④借款申请人所提供的资料是否真实、合法和有效，通过面谈了解借款人申请是否自愿、属实，贷款用途是否真实合理，是否符合银行规定。

⑤贷款采用保证担保方式的，保证人是否符合银行相关规定，保证人交存的保证金是否与银行贷款余额相匹配。

⑥对借款人拟提供的贷款抵押房产进行双人现场核实，调查抵押房产权属证书记载事项与登记机关不动产登记簿相关内容是否一致，银行抵押物清单记载的财产范围与登记机关不动产登记簿相关内容是否一致，并将核实情况记录在调查审查审批表中或其他信贷档案中。对于有共有人的抵押房产，还应审查共有人是否出具了同意抵押的书面证明。以第三人房产提供抵押的，房产所有人是否出具了同意抵押的书面证明。

⑦贷款申请额度、期限、成数、利率与还款方式是否符合规定。

贷款经办行调查完毕后，应及时将贷款资料（包括贷款申请资料、贷款调查资料及调查审查审批表）移交审查审批部门。

(二)审查与审批

银行的审查部门负责在调查人提供的调查资料基础上，对贷款业务进行审查。贷款审查人应对贷前调查人提交的个人经营贷款调查审查审批表、贷款调查内容的合法性、合理性、准确性进行全面审查，重点关注调查人的尽职情况和借款人的偿还能力、诚信状况、担保情况、抵(质)押比率等，分析贷款风险因素和风险程度，调查意见是否客观，并签署审查意见。

个人经营贷款的审批请参照第二章个人贷款管理相应部分。

(三)签约与发放

参照第二章个人贷款管理相应部分。

(四)支付管理

(1)根据《个人贷款管理办法》规定，贷款资金用于生产经营且单次提款金额不超过50万元人民币的个人贷款，经贷款人同意可以采取借款人自主支付方式。

(2)个人经营贷款资金应按借款合同约定用途向借款人的交易对象支付。如借款人交易对象不具备条件有效使用非现金结算方式的，经审批同意，贷款资金可向借款人发放，由借款人向其交易对象支付。

(3)贷款人支付贷款资金，应对相关凭证进行审核，确保支付符合借款合同约定的条件。

(五)贷后管理

个人经营贷款贷后管理相关工作由贷款经办行负责，管理内容包括客户关系维护、贷后检查、押品管理及违约贷款催收等工作。信贷管理部门负责贷后监测、检查及对贷款经办行贷后管理工作的组织和督导。

贷款发放后，贷款人要按照主动、动态、持续的原则要求进行贷后检查，通过实地现场检查和非现场监测方式，对借款人有关情况真实性、收入变化情况，以及其他影响个人经营贷款资产质量的因素进行持续跟踪调查、分析，并采取相应补救措施。其目的就是对可能影响贷款质量的有关因素进行监控，及早发现预警信号，从而采取相应的预防或补救措施。贷后检查的主要内容包括借款人情况检查和担保情况检查两个方面。

个人经营贷款的贷后管理需特别关注以下内容：

(1)日常走访企业。

(2)企业财务经营状况的检查。

(3)项目进展情况的检查。

三、风险管理

(一)行业风险管理

个人经营贷款的借款人以小微企业主、个体工商户为主，整体抗风险能力较弱，一旦所从事的行业出现下行风险，极易造成经营收入下降，还款能力下降，并带来区域性、系统性风险。因此，个人经营贷款业务必须加强行业风险管理。

1.严格准入行业标准

(1)借款人主营业务所属行业应符合以下要求：①行业在区域内发展成熟，具备相对完备的供应、销售渠道或其他配套基础设施等；②行业运营特征相对清晰，有相对明确的交易方式、资金结算周期等。

（2）禁止介入属于以下任一种情况的行业：①法律、法规和监管规定禁止或限制准入的行业；②《国家产业结构调整目录》中明确为限制类和淘汰类的项目、工艺或产品等；③货币金融服务业、资本市场服务业、保险业及其他金融业；④房地产业、担保服务业。

（3）谨慎介入下列行业：①产能过剩行业、不符合节能减排要求的行业项目；②未完全达到国家环保标准的行业项目等。

2. 加强行业限额管理

以"有效分散风险"为原则，进行行业投向限额管理，设定合适的行业投向比例，结合贷后管理工作，定期对行业集中度进行监测，对于行业投向过于集中的，及时采取措施，适当压降该行业客户贷款。

（二）合作机构风险管理

个人经营贷款的借款人多为经营规模偏中小型的个体工商户，自身资产实力不强，抵押物不足，需要引入专业担保机构为其提供增信服务。为了有效规避担保机构给银行贷款带来的风险，银行应采取如下防控措施：

措施	要求
严格专业担保机构的准入	基本准入资质应符合以下六个方面要求： （1）具有监管认可的融资担保业务经营许可证。 （2）注册资金应达到一定规模。 （3）具有一定的信贷担保经验，原则上应从事担保业务一定期限；信用评级达到一定的标准。 （4）具备符合担保业务要求的人员配置、业务流程和系统支持。 （5）具有良好的信用资质，公司及其主要经营者无重大不良信用记录，无违法涉案行为等。 （6）此类担保公司，原则上应要求其与贷款银行进行独家合作，如与多家银行合作，应对其担保总额度进行有效监控
严格执行回访制度	存在以下情况的，银行应暂停与该担保机构的合作： （1）经营出现明显的问题，对业务发展严重不利的。 （2）有违法、违规经营行为的。 （3）与银行合作的存量业务出现严重不良贷款的。 （4）所进行的合作对银行业务拓展没有明显促进作用的。 （5）存在对银行业务发展不利的其他因素

（三）信用风险管理

1. 信用风险的主要内容

（1）借款人还款能力发生变化

经营贷款的借款人多为小微企业主，还款来源多为企业生产经营收入。一方面，由于小企业在经营的规范性、稳定性、持续性等方面容易产生波动，作为还款来源的企业经营收入也因此容易受到影响。另一方面，因企业主个人与企业在资金使用上没有清晰的界限，很容易出现因企业主参与民间借贷、赌博等不良行为，挪用贷款资金，影响企业正常生产经营，进而造成还款能力下降或丧失。

（2）借款人还款意愿下降

经营贷款借款人的还款意愿容易受外部经营环境、企业经营状况和当地信用水平影响。当经济处于下行周期，企业经营较为困难、民间借贷盛行的时候，借款人还款意愿往往趋于下降。另外要特别关注采用联保方式发放的贷款，当联保体内有借款人出现不良贷款时，其他借款人的还款意愿会发生急剧下降。

（3）保证人担保能力发生变化

因经营贷款借款人普遍具有个人资产不足、抗风险能力弱的特征，对于无法提供足额抵质押物的客户，多采用追加保证人担保的手段缓释风险。但这些保证人如属于自然人，可能自身抗风险能力就不强，其收入变动或担保意愿下降，均会影响到其实际担保能力。

（4）抵押物价值发生变化

抵押物价值发生变化主要是指由于抵押物价格降低、抵押物折旧、毁损、功能落后等原因导致价值下跌，不能足额抵偿借款人所欠银行贷款本息的情况。

2.信用风险的防控措施

（1）加强对借款人还款能力的调查和分析

对于个人经营贷款借款人还款能力的调查，应重点调查借款人的生产经营收入，尤其是应重点调查其经营收入的稳定性、合法性和未来收入预期的合理性。通过了解借款人在贷款银行及他行的资金结算情况来判断其经营收入的水平和稳定性；查看借款人及其所经营企业的银行账户流水，分析其现金流量状况，以现有收入为主测算借款人还款能力；查看其经营销售合同及进出仓库单，判断其预期现金流状况等。应将对借款人所从事行业的市场现状及未来发展分析作为对借款人经营收入判断的参考因素。

（2）加强对借款人所控制企业经营情况的调查和分析

为有效规避借款人所控制企业经营状况发生变化而带来的信用风险，主要从以下三个方面加以考察。

①经营的合法、合规性。应检查借款人所经营企业的营业执照是否在有效期内、是否具有所经营范围的经营权、是否符合国家产业发展政策等。

②经营的商誉情况。可向借款人所经营企业的上下游企业、员工等了解借款人的商誉，并调查了解其在工商、税务等方面有无重大纠纷。借款人所经营企业的用水、用电、纳税、雇员及工资发放等情况。

③经营的盈利能力和稳定性。包括考察借款人所经营企业的主营业务业务量情况、现金流情况；所从事行业的发展状况；借款人所在行业从业经历等方面的因素，据以判断和预测在贷款期间借款人所经营企业的盈利水平及其稳定性。

（3）加强对保证人担保能力的调查和分析

保证人经济实力下降或信用状况恶化是导致保证人担保能力下降的主要原因，这种风险会使保证担保对银行债权的保障能力降低，第二还款来源不足。对此，银行要有预见性并采取相应的预防措施。银行在贷后管理过程中要同重视借款人情况一样，做好对保证人的管理。

密切关注保证期间，影响保证人保证能力的各种因素的变化情况。如保证人为自然人，考察保证人的保证能力同考察借款人的还款能力一样，从其工资收入、经营收入、其他收入和家庭资产等方面进行定期或不定期考察；如保证人为法人，要动态考察担保人的盈利性、成长性、短期偿债能力和长期偿债能力等。

在对借款人进行贷后检查的同时，要了解保证人的情况。不注意跟踪了解保证人情况，出现保证风险时就难以及时采取补救措施。经过调查了解，充分证明保证人保证能力不足以保证借款人贷款时，应要求借款人提出更换保证人或采取其他担保方式。

在保证期间，银行如发现保证人出现以下变化，必须引起高度重视，需要对保证人资信进行重新评估的，马上组织评估，发现保证人保证能力和保证意愿严重弱化的，及时通知借款人，要求变更担保措施。这些情况有：保证人发生隶属关系变更、高层人事变动、公司章程修改以及组织结构调整；保证人生产经营、财务状况是否发生重大诉讼、仲裁，可能影响其履约保证责任；保证人改变资本结构；保证人为第三人债务提供保证担保或者以其主要资产为自身或第三人债务设定抵押、质押，可能影响履行保证责任；保证人有低价或无偿转让有效资产、非法改制等逃债行为；保证人有恶意破产倾向。

为了有效规避个人经营贷款保证人还款能力发生变化的风险，贷款银行应当选择信用等级高、还款能力强的保证人，且保证人信用等级不能低于借款人，不接受股东之间和家庭成员之间的单纯第三方保证方式。

（4）加强对抵押物价值的调查和分析

抵押物的价值会因市场的波动而表现出不同的价格，当抵押物价值下降到可能危及银行贷款安全时，银行应要求借款人提前归还部分或全部贷款，或再追加提供其他贷款银行认可的抵押物，以保证全部抵押物现值乘以最高抵押率后仍大于或等于剩余贷款本金。为了有效规避抵押物价值变化而带来的信用风险，可以采取以下措施。

①要求借款人恢复抵押物价值。如已经为抵押物购买保险的，借款人通过保险得到理赔后，银行要及时要求借款人恢复抵押物原有价值；如因第三方原因导致抵押物毁损或灭失的，银行可提示借款人通过协商或依法获得赔偿，并向借款人提出恢复抵押物价值的要求。

②更换为其他足值抵押物。在抵押物价值明显贬值，不能满足银行抵押率要求，或出现毁损、灭失情况时，对银行贷款会造成较大风险，可要求借款人更换其他足值抵押物。

③按合同约定或依法提前收回贷款。对抵押物已经发生毁损或灭失，抵押人不按银行要求恢复抵押物价值且不能提供其他担保的借款人，应按合同约定或依法提前收回贷款；对借款人不注意抵押物使用，使银行抵押物不能得到妥善保管、合理使用的，银行可要求借款人停止其行为，恢复抵押物价值，借款人不予履行的，应按合同约定或依法提前收回贷款。

④重新评估抵押物价值，择机及时处置抵押物。如发现抵押物价值贬值，但在抵押率合理控制下，抵押物价值能覆盖贷款本息，这时银行要密切关注抵押物，并解决好两个问题：抵押物是否将继续贬值，抵押物价值究竟是多少。解决好这两个问题，需要银行具有较强的市场判断力。只有把握了抵押物的价值，其价格波动带给银行信贷的影响才能受到控制，银行要合理使用价值规律来判断贷款风险。

(四)操作风险管理

对于个人经营贷款的操作风险管理，应特别关注借款人控制企业的经营情况变化和抵押物情况的变化。因此，对于个人经营贷款的操作风险，银行应采取如下防控措施：

(1)在贷款发放后，银行应保持与借款人的联络，对借款期间发生的突发事件及时反应，比如建立与借款人的定期回访制度，在贷款期限内，银行工作人员定期拜访，与借款人保持经常性联系，及时了解借款人收入和企业财务的变动情况，以便银行在第一时间作出反应；在还款日前一定时间内，银行以书面或其他方式通知借款人做好资金调度，安排好还款资金等。

(2)借款人以自有或第三人的财产进行抵押，抵押物须产权明晰、价值稳定、变现能力强、易于处置。银行在实际操作中要注意以下三点：

①抵押文件资料的真实有效性、抵押物的合法性、抵押物权属的完整性、抵押物存续状况的完好性等。

②贷款抵押手续办理的相关程序应规范，原则上贷款银行经办人员应直接参与抵押手续的办理，不可完全交由外部中介机构办理。对于房地产管理相对规范的地区，如可实施房地产抵押情况的查询，可将抵押办理手续委托经一级分行准入的中介机构代为办理，但经办行必须在之后对抵押办理情况进行核实。

③谨慎受理产权、使用权不明确或当前管理不够规范的不动产抵押，包括自建住房、划拨土地及地上定着物、工业土地及地上定着物、工业用房、仓库等。

直击考点

(单选)下列属于个人经营贷款操作风险管理的是(　　)。

A.银行规范贷款抵押手续办理的相关程序

B.银行加强对借款人所控制企业经营情况的调查和分析

C.银行加强对借款人还款能力的调查与分析

D.银行加强对抵押物价值的调查与分析

【答案】A

【解析】选项BCD属于个人经营贷款信用风险的防控措施。

第二节 个人商用房贷款

一、基础知识

(一)个人商用房贷款的含义

个人商用房贷款是指贷款人向借款人发放的用于购买国有出让土地上商业用房的贷款。

(二)个人商用房贷款要素

1.贷款对象

商用房包括临街商铺、住宅小区的商业配套房、商住两用房、办公用房(写字楼)以及购物中心等大型商业物业等。

贷款支持的商用房须满足以下条件:

(1)商用房所占用土地使用权性质为国有出让,土地类型为商业、商住两用或综合用地。

(2)商用房为一手房的,该房产应为已竣工的房屋,并取得合法销售资格。

(3)商用房为二手房的,应取得房屋所有权证及土地使用权证。

同时,借款人须具备以下基本条件:

(1)具有完全民事行为能力的自然人,年龄在18(含)~65(不含)周岁;在境内工作、学习的境外个人还须满足我国关于境外人士购房相关政策。

(2)具有合法有效的身份证明、户籍证明(或有效居留证明)及婚姻状况证明(或未婚声明)。

(3)具有良好的信用记录和还款意愿。

(4)具有稳定的收入来源和按时足额偿还贷款本息的能力。

(5)具有所购商用房的商品房销(预)售合同或房屋买卖协议。

(6)已支付所购商用房市场价值50%(含)以上的首付款(商住两用房首付款比例须在45%及其以上),并提供首付款银行进账单或售房人开具的首付款发票或收据。

(7)在银行开立个人结算账户。

(8)贷款人规定的其他条件。

2.贷款利率

个人商用房贷款利率不得低于相应期限贷款市场报价利率(LPR)+60bp。个人商用房贷款执行浮动利率,如遇LPR调整,应按照合同约定的调整时间进行调整。

3.贷款期限

个人商用房贷款期限最长不超过10年。

4.还款方式

个人商用房贷款可采用按月等额本息还款法、按月等额本金还款法等多种还款法。

5.担保方式

申请个人商用房贷款,原则上以所购商用房设定抵押。此外,部分商业银行也允许采用其他方式抵押、质押和保证等担保方式。

采用抵押方式申请商用房贷款的，借款双方必须签订书面抵押合同，用于抵押的财产需要估价的，可以由贷款银行进行评估，也可委托贷款银行认可的资产评估机构进行估价，在抵押期间，借款人未经贷款银行同意，不得转移、变卖或再次抵押已被抵押的财产。以房产作抵押的，应符合《民法典》《城市房地产抵押管理办法》等相关法律法规的规定，并按要求办理抵押登记手续；以所购商用房（通常要求借款人拥有该商用房的产权）作抵押的，由贷款银行决定是否有必要与开发商签订商用房回购协议；以财产作抵押的，贷款银行可要求借款人办理抵押物保险，保险期不得短于借款期限，还款责任险投保金额不得低于贷款本金和利息之和，贷款银行应为保险单注明的第一受益人，且保险单不得有任何有损贷款银行权益的限制条件。

采用质押方式申请商用房贷款的，借款人提供的质物必须符合《民法典》的规定，同时出质人和质权人必须签订书面质押合同，根据规定需要办理登记的，应办理出质登记手续，贷款银行认为需要公证的，借款人（或出质人）应当办理公证。

采用第三方保证方式申请商用房贷款的，借款人应提供贷款银行可接受的第三方连带责任保证。第三方提供的保证为不可撤销的承担连带责任的全额有效担保，保证人和贷款银行之间应签订保证合同，保证人失去保证能力、保证人破产或保证人分立的，借款人应及时通知贷款银行，并重新提供足额担保和重新签订保证合同，借款人和保证人发生隶属关系、性质、名称、地址等变更时，应提前30天通知贷款银行，并与贷款银行签订借款合同修正文本和保证合同文本。

6.贷款额度

贷款额度不得超过所购商用房价值的50%，所购商用房为商住两用房的，贷款额度不得超过所购商用房价值的55%。

直击考点

（判断）申请商用房贷款，借款人可以使用的担保方式只能是抵押。（　　）

A.正确　　　　B.错误

【答案】B

【解析】申请个人商用房贷款，原则上以所购商用房设定抵押。此外，部分商业银行也允许采用其他方式抵押、质押和保证等担保方式。

二、贷款流程

（一）受理与调查

1.贷款受理

贷款受理人应要求商用房贷款申请人以书面形式提出贷款申请，填写借款申请表，并按银行要求提交相关申请材料。申请材料清单如下：

（1）借款申请表。

（2）借款人及其配偶有效身份证件、户籍证明（户口簿或其他有效居住证明）、婚姻状况证明（结婚证、离婚证、未婚声明等）原件及复印件。

（3）借款人还款能力证明材料，包括收入证明材料和有关资产证明等。

（4）借款人与售房人签订的商品房销（预）售合同或房屋买卖协议原件。

（5）所购商用房为一手房的，须提供首期付款的银行存款凭条或开发商开具的首期付款的发票原件及复印件；所购商用房为二手房的，须提供售房人开具的首期付款的收据原件及复印件。

（6）拟购房产为共有的，须提供共有人同意抵押的证明文件；抵押房产如需评估，须提供评估报告原件。

（7）贷款人要求提供的其他文件或资料。

2.贷前调查

（1）对开发商及楼盘项目的调查

与个人住房贷款类似，开展个人商用房贷款合作前，也须对开发商和商用房楼盘项目进行调查。

与住房要实现的居住功能不同，商用房项目开发的目的是要实现后续的商业运营并产生商业价值。商业地产的价值体现在商业经营活动中，从一定程度上看，商业项目经营的好坏决定了商业项目的价值。商业经营效果好，实现的商业价值高，物业的价值就高；反之则差。从银行的角度，合作商业项目后续运营情况会对借款人的还款能力和还款意愿产生较大影响。因此，银行在对个人商用房贷款合作项目进行调查时，除参照个人住房贷款项目对开发商资信情况及楼盘项目材料的真实性、合法性、完整性等内容进行调查外，还应重点对开发商的商业开发运营经验、合作商业项目的市场前景等内容进行深入调查。

①开发商的开发运营经验。与住房项目相比，商用房项目开发和运营的专业性程度高、难度大、占用资金多，尤其是对专业市场、购物中心等大型整体商业物业或几种商业业态组合的城市综合体项目，对项目外观、内部格局、动线设计、厅堂内景规划、建筑规范等都有较强的专业性要求，同时要求开发商有较强的招商和运营能力。因此，商业开发运营经验丰富的开发商，才更了解不同商业业态的专业开发技术、市场需求和商业运营特点，拥有更多的商业客户资源，其开发的项目获得成功的概率也相对较大。与此类开发商合作开展个人商用房贷款业务，风险也相对较小。

②商用房项目的市场前景。影响商业项目市场前景的因素很多，具体包括区域经济环境和人口状况、项目的市场定位、同类型商业项目竞争、开发商采用的销售策略以及后续运营方管理能力等。

商业项目的开发周期长、投资大，其需求受当地经济人口状况的影响较大。区域经济环境和人口状况从宏观层面决定了一个地区商业地产的总需求。具体来看，地区经济总量、产业结构、人口基数、居民收入、消费习惯等因素都与商业地产的需求紧密相关。一般来说，经济发达、人口较多、消费旺盛的地区，对商用房的需求量相对较大。

商业项目的市场定位是商业地产开发的核心技术之一。科学的区位选址、合理的项目体量、便捷的交通配套、与同类型项目差异化策略等，都是商业项目建成后能够成功运营的重要因素。以选址为例，地理位置是决定商业地产项目成败最为关键的基础要素之一，比如写字楼的功能特性就要求其位于商业活动和社会活动的中心区域，包括城市行政中心区或核心商务区，以适应这些活动的密切联系性和时效性，同时周边要有完善的交通、商业配套资源。

开发商采取的销售策略也会影响商业运营。目前，商业地产的盈利模式可分为整体持有、整体转让、整体散售以及部分持有部分散售卖等方式。对购物中心、专业市场等大型整体物业，如果拆分销售后，项目可能就会失去整体规划性，造成业态组合及品牌选择的不合理，并对后续运营前景产生影响。

商业项目后续运营计划。住房最基本是实现居住功能，住房项目竣工验收并交付购房人后，就基本实现了住房的价值。商业项目建设完成后，仅是完成商业地产开发的一部分，后续涉及项目招商、运营管理、物业管理等大量内容，商业运营是商业地产收益和物业价值提升的重要来源，其管理难度比住房复杂得多，只有专业的运营团队和完善的运营计划安排，才能保障商业项目的成功运营和商业价值提升。因此，银行在开办个人商用房按揭项目时，要详细了解项目的后续计划，包括是否由开发商或运营商统一经营，选择的运营、物业管理公司的实力、经验等，更好地判断项目后续的市场前景。

（2）对借款人的调查

个人商用房贷款调查由贷款经办行负责，贷款实行双人调查和见客谈话制度，在调查申请人基本情况、贷款用途、收入情况和贷款担保等情况时，应重点调查以下内容：

①借款申请人所提供的资料是否真实、合法和有效，借款行为是否自愿、属实，购房行为是否真实，并告知借款人须承担的义务与违约后果。

②借款人收入来源是否稳定，是否具备按时足额偿还贷款本息的能力。

③通过查询银行客户信息系统、人民银行个人信息基础数据库，判断借款人资信状况是否良好，是否具有较好的还款意愿。

④贷款年限加上借款人年龄是否符合规定。

⑤借款人购买商用房的价格是否合理，是否符合规定的条件。

⑥借款人是否已支付首期房款，首付款比例是否符合要求。

⑦双人现场核实借款人拟购买的房产是否真实、合法、有效。抵押房产已办理所有权证书的，要查询抵押房产权属证书记载事项与登记机关不动产登记簿相关内容是否一致，银行抵押物清单记载的财产范围与登记机关不动产登记簿相关内容是否一致，并将核实情况记录在调查审查审批表中或其他信贷档案中；对于有共有人的抵押房产，还应审查共有人是否出具了同意抵押的书面证明或在合同中签字确认；需进行价值评估的，评估报告是否真实，评估价格是否合理。

⑧贷款申请额度、期限、成数、利率与还款方式是否符合规定。

贷款经办行调查完毕后，应及时将贷款资料（包括贷款申请资料、贷款调查资料及调查审查审批表）移交审查审批部门。

（二）审查与审批

1. 贷款的审查

贷款审查应对贷款调查内容的合法性、合理性、准确性进行全面审查，重点关注调查人的尽职情况和借款人的偿还能力、诚信状况、担保情况、抵（质）押比率、贷款风险因素等。贷款审查完成后，应形成书面审查意见，连同申请材料一并送交贷款审批人进行审批。

2. 贷款的审批

贷款人应根据审慎性原则，完善授权管理制度，规范审批操作流程，明确贷款审批权限，实行审贷分离和授权审批，确保贷款审批人按照授权审批贷款。对个人商用房贷款，贷款审批人应对以下内容进行分析：

（1）贷款资料是否完整、齐全，资料信息是否合理、一致，首付款金额与开发商开具的发票（收据）或银行对账单是否一致，有无“假按揭”贷款嫌疑。

（2）借款人是否符合条件、资信是否良好、还款来源是否足额可信。

（3）贷款金额、成数、利率、期限、还款方式是否符合相关规定。

（4）贷款担保是否符合规定，以房产抵押方式设定担保的，抵押房产是否合法、充足和有效，价值是否合理，权属关系是否清晰，是否易于变现。

有权审批人签署审批意见，对未获批准的贷款申请，应写明拒批理由；对需补充材料后再审批的，应详细说明需要补充的材料名称与内容；对同意或有条件同意贷款的，如贷款条件与申报审批的贷款方案内容不一致的，应提出明确的调整意见。贷款审批人签署审批意见后，应将审批表连同有关材料退还业务部门。对未获批准的贷款申请，贷款人应及时告知借款人。

（三）签约发放与支付管理

对审批同意的贷款，借款人及保证人对借款合同和借据载明的要素核对一致后，签署个人购房借款/担保合同，银行按规定要求办理贷款发放手续。

在贷款资金发放前，银行应该审核借款人相关交易资料和凭证。贷款资金支付后要做好有关细节的认定记录。银行应当通过账户分析、凭证查验或现场调查等方式，核查贷款支付是否符合约定用途。

个人商用房贷款须采取受托支付的方式，银行须将贷款资金划转至开发商账户。受托支付完成后，贷款经办行应详细记录资金流向，归集相关凭证并纳入贷款资料归档保存。

（四）贷后管理

个人商用房贷款贷后管理相关工作由贷款经办行及信贷管理部门共同负责。贷款经办行贷后管理内容包括客户关系维护、押品管理、违约贷款催收及相应的贷后检查等工作。信贷管理部门负责贷后监测、检查及对贷款经办行贷后管理工作的组织和督导。个人商用房贷款的贷后管理应重点关注以下内容：

（1）定期了解借款人客户信息变化情况，包括联系方式、居住地点、职业收入、其他融资和负债情况的变化以及其他家庭重大变化等。

（2）定期查询银行相关系统，了解借款人在银行及其他金融机构的信用状况，若借款人已被列入潜在风险客户名单，贷款行要予以关注并采取适当的风险控制措施；如果借款人在本行或其他银行的部分债务已经不良，其贷款应由正常至少调整至关注类。

(3)定期对合作楼盘开展贷后现场检查，了解商业项目的商业运营情况，如发现影响市场前景或抵押房产价值变化的重大因素，可能造成抵押房产的债权保障能力不足时，应及时采取风险缓释措施；检查抵押房产状况及价值、权属是否发生变化。

(4)定期检查大额贷款及“一人多贷”借款人是否能按时偿还贷款本息，是否存在影响贷款按时偿还的因素。

(5)检查违约贷款违约原因，是否存在违规操作行为。

(6)及时对违约贷款进行催收，对通过电话等通讯方式无法联系到的借款人进行上门催收。

(7)检查逾期贷款是否在诉讼时效之内，催收贷款本、息通知书是否合规、合法。

银行根据本行实际情况，确定贷后检查频率。贷后检查应填制贷后检查表，发现重大风险应及时报告，并及时采取风险控制措施。

直击考点

(多选)办理商用房贷款时，贷前调查的内容包括(　　)。

A.借款申请人所提供的资料是否真实、合法和有效，借款行为是否自愿、属实，购房行为是否真实，并告知借款人须承担的义务与违约后果

B.借款人收入来源是否稳定，是否具备按时足额偿还贷款本息的能力

C.通过查询银行客户信息系统、人民银行个人信息基础数据库，判断借款人资信状况是否良好，是否具有较好的还款意愿

D.贷款年限加上借款人年龄是否符合规定

E.借款人购买商用房的价格是否合理，是否符合规定的条件

【答案】ABCDE

【解析】贷前调查人在调查申请人基本情况、贷款用途、收入情况和贷款担保等情况时，应重点调查的内容除了以上选项ABCDE外，还包括：(1)借款人是否已支付首期房款，首付款比例是否符合要求；(2)双人现场核实借款人拟购买的房产是否真实、合法、有效；(3)贷款申请额度、期限、成数、利率与还款方式是否符合规定。

三、风险管理

个人商用房贷款主要面临的是开发商带来的风险和估值机构、地产经纪等中介机构带来的风险。个人商用房贷款开展中应规范与外部合作机构的合作，既要充分发挥合作机构在业务拓展、客户选择和贷后管理等方面的积极作用，又要有效防范合作中可能产生的风险，把握好风险控制的主动权。

(一)合作机构风险管理

1.合作机构风险内容

合作机构风险主要包括：开发商不具备房地产开发的主体资格或实力经验不足、开发项

目“五证”虚假或不全、项目市场定位不准或运营不当、开发商恶意套取贷款资金等；估值机构、地产经纪和律师事务所等中介机构不尽职或联合借款人欺诈银行骗贷等。

2.合作机构风险的防控措施

措施	内容
加强对开发商及合作项目审查	对开发商和项目风险应重点防范，其具体措施包括： （1）重点审查开发商的资质、资信等级、商业项目开发经验、领导层的信誉及管理水平、资产负债及盈利水平；已开发项目建设情况、销售情况、履行保证责任的意愿及能力、是否卷入诉讼或纠纷、与银行业务合作情况等。 （2）加强对合作项目的审查。重点审查项目开发及销售的合法性、资金到位情况、工程进度情况以及市场定位和销售和运营前景预测等，防止开发商套取、挪用商用房贷款资金，或因企业经营不善、开发资金存在缺口等，造成项目风险
加强对估值机构、地产经纪和律师事务所等合作机构的准入管理	银行在该类机构的选择上应把握以下四条总体原则： （1）具有合法、合规的经营资质。 （2）具备较强的经营能力和好的发展前景，在同业中处于领先地位。 （3）内部管理机制科学完善，包括高素质的高管人员、有明确合理的发展规划、业务人员配备充足和有完善的业务办理流程等。 （4）通过合作切实有利于商用房贷款业务的发展，包括可以拓展客户营销渠道、提高业务办理效率和客户服务质量、降低操作成本等
业务合作中不过分依赖合作机构	银行不能过分依赖合作机构，只有银行履行了其应尽的职责，才能防范合作机构隔断银行与借款人的关系而暗做手脚的风险

（二）信用风险管理

1.信用风险的主要内容

（1）借款人还款能力发生变化。还款能力主要体现的是借款人的客观财务状况，即在客观情况下借款人能够按时足额还款的可能性。个人商用房贷款借款人还款能力变化主要包括：①借款人或保证人收入发生变化；②商用房经营情况发生变化。

（2）借款人还款意愿发生变化。业务实践中，商用房经营情况变化也会导致借款人还款意愿变化，如经营环境恶化导致房屋价值大幅下跌，将直接降低借款人持续还款的意愿。

2.信用风险的防控措施

为防范个人商用房贷款信用风险，除参照个人住房贷款部分加强对工薪类借款人还款能力和还款意愿的调查分析外，还要做好对借款人经营收入及商用房项目运营前景调查。

商用房主要是用于盈利的经营性房屋，很多大金额个人商用房贷款的还款来源主要是借款人的经营性收入以及租金收入。与工资收入相比，经营收入来源相对复杂，有的借款人经营或实际控制多个实体，关系复杂，实际经营状况银行难以准确、全面掌握；有的借款人为外地人，经营实体也在外地，还款可靠性难以保障。以商用房的租金收入为还款来源的，由于租金收入存在较多不确定因素，稳定性较差，如单纯以租金收入作为还款来源，风险较高。因此，银行要加强对借款人经营收入的真实性和稳定性的关注，同时，要重点调查借款人所购商用房所在商业地段繁华程度以及其他商用房出租情况、租金收入情况，同时也要调查了解该地段的未来发展规划，是否会出现大的拆迁变动、经济发展重心转移等情况。

（三）操作风险管理

1. 操作风险的主要内容

风险类型	内容
贷款受理与调查中的风险	这一环节的风险点主要包括： （1）未深入调查借款申请人的主体资格是否符合银行商用房贷款管理办法的相关规定，包括是否具有完全民事行为能力；是否有稳定、合法的收入来源，有按期偿还本息的能力等。 （2）未深入调查借款申请人所提交的材料是否真实、合法，包括借款人、保证人、抵押人、出质人的身份证件是否真实、有效；抵（质）押物的权属证明材料是否真实，有无涂改现象；借款人提供的还款账户是否是借款人本人所有的活期储蓄账户等。 （3）未深入调查借款申请人的担保措施是否足额、有效，包括担保物所有权是否合法、真实、有效；担保物共有人或所有人授权情况是否核实；担保物是否容易变现，同区域同类型担保物价值的市场走势如何；贷款额度是否控制在抵押物价值的规定比率内；抵押物是否由认可的评估机构评估；第三方保证人是否具备担保资格和担保能力等。 （4）未按规定建立、执行贷款面谈、借款合同面签制度。 （5）将贷款调查的全部事项委托第三方完成
贷款审查与审批中的风险	这一环节的风险点主要包括： （1）业务不合规，业务风险与效益不匹配。 （2）未按权限审批贷款，使得贷款超授权发放。 （3）审批人员对应审查的内容审查不严，导致向不具备贷款发放条件的借款人发放贷款
贷款签约与发放中的风险	这一环节的风险点主要包括： （1）合同凭证预签无效、合同制作不合格、合同填写不规范、未对合同签署人及签字（签章）进行核实。 （2）在发放条件不齐全的情况下发放贷款。 （3）未按规定的贷款额度、贷款期限、担保方式、结息方式、计息方式、还款方式、适用利率、利率调整方式和发放方式等发放贷款，导致错误发放贷款和贷款错误核算。 （4）借款合同采用格式条款未公示的
贷款支付管理中的风险	这一环节的风险点主要包括： （1）贷款资金发放前，未审核借款人相关交易资料和凭证。 （2）未接到借款人支付申请和支付委托的情况下，直接将贷款资金支付给房地产开发商。 （3）未详细记录资金流向和归集保存相关凭证，造成凭证遗失。 （4）未通过账户分析、凭证查验或现场调查等方式，核查贷款支付是否符合约定用途。 （5）直接将贷款资金发放至借款人账户
贷后管理中的风险	这一环节的风险点主要包括： （1）未对贷款使用情况进行跟踪检查，房屋他项权证到位不及时，逾期贷款催收、处置不力，

续表

风险类型	内容
贷后管理中的风险	造成贷款损失。 (2)贷款管理与其规模不相匹配，贷款管理力度偏弱，贷前调查材料较为简单，贷后往往只关注借款人按月还款情况，在还款正常的情况下，未对其经营情况及抵押物的价值、用途等变动状况进行持续跟踪监测。 (3)未按规定保管借款合同、担保合同等重要贷款档案资料，造成合同损毁。 (4)他项权利证书未按规定进行保管，造成他项权证遗失，他项权利灭失。 (5)对借款人违背借款合同约定的行为应发现而未发现，或虽发现但未采取有效措施的

2.操作风险的防控措施

参照第三章个人住房贷款部分内容，加强对个人商用房贷款操作风险防控。

直击考点

(单选)在个人商用房贷款业务的风险管理中，不属于合作机构风险的防控措施的是(　　)。

A.加强对开发商及合作项目审查

B.加强对估值机构、地产经纪和律师事务所等合作机构的准入管理

C.业务合作中不过分依赖合作机构

D.加强对工薪类借款人还款能力和还款意愿的调查分析

【答案】D

【解析】合作机构风险的防控措施主要包括：(1)加强对开发商及合作项目审查；(2)加强对估值机构、地产经纪和律师事务所等合作机构的准入管理；(3)业务合作中不过分依赖合作机构。

第三节　涉农贷款

一、农户贷款

(一)农户贷款的含义

农户贷款是指银行业金融机构向符合条件的农户发放的用于生产经营、生活消费等用途的本外币贷款。其中，农户是指长期居住在乡镇和城关镇所辖行政村的住户、国有农场的职工和农村个体工商户。

(二)农户贷款要素

1.贷款对象

农户申请贷款应当具备以下条件：

(1)农户贷款以户为单位申请发放，并明确一名家庭成员为借款人，借款人应当为具有完全民事行为能力的中华人民共和国公民。

(2)户籍所在地、固定住所或固定经营场所在农村金融机构服务辖区内。

(3)贷款用途明确合法。

(4)贷款申请数额、期限和币种合理。

(5)借款人具备还款意愿和还款能力。

(6)借款人无重大信用不良记录。

(7)在农村金融机构开立结算账户。

(8)农村金融机构要求的其他条件。

2.贷款利率

金融机构应当综合考虑农户贷款资金及管理成本、贷款方式、风险水平、合理回报等要素以及农户生产经营利润率和支农惠农要求，合理确定利率水平。

3.贷款期限

金融机构应当根据贷款项目生产周期、销售周期和综合还款能力等因素合理确定贷款期限。

4.还款方式

金融机构应当建立借款人合理的收入偿债比例控制机制，合理确定农户贷款还款方式。农户贷款还款方式根据贷款种类、期限及借款人现金流情况，可以采用分期还本付息、分期还息到期还本等方式。农户贷款鼓励采用贷款人受托支付方式向借款人交易对象支付，原则上一年期以上贷款不得采用到期利随本清方式。

5.担保方式

按信用形式分类，农户贷款分为信用贷款、保证贷款、抵押贷款、质押贷款，以及组合担保方式贷款。

6.贷款额度

农村金融机构应当根据借款人生产经营状况、偿债能力、贷款真实需求、信用状况、担保方式、机构自身资金状况和当地农村经济发展水平等因素，合理确定农户贷款额度。

直击考点

(单选)下列关于农户贷款的表述，错误的是(　　)。

A.农户贷款仅可用于生产经营用途

B.农户贷款以户为单位申请发放，并明确一名家庭成员为借款人

C.金融机构应当建立借款人合理的收入偿债比例控制机制，合理确定农户贷款还款方式

D.按信用形式分类，农户贷款分为信用贷款、保证贷款、抵押贷款、质押贷款，以及组合担保方式贷款

【答案】A

【解析】选项A，农户贷款是指银行业金融机构向符合条件的农户发放的用于生产经营、生活消费等用途的本外币贷款。

(三)农户贷款流程

1.贷款的受理与调查

(1)贷款的受理

金融机构应当要求农户以书面形式提出贷款申请，并提供能证明其符合贷款条件的相关资料，建立完善信用等级及授信额度动态评定制度。金融机构受理借款人贷款申请后，应当履行尽职调查职责，对贷款申请内容和相关情况的真实性、准确性、完整性进行调查核实，对信用状况、风险、收益进行评价，形成调查评价意见。

(2)贷款的调查

贷前调查包括但不限于下列内容：

①借款人(户)基本情况。

②借款户收入支出与资产、负债等情况。

③借款人(户)信用状况。

④借款用途及预期风险收益情况。

⑤借款人还款来源、还款能力、还款意愿及还款方式。

⑥保证人担保意愿、担保能力或抵(质)押物价值及变现能力。

⑦借款人、保证人的个人信用信息基础数据库查询情况。

另外，贷前调查应当有效借助社会力量，深入了解借款人情况及经营风险、借款户收支、经营情况，以及人品、信用等软信息，并与借款人及其家庭成员进行面谈，做好面谈记录，面谈记录包括文字、图片或影像等，根据借款人实际情况对借款人进行信用等级评定，并结合贷款项目风险情况初步确定授信限额、授信期限及贷款利率等。

2.贷款的审查与审批

金融机构应当遵循审慎性与效率原则，建立完善独立审批制度，完善农户信贷审批授权，具体表现在：

①根据业务职能部门和分支机构的经营管理水平及风险控制能力等，实行逐级差别化授权，逐步推行专业化的农户贷款审贷机制。

②根据产品特点，采取批量授信、在线审批等方式，提高审批效率和服务质量。

③根据外部经济形势、违约率变化等情况，对贷款审批环节进行评价分析，及时、有针对性地调整审批政策和授权。

贷中审查应当对贷款调查内容的合规性和完备性进行全面审查，重点关注贷前调查尽职情况、申请材料完备性和借款人的偿还能力、诚信状况、担保情况、抵(质)押及经营风险等。依据贷款审查结果，确定授信额度，作出审批决定，在办结时限以前将贷款审批结果及时、主动告知借款人。

3.贷款的发放与支付

金融机构应当要求借款人当面签订借款合同及其他相关文件，需担保的应当面签订担保合同。采取指纹识别、密码等措施，确认借款人与指定账户真实性，防范顶冒名贷款问题。

借款合同应当符合《民法典》以及《个人贷款管理办法》的规定，明确约定各方当事人的诚信承诺和贷款资金的用途、支付对象（范围）、支付金额、支付条件、支付方式、还款方式等。借款合同应当设立相关条款，明确借款人不履行合同或怠于履行合同时应当承担的违约责任。

金融机构应当遵循审贷与放贷分离的原则，加强对贷款的发放管理，设立独立的放款管理部门或岗位，负责落实放款条件，对满足约定条件的借款人发放贷款。

有下列情形之一的农户贷款，经农村金融机构同意可以采取借款人自主支付：

（1）农户生产经营贷款且金额不超过50万元，或用于农副产品收购等无法确定交易对象的。

（2）农户消费贷款且金额不超过30万元。

（3）借款人交易对象不具备有效使用非现金结算条件的。

（4）法律法规规定的其他情形。鼓励采用贷款人受托支付方式向借款人交易对象进行支付。

采用借款人自主支付的，农村金融机构应当与借款人在借款合同中明确约定；农村金融机构应当通过账户分析或现场调查等方式，核查贷款使用是否符合约定用途。

借款合同生效后，金融机构应当按合同约定及时发放贷款。贷款采取自主支付方式发放时，必须将款项转入指定的借款人结算账户，严禁以现金方式发放贷款，确保资金发放给真实借款人。

4.贷后管理

金融机构应当建立贷后定期或不定期检查制度，明确首贷检查期限，采取实地检查、电话访谈、检查结算账户交易记录等多种方式，对贷款资金使用、借款人信用及担保情况变化等进行跟踪检查和监控分析，确保贷款资金安全。

金融机构贷后管理中应当着重排查防范假名、冒名、借名贷款，包括建立贷款本息独立对账制度、不定期重点检（抽）查制度以及至少两年一次的全面交叉核查制度。

金融机构风险管理部门、审计部门应当对分支机构贷后管理情况进行检查。

金融机构应当建立风险预警制度，定期跟踪分析评估借款人履行借款合同约定内容的情况以及抵质押担保情况，及时发现借款人、担保人的潜在风险并发出预警提示，采取增加抵质押担保、调整授信额度、提前收回贷款等措施，并作为与其后续合作的信用评价基础。

金融机构应当在贷款还款日之前预先提示借款人安排还款，并按照借款合同约定按期收回贷款本息。

金融机构对逾期贷款应当及时催收，按逾期时间长短和风险程度逐级上报处理，掌握借款人动态，及时采取措施保全信贷资产安全。

对于因自然灾害、农产品价格波动等客观原因造成借款人无法按原定期限正常还款的，由借款人申请，经金融机构同意，可以对还款意愿良好、预期现金流量充分、具备还款能力的农户贷款进行合理展期，展期时间结合生产恢复时间确定。已展期贷款不得再次展期。展期贷款最高列入关注类进行管理。

对于未按照借款合同约定收回的贷款，应当采取措施进行清收，也可以在利息还清、本金部分偿还、原有担保措施不弱化等情况下协议重组。

金融机构应当严格按照风险分类的规定，对农户贷款进行准确分类及动态调整，真实反映贷款形态。

对确实无法收回的农户贷款，金融机构可以按照相关规定进行核销，按照账销案存原则继续向借款人追索或进行市场化处置，并按责任制和容忍度规定，落实有关人员责任。

金融机构应当建立贷款档案管理制度，及时汇集更新客户信息及贷款情况，确保农户贷款档案资料的完整性、有效性和连续性。根据信用情况、还本付息和经营风险等情况，对客户信用评级与授信限额进行动态管理和调整。

金融机构要建立优质农户与诚信客户正向激励制度，对按期还款、信用良好的借款人采取优惠利率、利息返还、信用累积奖励等方式，促进信用环境不断改善。

直击考点

（判断）农户贷款采取自主支付方式发放时，为方便借款人使用，可采取现金方式发放贷款。（ ）

A.正确　　　　B.错误

【答案】B

【解析】借款合同生效后，金融机构应当按合同约定及时发放贷款。贷款采取自主支付方式发放时，必须将款项转入指定的借款人结算账户，严禁以现金方式发放贷款，确保资金发放给真实借款人。

二、两权抵押贷款

（一）两权抵押贷款的定义

农村承包土地的经营权抵押贷款是指以承包土地的经营权作抵押、由银行业金融机构向符合条件的承包方农户或农业经营主体发放的、在约定期限内还本付息的贷款。

农民住房财产权抵押贷款是指在不改变宅基地所有权性质的前提下，以农民住房所有权及所占宅基地使用权作为抵押、由银行业金融机构向符合条件的农民住房所有人发放的、在约定期限内还本付息的贷款。

（二）两权抵押贷款的主要内容

1.农村承包土地的经营权抵押贷款

符合以下规定条件、通过家庭承包方式依法取得土地承包经营权和通过合法流转方式获得承包土地的经营权的农户及农业经营主体（以下称借款人），均可按程序向银行业金融机构申请农村承包土地的经营权抵押贷款。

通过家庭承包方式取得土地承包经营权的农户以其获得的土地经营权作抵押申请贷款的，应同时符合以下条件：

（1）用于抵押的承包土地没有权属争议。

（2）依法拥有县级以上人民政府或政府相关主管部门颁发的土地承包经营权证。

（3）承包方已明确告知发包方承包土地的抵押事宜。

通过合法流转方式获得承包土地的经营权的农业经营主体申请贷款的，应同时符合以下条件：

（1）用于抵押的承包土地没有权属争议。

（2）已经与承包方或者经承包方书面委托的组织或个人签订了合法有效的经营权流转合同，或已流转合同取得了土地经营权权属确认证明，并已按合同约定方式支付了土地租金。

（3）承包方同意承包土地的经营权可用于抵押及合法再流转。

（4）承包方已明确告知发包方承包土地的抵押事宜。

2. 农民住房财产权抵押贷款

借款人以农民住房所有权及所占宅基地使用权作抵押申请贷款的，应同时符合以下条件：

（1）用于抵押的房屋所有权及宅基地使用权没有权属争议，依法拥有政府相关主管部门颁发的权属证明，未列入征地拆迁范围。

（2）除用于抵押的农民住房外，借款人应有其他长期稳定居住场所，并能够提供相关证明材料。

（3）所在的集体经济组织书面同意宅基地使用权随农民住房一并抵押及处置。

（4）以共有农民住房抵押的，还应当取得其他共有人的书面同意。

农村两权抵押贷款的政策意义在于农户以农村“两权”作为抵押物回银行申请贷款，可以大大缓解长期以来农户贷款缺乏足够抵押品的局面，增加了金融服务在农村地区的可获得性，对我国普惠金融发展构成实质性利好。同时，这也意味着农村“两权”作为抵押品的地位得到巩固和提升，银行在抵押率、利率方面也有较大自主权，将在很大程度上盘活农村资产。但是，在以往的农村“两权”抵押贷款的实际操作中，往往存在产权界定不明、价值评估困难、处置变现困难等问题。因此，还需要加强土地确权颁证、评估市场建设、产权交易市场建设等工作。

实战演练

一、单项选择题

1. 下列关于商用房贷款的表述，错误的是（　　）。

A. 商用房包括临街商铺、住宅小区的商业配套房、商住两用房、写字楼等

B. 商用房为二手房的，应取得房屋所有权证及土地使用权证

C. 个人商用房贷款利率不得低于人民银行规定的同期同档次利率的1倍

D. 申请个人商用房贷款，原则上以所购商用房设定抵押

2.个人经营贷款最长一般不超过(　　)年。

A.3　　B.5

C.7　　D.10

3.采用借款人自主支付的，金融机构应当通过账户分析或(　　)等方式，核查贷款使用是否符合约定用途。

A.现场调查　　B.邮件核对　　C.电话调查　　D.短信沟通

4.个人商用房贷款的借款人必须是具有完全民事行为能力的自然人，且年龄在(　　)周岁。

A.18(含) ~ 65(不含)　　B.18(不含) ~ 65(不含)

C.18(不含) ~ 65(含)　　D.18(含) ~ 65(含)

5.为应对个人经营贷款风险，银行应采取相应的防控措施，下列说法错误的是(　　)。

A.银行应在还款日前一定时间内，以书面或其他方式通知借款人安排好还款资金

B.原则上贷款银行经办人员应直接参与抵押手续的办理，不可完全交由外部中介机构办理

C.谨慎受理产权、使用权不明确或当前管理不够规范的不动产抵押

D.借款人采用抵押担保的，抵押物须产权明晰、价值稳定、变现能力强、易于转移

二、多项选择题

6.下列关于农户贷款的表述，错误的有(　　)。

A.鼓励采用借款人自主支付方式进行支付

B.金融机构应当建立借款人合理的收入偿债比例控制机制

C.农户贷款还款方式可以采用分期还本付息、分期还息到期还本等方式

D.一年期以上贷款一般采用到期利随本清方式

E.金融机构应当根据贷款项目生产周期、销售周期和综合还款能力等因素合理确定贷款期限

7.贷款人受理借款人个人经营贷款申请后，应履行尽职调查职责，对个人经营贷款申请内容和相关情况的(　　)进行调查核实，形成贷前调查报告。

A.真实性　　B.准确性　　C.完整性　　D.审慎性

E.合法性

8.为防控个人经营贷款的操作风险，贷款银行原则上不能接受(　　)为抵押物。

A.产权明晰的商用房　　B.价值不稳定的工业用房

C.变现能力差的划拨土地　　D.集体土地使用权

E.产权不明晰的租赁房

9.关于个人商用房贷款业务，下列说法正确的有(　　)。

A.抵押房产如需评估，须提供评估报告复印件

B.申请个人商用房贷款，借款人可以采取按月等额本息还款法、按月等额本金还款法等多种还款法

C.个人商用房贷款的支付可采用借款人自主支付或贷款人受托支付方式发放

D.贷后检查中，如果借款人在本行或其他银行的部分债务已经不良，其贷款应由正常至少

调整至关注类

E.个人商用房贷款贷前重点调查的内容与个人住房贷款基本相同

10.在个人商用房贷款中，信贷管理部门负责的工作包括（　　）。

A.贷后监测　　B.贷后检查

C.客户关系维护　　D.对贷款经办行贷后管理工作的组织和督导

E.违约贷款催收

三、判断题

11.因商用房没有限贷、限购规定，且贷款利率相对较高，所以不少商业银行将个人贷款重点转到商用房贷款业务，只要有房产抵押，商用房贷款受理与调查时不需要查询房产套数和央行征信系统。（　）

A.正确　　B.错误

12.办理商用房贷款时，第三方提供的保证为可撤销的、承担连带责任的、部分额度有效担保。（　　）

A.正确　　B.错误

13.保证人经济实力下降或信用状况恶化是导致保证人担保能力下降的主要原因，这种风险会使保证担保对银行债权的保障能力降低，第二还款来源不足。（　　）

A.正确　　B.错误

14.农户贷款以个人为单位申请发放，并明确一名家庭成员为借款人，借款人应当为具有完全民事行为能力的中华人民共和国公民。（　　）

A.正确　　B.错误

参考答案及解析

一、单项选择题

1.C 【解析】选项C，个人商用房贷款利率不得低于相应期限贷款市场报价利率（LPR）+60bp。个人商用房贷款执行浮动利率，如遇LPR调整，应按照合同约定的调整时间进行调整。

2.B 【解析】个人经营贷款期限一般不超过5年。

3.A 【解析】采用借款人自主支付的，金融机构应当与借款人在借款合同中明确约定；农村金融机构应当通过账户分析或现场调查等方式，核查贷款使用是否符合约定用途。

4.A 【解析】个人商用房贷款的借款人必须是具有完全民事行为能力的自然人，年龄在18（含）~65（不含）周岁；在境内工作、学习的境外个人还须满足我国关于境外人士购房相关政策。

5.D 【解析】选项D，借款人以自有或第三人的财产进行抵押，抵押物须产权明晰、价值稳定、变现能力强、易于处置。

二、多项选择题

6.AD 【解析】选项A，农户贷款鼓励采用贷款人受托支付方式向借款人交易对象进行支付；

选项D，原则上一年期以上贷款不得采用到期利随本清方式。

7.ABC 【解析】在个人经营贷款的贷前调查中，贷款人受理借款人个人经营贷款申请后，应履行尽职调查职责，对个人经营贷款申请内容和相关情况的真实性、准确性、完整性进行调查核实，形成贷前调查报告。

8.BCDE 【解析】个人经营贷款中，借款人以自有或第三人的财产进行抵押，抵押物须产权明晰、价值稳定、变现能力强、易于处置。

9.BD 【解析】选项A，抵押房产如需评估，须提供评估报告原件；选项C，个人商用房贷款须采取受托支付的方式，银行须将贷款资金划转至开发商账户；选项E，银行在对个人商用房贷款合作项目进行调查时，除参照个人住房贷款项目对开发商资信情况及楼盘项目材料的真实性、合法性、完整性等内容进行调查时，还应重点对开发商的商业开发运营经验、合作商业项目的市场前景等内容进行深入调查，因而个人商用房贷款贷前重点调查的内容与个人住房贷款不同。

10.ABD 【解析】个人商用房贷款贷后管理相关工作由贷款经办行及信贷管理部门共同负责。贷款经办行贷后管理内容包括客户关系维护、押品管理、违约贷款催收及相应的贷后检查等工作。信贷管理部门负责贷后监测、检查及对贷款经办行贷后管理工作的组织和督导。

三、判断题

11.B 【解析】商用房贷款受理与调查时要重点注意通过查询银行客户信息系统、人民银行个人信息基础数据库，判断借款人资信状况是否良好，是否具有较好的还款意愿。

12.B 【解析】采用第三方保证方式申请商用房贷款的，借款人应提供贷款银行可接受的第三方连带责任保证。第三方提供的保证为不可撤销的承担连带责任的全额有效担保。

13.A 【解析】个人经营贷款信用风险的防范措施包括加强对保证人担保能力的调查和分析，保证人经济实力下降或信用状况恶化是导致保证人担保能力下降的主要原因，这种风险会使保证担保对银行债权的保障能力降低，第二还款来源不足。

14.B 【解析】农户贷款以户为单位申请发放，并明确一名家庭成员为借款人，借款人应当为具有完全民事行为能力的中华人民共和国公民。

第六章 信用卡业务

思维导图

信用卡业务——信用卡概述
- 定义
- 信用卡的产生和发展
- 信用卡的分类
- 信用卡业务与一般个人贷款业务的异同

直击考纲

了解信用卡业务基础知识。

考点详解

信用卡概述

一、定义

1. 概念

信用卡是指记录持卡人账户相关信息，具备银行授信额度和透支功能，并为持卡人提供相关银行服务的各类介质。

2. 功能

信用卡具有消费信用、分期付款、转账结算、存取现金等全部或者部分功能。

3. 须披露的信息

信用卡卡面须对持卡人充分披露以下基本信息：发卡银行法人名称、品牌标识及防伪标志、卡片种类(贷记卡、准贷记卡等)、卡号、持卡人姓名拼音(外文姓名)、有效期、持卡人签名条、安全校验码、注意事项、客户服务电话、银行网站地址。

二、信用卡的产生和发展

1. 国外信用卡起源

信用卡于1915年起源于美国。1950年，美国商人弗兰克·麦克纳马拉与其商业伙伴在纽约创立了“大来俱乐部”，即大来信用卡公司的前身，并发行了世界上第一张以塑料制成的信用卡——大来卡。1952年，美国加利福尼亚州的富兰克林国民银行作为金融机构首先进入发行信用卡的领域，由此揭开了银行发行信用卡的序幕。此后，许多银行加入了发卡银行的行列。至今，信用卡逐步从一个支付融资一体化的金融工具发展成为一个参与主体众多、运营模式成熟的产业链条，不仅为居民生活提供了极大便利，培育了信用消费、超前消费等新思想、新理念，而且在引导和刺激居民消费、带动关联产业发展、促进经济社会有效运行与发展进步方面起到了积极作用。

目前，在国际上主要有威士国际组织和万事达卡国际组织两大组织及美国运通国际股份有限公司、大来信用证有限公司、JCB日本国际信用卡公司三家专业信用卡公司。中国的信用卡组织——中国银联成立于2002年3月，中国银联的诞生，是我国银行卡发展史上的里程碑事件，是推动我国银行卡产业快速发展、提高我国银行整体竞争力的重大举措，也是加快我国信用体系建设的一项重要技术保障因素。

2. 国内信用卡的产生和发展

（1）萌芽和起步阶段

1978年至1993年。1979年12月，中国银行广州分行与东亚银行签署协议，代理其信用卡业务，这是中国银行业第一次开展银行卡业务。1985年3月，中国银行珠海分行发行了我国第一张银行卡——“中银卡”，这是我国第一张自主品牌的银行卡，也是我国第一张信用卡。

（2）初步发展阶段

1993年至1996年。不仅国有商业银行各分支机构在大中城市独立发展银行卡业务，股份制银行也纷纷加入发卡行列，全国金卡工程开始启动。

（3）走向国际标准初级阶段

1995年3月，广东发展银行发行了中国内地第一张真正意义上的国际标准信用卡。中国信用卡与国际接轨的序幕由此拉开。

（4）快速发展阶段

2002年1月9日，招商银行成立了信用卡中心；5月17日，中国工商银行成立了牡丹卡中心；10月，招商银行成立了信用卡中心；12月18日，中国建设银行成立全国信用卡中心。2003年甚至被业内称为“中国信用卡元年”，也被看作“黄金十年”的起点。

（5）“互联网+”发展阶段

信用卡产品介质从“磁”到“芯”、从“有卡”到“无卡”，支付方式从刷卡到“刷、插、挥、扫”一体化，认证技术从数字验密到人脸、指纹、声波等生物认证，服务模式从线下到线上再到如今仅凭一部手机就能完成发卡支付全流程，无不体现出信用卡产业发展与科技力量的完美融合，打造了一个“新信用卡时代”。

三、信用卡的分类

分类依据	内容
是否向发卡银行交存备用金	(1)贷记卡，指发卡银行给予持卡人一定的信用额度，持卡人可在信用额度内先消费、后还款的信用卡。 (2)准贷记卡，指持卡人须先按发卡银行要求交存一定金额的备用金，当备用金账户余额不足支付时，可在发卡银行规定的信用额度内透支的信用卡
发行对象不同	(1)单位卡按照用途分为商务差旅卡和商务采购卡。 (2)个人卡可分为主卡和依附于主卡的附属卡
是否联名(认同)	(1)联名(认同)卡，是商业银行与营利性机构/非营利机构合作发行的银行卡附属产品。 (2)非联名(认同)卡，是商业银行独自发行的银行卡
品牌	分为银联卡、威士卡、万事达卡、运通卡、JCB卡、大来卡和其他品牌卡
账户币种	分为人民币卡和外币卡
信息载体	分为磁条卡、芯片卡和磁条芯片复合卡
卡片规格	分为标准卡和异型卡
是否有实体介质	分为实体卡和数字信用卡

四、信用卡业务与一般个人贷款业务的异同

1.相同点

信用卡的本质是发卡银行为持卡人提供的消费信用贷款，所以信用卡业务与一般个人贷款业务有相同的业务属性。银行在办理两类贷款业务时，都是根据贷款申请人资信状况给予一定的授信额度，借款人按照约定条件使用资金，并按照约定期限、金额还款，超出规定期限或还款金额不足时会造成逾期罚息、终止贷款并强制提前还款。

2.不同点

(1)信用卡作为主要支付工具之一，本外币一体，可以跨境使用；个人贷款业务一般以本币为主，限于境内使用。

(2)信用卡一般具有免息还款期；一般个人贷款无免息还款期。

(3)商业银行个人信用卡(不含服务“三农”的惠农信用卡)透支应当用于消费领域，不得用于生产经营、投资等非消费领域；个人贷款资金可按照规定将资金用于购房和生产经营，但不可用于投资领域。

直击考点

（单选）1995年3月，（　　）发行了中国内地第一张真正意义上的国际标准信用卡。中国信用卡与国际接轨的序幕由此拉开。

A.中国银行珠海分行　　B.中国工商银行

C.广东发展银行　　D.招商银行

【答案】C

【解析】1995年3月，广东发展银行发行了中国内地第一张真正意义上的国际标准信用卡。中国信用卡与国际接轨的序幕由此拉开。

实战演练

一、单项选择题

1.（　　）指发卡银行给予持卡人一定的信用额度，持卡人可在信用额度内先消费、后还款的信用卡。

A.贷记卡　　B.准贷记卡

C.单位卡　　D.联名卡

2.根据（　　）的不同，可将信用卡分为单位卡和个人卡。

A.信息载体　　B.发行对象

C.品牌　　D.账户币种

3.信用卡卡面须对持卡人充分披露的基本信息不包括（　　）。

A.持卡人签名条　　B.客户服务电话

C.持卡人婚姻状况　　D.银行网站地址

二、多项选择题

4.下列关于信用卡个人贷款业务与一般个人贷款业务之间的不同说法正确的是（　　）。

A.信用卡作为主要支付工具之一，本外币一体，可以跨境使用

B.个人贷款业务一般以本币为主，限于境内使用

C.信用卡一般具有免息还款期

D.一般个人贷款无免息还款期

E.商业银行个人信用卡透支可以用于生产经营、投资等非消费领域

5.信用卡按是否向发卡银行交存备用金分为（　　）。

A.贷记卡　　B.实体卡

C.联名（认同）卡　　D.准贷记卡

E.银联卡

三、判断题

6.准贷记卡是指发卡银行给予持卡人一定的信用额度，持卡人可在信用额度内先消费、后还款的信用卡。(　　)

A.正确　　　　　　　　　　　B.错误

7.信用卡的本质是发卡银行为持卡人提供的消费信用贷款，所以信用卡业务与一般个人贷款业务有相同的业务属性。(　　)

A.正确　　　　　　　　　　　B.错误

参考答案及解析

一、单项选择题

1.A 【解析】贷记卡，指发卡银行给予持卡人一定的信用额度，持卡人可在信用额度内先消费、后还款的信用卡。

2.B 【解析】根据发行对象的不同，可将信用卡分为单位卡和个人卡。单位卡按照用途又分为商务差旅卡和商务采购卡。

3.C 【解析】信用卡卡面须对持卡人充分披露以下基本信息：发卡银行法人名称、品牌标识及防伪标志、卡片种类(贷记卡、准贷记卡等)、卡号、持卡人姓名拼音(外文姓名)、有效期、持卡人签名条、安全校验码、注意事项、客户服务电话、银行网站地址。

二、多项选择题

4.ABCD 【解析】信用卡业务与一般个人贷款业务存在一定差异。(1)信用卡作为主要支付工具之一，本外币一体，可以跨境使用；个人贷款业务一般以本币为主，限于境内使用。(2)信用卡一般具有免息还款期；一般个人贷款无免息还款期。(3)商业银行个人信用卡(不含服务“三农”的惠农信用卡)透支应当用于消费领域，不得用于生产经营、投资等非消费领域；个人贷款资金可按照规定将资金用于购房和生产经营，但不可用于投资领域。

5.AD 【解析】信用卡的分类有如下八种：(1)按是否向发卡银行交存备用金分，可分为贷记卡、准贷记卡两类；(2)按发行对象不同分，可分为个人卡和单位卡；(3)按是否联名(认同)分，可分为联名(认同)卡和非联名(认同)卡；(4)按品牌分，可分为银联卡、威士卡、万事达卡、运通卡、JCB卡、大来卡和其他品牌卡；(5)按账户币种分，可分为人民币卡和外币卡；(6)按信息载体分，可分为磁条卡、芯片卡和磁条芯片复合卡；(7)按卡片规格分，可分为标准卡和异型卡；(8)按是否有实体介质分，可分为实体卡和数字信用卡。

三、判断题

6.B 【解析】贷记卡是指发卡银行给予持卡人一定的信用额度，持卡人可在信用额度内先消费、后还款的信用卡。准贷记卡是指持卡人须先按发卡银行要求交存一定金额的备用金，当备用金账户余额不足支付时，可在发卡银行规定的信用额度内透支的信用卡。

7.A 【解析】信用卡的本质是发卡银行为持卡人提供的消费信用贷款，所以信用卡业务与一般个人贷款业务有相同的业务属性。

第七章　个人征信系统

思维导图

个人征信系统 — 概述
- 个人征信系统的含义和内容
- 个人征信系统的主要功能和意义
- 个人征信体系的发展历史
- 个人征信的相关法律法规
- 个人征信报告内容介绍

直击考纲

1.熟悉个人征信系统的内容及主要功能。
2.了解个人征信系统的发展历史和相关法律。
3.掌握个人征信报告的基本内容。

考点详解

概　述

一、个人征信系统的含义和内容

1.含义

个人信用征信，也就是个人信用联合征信，是指信用征信机构经过与商业银行及有关部门约定，把分散在各商业银行和社会有关方面的公民个人的信用信息，进行采集、加工、储存，形成信用信息数据库，为其客户了解相关公民个人的信用状况提供服务的经营性活动。

个人征信系统（个人信用信息基础数据库，又叫金融信用信息基础数据库）是我国社会信用体系的重要基础设施，是由中国人民银行组织各商业银行建立的个人信用信息共享平台。该数据库采集、整理、保存公民个人信用信息，为金融机构提供个人信用状况查询服务，为货币政策和金融监管提供信息服务。

我国最大的个人征信数据库是中国人民银行建设并已投入使用的全国个人信用信息基础数据库，该基础数据库首先依法采集和保存全国银行信贷信用信息，其中主要包括个人在商业银行的借款、抵押、担保数据及身份验证信息。

目前，个人征信系统数据的直接使用者包括商业银行、数据主体本人、金融监督管理机构，以及司法部门等其他政府机构，但其影响力已涉及税务、教育、电信等部门。根据国务院《征信业管理条例》和中国人民银行《个人信用信息基础数据库管理暂行办法》的规定，商业银行等金融机构经个人书面（电子）授权同意后，在审核信贷业务申请，以及对已发放信贷进行贷后风险管理的情况下，查询个人的信用报告。金融监督管理机构和司法部门等其他政府机构，根据相关法律、法规的规定，也可按规定的程序查询个人信用报告。

除中国人民银行建设的个人征信系统外，2018年2月，百行征信有限公司获得了个人征信业务牌照。该公司由中国互联网金融协会牵头，与芝麻信用、腾讯征信等8家市场机构共同出资成立，主要在传统金融机构以外的互联网借贷等领域开展个人征信活动，将与中国人民银行个人信用信息基础数据库形成错位发展、功能互补的格局，服务对象主要为互联网金融机构，还包括银行等传统金融机构、公检法、金融监管部门等。

2.内容

个人征信系统所搜集的个人信用信息包括个人基本信息、贷款信息、非银行信息、客户本人声明等各类信息。

（1）个人基本信息包括个人身份、配偶身份、居住信息、职业信息等。

（2）贷款信息，包括银行信贷信用信息汇总、准贷记卡汇总信息、贷记卡汇总信息、贷款汇总信息、为他人贷款担保汇总信息、信用明细信息以及查询机构信息主体信用报告形成的查询时间、查询原因、查询人等查询记录等信息。

（3）非银行信息指个人参保和缴费信息、住房公积金缴存信息、电信用户缴费等。

百行征信有限公司以“最低、适用”原则采集个人信用信息，主要包括个人互联网借贷数据及个人身份识别信息等支持类信息。

直击考点

（单选）个人征信查询系统中，下列不属于个人基本信息的是（　　）。

A.居住信息　　B.个人身份　　C.职业信息　　D.贷款信息

【答案】D

【解析】个人征信系统所搜集的个人信用信息包括个人基本信息、贷款信息、非银行信息、客户本人声明等各类信息。个人基本信息包括个人身份、配偶身份、居住信息、职业信息等。

二、个人征信系统的主要功能和意义

1.主要功能

个人征信系统的功能分为社会功能和经济功能。

（1）社会功能。主要体现在：随着该系统的建设和完善，通过对公民个人重要经济活动的影响和规范，逐步形成诚实守信、遵纪守法、重合同讲信用的社会风气，推动社会信用体系建设，提高社会诚信水平，促进和谐社会建设。

（2）经济功能。主要体现在：帮助商业银行等金融机构控制信用风险，维护金融稳定，扩大信用交易，提高经济运行效率，促进经济可持续发展。

现在，任何自然人无论在国内任何地方，也无论在哪一家商业银行留下的借款和还款记录，商业银行的基层信贷审查人员均可在经当事人书面授权后进行查询，实现共享。许多商业银行已经将查询个人信用信息基础数据库作为贷前审查的必经程序。个人征信系统在提高审贷效率、方便广大群众借贷、防止不良贷款、防止个人过度负债以及根据信用风险确定利率水平方面发挥了积极的作用。

个人征信系统的社会功能和经济功能相辅相成、互相促进。随着数据采集和个人信用报告使用范围的逐步扩大，个人征信系统的功能将会逐步提高和完善。

2. 意义

信用对于个人非常重要，被称作第二张身份证。对于我国社会来说，是否具有良好的信用体系也非常重要，完善的社会主义市场经济体系的建立必须以完善的社会信用体系为基础。尽快完善个人征信系统及相关的法律法规建设，对我国商业银行发展个人贷款业务有积极的促进作用，并能有效增加贷款覆盖范围、改善和调整信贷结构，从而达到提高资产质量、控制风险、降低经营成本的多重目标。建立健全个人征信系统，已成为加强商业银行个人贷款风险管理，防范和化解商业银行个人贷款风险的当务之急。个人征信系统的建立，对商业银行个人贷款业务、消费者个人乃至整个国家的经济环境都具有重要意义。

（1）有助于商业银行从制度上有效控制信贷风险

全国统一的个人征信系统简化了银行收集、审核信用卡及个人贷款申请人信用状况的繁杂劳动，节约了贷款成本，同时简化了申请人的各种申办手续，有利于银行大力拓展业务，是从机制上保障银行防范风险的手段。

（2）有助于商业银行准确判断个人贷款客户的还款能力

通过全国统一的个人征信系统对个人信用活动的记录和收集，银行可以了解到每一个贷款客户在各个银行的历史贷款状况，帮助银行准确评价一个人的用款、还款能力，以便于在发放信用卡或个人贷款时能够作出正确的决策。个人信用信息的共享，消除了商业银行的“信贷盲区”，遏制了多头贷款的现象。对个人信用的判断更趋于客观，降低了银行贷款的经营成本，提高了银行的工作效率。

（3）有助于激励借款人按时偿还债务

个人征信系统通过准确识别个人身份，记录其按期还款等情况，形成信用记录，有助于形成促使个人按时还款以保持良好信用记录的约束力。

（4）有助于保护消费者利益，提高透明度

由于过度地使用了信用，一些消费者会发现，他们最终不能偿还他们所借的款项，或者不能为所购买的商品进行定期支付。信用工具的存在很容易引起不谨慎消费者的错误决策。然而，伴随着个人征信系统建立完善起来的一些法律被制定用来保护消费者，使其能够正确理解信用活动并免受信用提供者不公正行为的侵害。

(5)有助于商业银行进行风险预警分析

个人征信系统可以帮助商业银行在贷后管理阶段动态地了解个人的信用状况变化趋势，及时采取催收手段或增加信贷产品和服务。在资产保全阶段，系统可以帮助商业银行了解借款人在其他商业银行的信用活动，重新评估借款人的信用状况，确定资产保全措施。

(6)为规范金融秩序、防范金融风险提供了有力保障

宏观来说，个人征信系统的建立，有助于实现信用监管，通过提高透明度和效率，从而可以促进经济稳定增长。通过加强风险分析，促进金融体系的稳定，提高银行监管的效率。

三、个人征信体系的发展历史

1.探索阶段

20世纪80年代后期，为适应企业债券发行和管理，中国人民银行批准成立了第一家信用评级公司——上海远东资信评级有限公司。

1993年，专门从事企业征信的新华信国际信息咨询有限公司开始正式对外提供服务。此后，一批专业信用调查中介机构相继出现，征信业的雏形初步显现。

2.起步阶段

我国的个人征信体系建设始于1999年7月人民银行批准建立上海资信有限公司，试点个人征信。2000年6月，建成上海个人信用联合征信服务系统。

3.发展阶段

2002年3月，按照国务院要求，由人民银行牵头的22个单位，组成建立企业和个人征信体系专题工作小组，负责提出全国企业和个人征信体系建设总体方案。

2004年，专题工作小组向国务院上报了《建设企业和个人征信系统总体方案专题报告》，建议加快建设全国集中统一的企业和个人信用信息基础数据库，首先满足商业银行的实际需要，同时依法服务于其他部门的征信需要。

2004年初，人民银行开始组织商业银行建设全国集中统一的个人征信系统。2004年底，个人征信系统实现了15家全国性商业银行和8家城市商业银行在北京、重庆、西安、南宁、深圳、绵阳和湖州7个城市的成功联网试运行。

2005年8月，个人征信系统已完成与全国所有商业银行和部分有条件的农村信用社的联网运行，并于2006年1月在全国联网运行。

2010年6月，在上海搭建了新的生产环境，并将征信系统成功切换运行。新生产设备投产后，征信系统在基础软硬件配置、数据存储能力、安全性、稳定性和可靠性等方面均有较大程度的提升，系统加载、查询和运行效率成倍提高。

为实现征信系统的技术升级、产品升级和服务升级，中国人民银行征信中心于2011年2月

正式启动了征信系统二代建设，成立了二代建设领导小组，专职负责二代建设工作。2020年初，二代征信系统已经正式上线运行。

直击考点

（单选）我国的个人征信体系建设始于（　　）。

A.1993年专门从事企业征信的新华信国际信息咨询有限公司开始正式对外提供服务

B.1999年7月人民银行批准建立上海资信有限公司

C.2000年6月建成上海个人信用联合征信服务系统

D.2006年1月个人征信系统在全国联网运行

【答案】B

【解析】我国个人征信的发展历史分为探索、起步、发展三个阶段。选项A，属于探索阶段，此时征信业的雏形初步显现。选项BC，属于起步阶段。其中，我国的个人征信体系建设始于1999年7月人民银行批准建立上海资信有限公司，试点个人征信。选项D，属于发展阶段。

四、个人征信的相关法律法规

1.一般征信法规

近年来，征信法规制度建设不断推进，逐步建立了包含国家法规、部门规章、规范性文件和标准的多层次制度体系，保护了信息主体权益，有力地促进了征信业的发展。

（1）发布实施《征信业管理条例》和《征信机构管理办法》

中国人民银行在进行深入研究、调研，并广泛征求社会公众及政府相关部门意见后，制定了《征信业管理条例》，经国务院审议通过，于2013年3月起正式实施。《征信业管理条例》对征信机构的设立条件和程序、征信业务的基本规则、征信信息主体的权益，金融信用信息基础数据库的法律地位及运营规则、征信业的监管体制和法律责任等内容进行了规定。其中，明确规定征信机构不得采集个人的宗教信仰、血型、疾病和病史等信息，也不得采集个人的收入、存款、有价证券、商业保险、不动产的信息和纳税数额信息。

《征信机构管理办法》于2013年12月颁布实施，进一步细化了《征信业管理条例》涉及征信机构管理的条款，对机构的设立、变更与终止，高级任职人员管理，监督管理等做了明确规定。其中，明确规定设立个人征信机构应当经中国人民银行批准，目前人民银行尚未向征信企业下发个人征信业务经营许可证；设立企业征信机构，应当符合《中华人民共和国公司法》规定的公司设立条件，自公司登记机关准予登记之日起30日内向所在地的中国人民银行省会城市中心支行以上分支机构办理备案。

（2）建立金融信用信息基础数据库管理制度

2005年，人民银行发布了《个人信用信息基础数据库管理暂行办法》，该办法规定：中国人民银行负责组织商业银行建立个人信用信息基础数据库，并负责设立征信服务中心，承担个人信用数据库的日常运行和管理。

该办法主要内容包括四个方面：①明确个人信用数据库是中国人民银行组织商业银行建立的全国统一的个人信用信息共享平台，其目的是防范和降低商业银行信用风险，维护金融稳定，促进个人消费信贷业务的发展；②规定了个人信用信息保密原则，规定商业银行、征信服务中心应当建立严格的内控制度和操作规程，保障个人信用信息的安全；③规定了个人信用数据库采集个人信用信息的范围和方式、数据库的使用用途、个人获取本人信用报告的途径和异议处理方式；④规定了个人信用信息的客观性原则，即个人信用数据库采集的信息是个人信用交易的原始记录，商业银行和征信服务中心不增加任何主观判断等。

人民银行还制定了《金融信用信息基础数据库用户管理规范》和《征信机构信息安全规范》等金融行业标准。此外，对新型授信机构接入金融信用信息基础数据库进行了规范。规范了小额贷款公司、融资性担保公司等接入金融信用信息基础数据库的方式、条件、程序以及业务流程等。

2. 个人隐私保护

为了保证个人信用信息的合法使用，保护个人的合法权益，中国人民银行制定颁布了《征信业管理条例》《个人信用信息基础数据库管理暂行办法》《个人信用信息基础数据库金融机构用户管理办法》《个人信用信息基础数据库异议处理规程》等法规，采取了授权查询、限定用途、保障安全、查询记录、违规处罚等措施，保护个人隐私和信息安全。

（1）商业银行只能经当事人书面（电子）授权，在审核个人贷款、信用卡申请或审核是否接受个人作为担保人等个人信贷业务，以及对已发放的个人贷款及信用卡进行信用风险跟踪管理时，才能查询个人信用信息基础数据库。

（2）每一个用户在进入该系统时都要登记注册，而且计算机系统还自动追踪和记录每一个用户对每一笔信用报告的查询操作，并加以记录。

（3）商业银行如果违反规定查询个人的信用报告，或将查询结果用于规定范围之外的其他目的，将被责令改正，并处以经济处罚；涉嫌犯罪的，则将依法移交司法机关处理。

五、个人征信报告内容介绍

1. 定义

个人信用报告是个人征信系统提供的最基础产品，它记录了客户与银行之间发生的信贷交易的历史信息，只要客户在银行办理过信用卡、贷款、为他人贷款担保等信贷业务，他在银行登记过的基本信息和账户信息就会通过商业银行的数据报送而进入个人征信系统，从而形成了客户的信用报告。

2. 内容

个人信用报告中的信息主要有六个方面：个人基本信息、银行信贷交易信息、公共信息、本人声明、异议标注和查询历史信息。

（1）个人基本信息表示客户本人的一些基本信息，包括身份信息、婚姻信息、居住信息、职业信息等内容。

（2）银行信贷交易信息是客户在各商业银行或者其他授信机构办理的贷款、信用卡等交易的汇总和明细信息。

（3）公共信息是个人征信系统从其他部门采集的、可以反映客户各方面情况的信息。

（4）本人声明是客户本人对信用报告中某些无法核实的异议所做的说明。

（5）异议标注是征信中心异议处理人员针对信用报告中异议信息所做的标注或因技术原因无法及时对异议事项进行更正时所做的特别说明。

（6）查询历史展示何机构或何人在何时以何种理由查询过该人的信用报告。

3.使用对象

个人信用报告的使用目前仅限于商业银行、依法办理信贷的金融机构（主要是住房公积金管理中心、财务公司、汽车金融公司、小额信贷公司等）和人民银行，消费者也可以在人民银行获取到自己的信用报告。

4.类别

根据使用对象的不同，个人征信系统提供不同版式的个人信用报告，包括银行版、个人查询版和征信中心内部版三种版式，分别服务于商业银行类金融机构、消费者和人民银行。

实战演练

一、单项选择题

1.关于个人信用报告中的信息表述，错误的是（　　）。

A.异议标注是征信中心异议处理人员针对信用报告中异议信息所做的标注或因技术原因无法及时对异议事项进行更正时所做的特别说明

B.个人基本信息表示客户本人的一些基本信息，包括身份信息、婚姻信息、居住信息、职业信息等内容

C.公共信息是个人征信系统从其他部门采集的、可以反映客户各方面情况的信息

D.银行信贷交易信息仅包括客户在各商业银行办理的贷款、信用卡等交易的汇总和明细信息

2.个人征信查询系统中，（　　）涵盖了信用卡与贷款的明细等情况。

A.个人身份信息　　B.居住信息

C.贷款信息　　D.个人质押信息

3.下列关于《个人信用信息基础数据库管理暂行办法》的说法，错误的是（　　）。

A.明确个人信用数据库是中国人民银行组织商业银行建立的全国统一的个人信用信息

共享平台

B.规定了个人信用信息保密原则

C.规定了个人信用数据库采集个人信用信息的范围和方式

D.规定商业银行和征信服务中心在采集信息时应结合自身的主观判断

二、多项选择题

4.个人征信系统数据的直接使用者包括(　　)。

A.商业银行　　B.外国领事馆

C.数据主体的贸易伙伴　　D.金融监督管理机构

E.数据主体本人

5.个人征信系统的意义包括(　　)。

A.有助于商业银行从制度上有效控制信贷风险

B.有助于商业银行准确判断个人贷款客户的还款能力

C.有助于激励借款人按时偿还债务

D.有助于保护消费者利益,提高透明度

E.有助于相关部门监督

6.个人征信系统所搜集的个人信用信息中非银行信息包括(　　)。

A.参保和缴费信息　　B.信用卡汇总信息

C.住房公积金缴存信息　　D.信用明细信息

E.个人信息

三、判断题

7.个人信用报告中的信息主要有个人基本信息、银行信贷交易信息、公共信息、本人声明、异议标注和查询历史信息这六个方面。(　　)

A.正确　　B.错误

8.个人征信系统的社会功能主要体现在帮助商业银行等金融机构控制信用风险,维护金融稳定,扩大信用交易,提高经济运行效率,促进经济可持续发展。(　　)

A.正确　　B.错误

9.个人征信系统提供不同版式的个人信用报告中,银行版服务于商业银行类金融机构。(　　)

A.正确　　B.错误

参考答案及解析

一、单项选择题

1.D【解析】选项D,银行信贷交易信息是客户在各商业银行或者其他授信机构办理的贷款、信用卡等交易的汇总和明细信息。

2.C 【解析】贷款信息包括银行信贷信用信息汇总、信用卡汇总信息、准贷记卡汇总信息、贷记卡汇总信息、贷款汇总信息、为他人贷款担保汇总信息、信用明细信息以及查询机构信息主体信用报告形成的查询时间、查询原因、查询人等查询记录等信息。

3.D 【解析】选项D,《个人信用信息基础数据库管理暂行办法》规定了个人信用信息的客观性原则,即个人信用数据库采集的信息是个人信用交易的原始记录,商业银行和征信服务中心不得增加任何主观判断。

二、多项选择题

4.ADE 【解析】目前,个人征信系统数据的直接使用者包括商业银行、数据主体本人、金融监督管理机构,以及司法部门等其他政府机构,但其影响力已涉及税务、教育、电信等部门。

5.ABCD 【解析】除了ABCD选项之外,个人征信系统的意义还包括:(1)有助于商业银行进行风险预警分析;(2)为规范金融秩序、防范金融风险提供了有力保障。

6.AC 【解析】非银行信息指个人参保和缴费信息、住房公积金缴存信息、电信用户缴费等。

三、判断题

7.A 【解析】个人信用报告中的信息主要有六个方面:(1)个人基本信息;(2)银行信贷交易信息;(3)公共信息;(4)本人声明;(5)异议标注;(6)查询历史信息。

8.A 【解析】个人征信系统的经济功能主要体现在,帮助商业银行等金融机构控制信用风险,维护金融稳定,扩大信用交易,提高经济运行效率,促进经济可持续发展。

9.A 【解析】根据使用对象的不同,个人征信系统提供不同版式的个人信用报告,包括银行版、个人查询版和征信中心内部版三种版式,分别服务于商业银行类金融机构、消费者和人民银行。

附录一 个人贷款的相关法律

一、《中华人民共和国民法典》

(一)民事

个人贷款是指商业银行等金融机构向个人客户发放贷款资金，以满足其资金需求，个人客户在约定期限内还本付息的贷款行为。

个人贷款业务活动中法律关系的主体有两个：商业银行和客户。商业银行和客户是两个平等的民事主体，商业银行为客户提供所需资金，客户在约定期限内还本付息，是基于二者之间确定的民事活动。

个人贷款业务中商业银行和客户是两个平等的民事法律主体，民事主体之间进行的民事活动，应当首先遵守《中华人民共和国民法典》(以下简称《民法典》)的规定。

《民法典》是我国对民事活动中一些共通性问题所作的法律规定。它确定了进行民事活动的基本原则，内容包括公民和法人的法律地位、民事法律行为、民事代理制度、民事权利和民事责任等内容。

1.民事法律行为的基本原则

民事法律行为是指公民或者法人设立、变更、终止民事权利和民事义务的合法行为。当事人在民事活动中的地位平等。平等的民事法律主体之间进行的民事法律活动，应当遵循民事法律的自愿、公平、恪守承诺、诚实信用的原则。

诚实信用原则是指民事活动中，民事主体应该诚实、恪守信用，正当行使权利和义务。诚实信用原则是民事活动中最核心、最基本的原则。

诚实信用原则和公平原则一样，是市场活动中重要的道德规范，也是道德规范在法律上的表现。当法律规定不足时，应当依据诚实信用原则进行弥补。开展个人贷款业务必须遵守民事法律的基本原则。

2.民事法律关系主体

民事法律关系主体是指参与民事法律关系，享有民事权利并承担民事义务的“人”。这里的“人”应做宽泛的理解，包括公民(自然人)、法人以及非法人组织。

在个人贷款业务中，民事法律关系的主体是商业银行和个人客户。这里的商业银行是法人组织，个人客户一般是指公民(自然人)。

(1)公民(自然人)

公民是指具有某一国家的国籍，根据该国的法律享有权利和承担义务的自然人。

我国的公民，就是指具有中华人民共和国的国籍，享有中华人民共和国法律规定的权利并履行法律规定义务的自然人。

从范围上讲，公民的范围小于自然人的范围。自然人，是指具有自然生命形式的人。在一个国家中生活的自然人不仅有本国公民，还包括外国人和无国籍人。

《民法典》对自然人的民事权利能力和民事行为能力作了以下规定：

①自然人的民事权利能力。自然人是基于出生而取得民事主体资格的人，包括本国公民、外国公民和无国籍人。自然人的民事权利能力，是指法律赋予自然人参加民事法律关系、享有民事权利、承担民事义务的资格，具有平等性、不可转让性等特征，始于出生终于死亡。

②自然人的民事行为能力。自然人有了民事权利能力，还必须具有相应的民事行为能力，才能以自己的行为享有民事权利、承担民事义务。自然人的民事行为能力是指自然人能够以自己的行为独立参加民事法律关系、行使民事权利和设定民事义务的资格。我国《民法典》对自然人的民事行为能力根据自然人的年龄和智力状况作了如下分类：

第一，完全民事行为能力人：十八周岁以上的公民是成年人，具有完全民事行为能力，可以独立进行民事活动，是完全民事行为能力人。十六周岁以上不满十八周岁的公民，以自己的劳动收入为主要生活来源的，视为完全民事行为能力人。

第二，限制民事行为能力人：八周岁以上的未成年人是限制民事行为能力人，可以进行与他的年龄、智力相适应的民事活动；实施民事活动由他的法定代理人代理，或者征得他的法定代理人的同意。不能完全辨认自己行为的精神病人是限制民事行为能力人，可以进行与他的精神健康状况相适应的民事活动；其他民事活动由他的法定代理人代理，或者征得他的法定代理人的同意。

第三，无民事行为能力人：不满八周岁的未成年人是无民事行为能力人，由他的法定代理人代理民事活动。不能辨认自己行为的精神病人是无民事行为能力人，由他的法定代理人代理民事活动。

无民事行为能力人、限制民事行为能力人的监护人是他的法定代理人。监护人应当履行监护职责，保护被监护人的人身、财产及其他合法权益，除为被监护人的利益外，不得处理被监护人的财产。

个人贷款业务的客户应当是完全民事行为能力的自然人，以及无民事行为能力人、限制民事行为能力人的法定代理人。

（2）法人

①法人的概念。《民法典》第五十七条规定，法人是具有民事权利能力和民事行为能力，依法独立享有民事权利和承担民事义务的组织。

②法人成立的要件。《民法典》规定，法人应当具备下列条件：依法成立；有必要的财产或者经费；有自己的名称、组织机构和场所；能够独立承担民事责任。

③法人的分类。《民法典》将法人分为营利法人、非营利法人、特别法人。以法人活动的性质为标准，将法人分为企业法人、机关法人、事业单位法人和社会团体法人。

第一，企业法人。企业法人是指以营利为目的，独立从事商品生产和经营活动的法人。在我国，公司法人是最重要的企业法人形式，根据《中华人民共和国公司法》的规定，公司分为有限责任公司和股份有限公司。

第二，机关法人。机关法人是指依法享有国家赋予的行政权力，并因行使职权的需要而享有相应的民事权利能力和民事行为能力的国家机关。

第三，事业单位法人。事业单位法人是指从事非营利性的社会各项公益事业的法人。它包括从事文化、教育、体育、卫生、新闻等公益事业的单位，这些法人组织不以营利为目的，一般不参与商品生产和经营活动，虽然有时也能取得一定的收益。

第四，社会团体法人。社会团体法人是指自然人或法人自愿组成，从事社会公益、文学艺术、学术研究、宗教等活动的各类法人。

(3)非法人组织

非法人组织又称非法人团体，是指不具有法人资格但能以自己的名义进行民事活动的组织。

3. 民事代理制度

(1)代理的基本含义

《民法典》规定，公民、法人可以通过代理人实施民事法律行为。代理人在代理权限内，以被代理人的名义实施民事法律行为。被代理人对代理人的代理行为，承担民事责任。依照法律规定或者按照双方当事人约定，应当由本人实施的民事法律行为，不得代理。

(2)代理的特征

①代理人须在代理权限内实施代理行为；

②代理人须以被代理人的名义实施代理行为；

③代理行为必须是具有法律效力的行为；

④代理行为须直接对被代理人发生效力；

⑤代理人在代理活动中具有独立的法律地位。

(3)代理的分类

《民法典》规定，代理包括委托代理、法定代理。委托代理按照被代理人的委托行使代理权，法定代理人依照法律的规定行使代理权。

(4)委托代理

委托代理的基础法律关系一般是委托合同关系。民事法律行为的委托代理，可以用书面形式，也可以用口头形式。法律规定用书面形式的，应当用书面形式。书面委托代理的授权委托书应当载明代理人的姓名或者名称、代理事项、权限和期间，并由委托人签名或者盖章。委托书授权不明的，被代理人应当向第三人承担民事责任，代理人负连带责任。

(5)代理人的法律责任

第一，没有代理权、超越代理权或者代理权终止后的行为，只有经过被代理人的追认，被代理人才承担民事责任。未经追认的行为，由行为人承担民事责任。本人知道他人以本人民意实施民事行为而不作否认表示的，视为同意。

第二，代理人不履行职责而给被代理人造成损害的，应当承担民事责任。

第三，代理人和第三人串通，损害被代理人的利益的，由代理人和第三人负连带责任。

第四，第三人知道行为人没有代理权、超越代理权或者代理权已终止还与行为人实施民事行为给他人造成损害的，由第三人和行为人负连带责任。

第五，代理人知道被委托代理的事项违法仍然进行代理活动的，或者被代理人知道代理人的代理行为违法不表示反对的，由被代理人和代理人负连带责任。

（6）代理的终止

有下列情形之一的，委托代理终止：

①代理期间届满或者代理事务完成；

②被代理人取消委托或者代理人辞去委托；

③代理人或被代理人死亡；

④代理人丧失民事行为能力；

⑤作为被代理人或者代理人的法人、非法人组织终止。

有下列情形之一的，法定代理终止：

①被代理人取得或者恢复民事行为能力；

②被代理人或者代理人死亡；

③代理人丧失民事行为能力；

④法律规定的其他情形。

（二）合同

个人贷款业务是建立在商业银行和客户签订的相关合同基础之上。个人贷款业务的合同应当符合《中华人民共和国民法典》中与个人贷款业务相关的内容主要有：

1.合同的概念

合同是当事人之间权利义务关系的协议。《民法典》规定："本法所称合同是民事主体之间设立、变更、终止民事法律关系的协议。"

2.合同的订立

当事人订立合同，应当具有相应的民事权利能力和民事行为能力。当事人依法可以委托代理人订立合同。当事人在订立合同的过程中知悉的商业秘密，无论合同是否成立，不得泄露或者不正当地使用。泄露或者不正当的使用该商业秘密给对方造成损失的，应当承担损害赔偿责任。

当事人订立合同，有书面形式、口头形式和其他形式。法律、行政法规规定采用书面形式的，应当采用书面形式。当事人约定采用书面形式的，应当采用书面形式。书面形式是指合同书、信件和数据电文（包括电报、电传、传真、电子数据交换和电子邮件）等可以有形地表现所载内容的形式。

3.格式条款合同

采用格式条款订立合同的，提供格式条款的一方应当遵循公平原则确定当事人之间的权利和义务，并采取合理的方式提请对方注意免除或者限制其责任的条款，按照对方的要求,对该条款予以说明。

格式条款是当事人为了重复使用而预先拟定,并在订立合同时未与对方协商的条款。提供格式条款一方不合理地免除其责任、加重对方责任、排除对方主要权利的,该条款无效。

对格式条款的理解发生争议的,应当按照通常理解予以解释。对格式条款有两种以上解释的,应当做出不利于提供格式条款一方的解释。格式条款和非格式条款不一致的,应当采用非格式条款。

4.无效合同

(1)无民事行为能力人签订的合同;

(2)违反法律、行政法规的强制性规定的合同;

(3)违背公序良俗的合同;

(4)行为人与相对人以虚假意思表示签订的合同;

(5)行为人与相对人恶意串通,损害他人合法权益而签订合同。

5.合同中免责条款的无效

(1)造成对方人身损害的;

(2)因故意或者重大过失造成对方财产损失的。

6.可撤销的合同

根据《民法典》的规定,下列合同,一方当事人有权请求人民法院或者仲裁机关予以撤销:

(1)基于重大误解订立的合同;

(2)一方以欺诈手段,使对方在违背真实意思的情况下订立的合同,受欺诈方有权请求人民法院或者仲裁机构予以撤销;

(3)一方或者第三人以胁迫手段,使对方在违背真实意思的情况下实施的民事法律行为,受胁迫方有权请求人民法院或者仲裁机构予以撤销;

(4)一方利用对方处于危困状态、缺乏判断能力等情形,致使民事法律行为成立时显失公平的,受损害方有权请求人民法院或者仲裁机构予以撤销。

7.合同的履行

(1)当事人应当按照约定全面履行自己的义务

当事人应当遵循诚实信用原则,根据合同的性质、目的和交易习惯履行通知、协助、保密等义务。

(2)合同履行的抗辩权

第一,同时履行抗辩权:当事人互负债务,没有先后履行顺序的,应当同时履行。一方在对方履行之前有权拒绝其履行要求。一方在对方履行债务不符合约定时,有权拒绝其相应的履行要求。

第二,先履行抗辩权:当事人互负债务,有先后履行顺序,应当先履行一方未履行的,后履行一方有权拒绝其履行要求。先履行一方履行债务不符合约定的,后履行一方有权拒绝其相应的履行要求。

第三，不安抗辩权：应当先履行债务的当事人，有确切证据证明对方有下列情形之一的，可以中止履行：

①经营状况严重恶化；②转移财产、抽逃资金，以逃避债务；③丧失商业信誉；④有丧失或者可能丧失履行债务能力的其他情形。

当事人没有确切证据中止履行的，应当承担违约责任。

8.违约责任

违约责任是指当事人一方不履行合同义务或者履行合同义务不符合约定的，应当承担继续履行、采取补救措施或者赔偿损失等违约责任。

违约责任的承担形式主要有：

（1）继续履行：继续履行是指债权人在债务人违约行为发生后请求人民法院或仲裁机构强制债务人继续照合同的约定履行债务。继续履行是合同实际履行原则的要求和延伸，是在发生违约行为后的一种补救措施。

（2）支付违约金：违约金是指当事人在合同中约定，在一方当事人违约时向另一方支付一定数额的金钱。

（3）违约损害赔偿：违约损害赔偿是指由违约行为造成对方当事人损失所产生的法律责任。当事人一方不履行合同义务或者履行合同义务不符合约定的，在履行义务或者采取补救措施后，对方还有其他损失的，应当赔偿损失。

（三）担保

个人贷款业务通常要求借款人提供一定的担保措施，并且担保方式应当符合《民法典》的规定。

担保是指按照法律规定或者当事人约定，由债务人或第三人向债权人提供一定的财产或资信，以确保债务的清偿。

担保合同是主合同的从合同，主合同无效，担保合同无效。担保合同另有约定的，按照约定。

1.担保方式和种类

《民法典》规定了五种担保方式：保证、抵押、质押、留置和定金。

担保的种类：

（1）人的担保，是指如果债务人不履行债务，由保证人按照约定履行债务。其主要形式是保证人的保证，这种形式在实际工作中具有较高的可操作性。

（2）物的担保。物的担保方式主要有抵押权和质押权以及留置权，但操作手续较为烦琐。

（3）定金担保，是在债务之外又交付一定数额的定金，该定金的得失与债务履行与否联系在一起，从而促使其积极履行债务，保障债权实现。

2.保证

（1）保证的概念和种类

保证是指保证人和债权人约定，当债务人不履行债务时，保证人按照约定履行债务或者承担责任的行为。

具有代为清偿债务能力的法人、其他组织或者公民，可以作保证人。国家机关不得为保证人，但经国务院批准为使用外国政府或者国际经济组织贷款进行转贷的除外。学校、幼儿园、医院等以公益为目的的事业单位、社会团体不得为保证人。

同一债务有两个以上保证人的，保证人应当按照保证合同约定的保证份额，承担保证责任。没有约定保证份额的，保证人承担连带责任，债权人可以要求任何一个保证人承担全部保证责任，保证人都负有担保全部债权实现的义务。已经承担保证责任的保证人，有权向债务人追偿，或者要求承担连带责任的其他保证人清偿其应当承担的份额。

保证的方式分为一般保证和连带责任保证。当事人在保证合同中约定，债务人不能履行债务时，由保证人承担保证责任的，为一般保证。一般保证的保证人在主合同纠纷未经审判或者仲裁，并就债务人财产依法强制执行仍不能履行债务前，对债权人可以拒绝承担保证责任，这种权利称为先诉抗辩权。

有下列情形之一的，保证人不得行使前款规定的权利：

①债务人下落不明，且无财产可供执行；②人民法院已经受理债务人破产案件；③债权人有证据证明债务人的财产不足以履行全部债务或者丧失履行债务能力；④保证人书面表示放弃本款规定的权利。

连带保证是指保证人与债务人对主债务承担连带责任的保证。连带保证仍具有一般保证的属性。连带保证仍以主债务的成立和存续为其存在的必要条件。连带责任保证的债务人在主合同规定的债务履行期届满没有履行债务的，债权人可以要求债务人履行债务，也可以要求保证人在其保证范围内承担保证责任。

一般保证和连带责任保证的保证人享有债务人的抗辩权。债务人放弃对债务的抗辩权的，保证人仍有权抗辩。抗辩权是指债权人行使债权时，债务人根据法定事由，对抗债权人行使请求权的权利。

（2）保证责任

担保物权的范围包括主债权、利息、违约金、损害赔偿金和实现债权的费用。保证合同另有约定的，按照约定。当事人对保证担保的范围没有约定或者约定不明确的，保证人应当对全部债务承担责任。

同一债权既有保证又有物的担保的，保证人对物的担保以外的债权承担保证责任。债权人放弃物的担保的，保证人在债权人放弃权利的范围内免除保证责任。

①保证期间的法律规定。一般保证的保证人与债权人未约定保证期间的，保证期间为主债务履行期届满之日起六个月。在合同约定的保证期间和前款规定的保证期间，债权人未对债务人提起诉讼或者申请仲裁的，保证人免除保证责任；债权人已提起诉讼或者申请仲裁的，保证期间适用诉讼时效中断的规定。

连带责任保证的保证人与债权人未约定保证期间的，债权人有权自主债务履行期届满之日起六个月内要求保证人承担保证责任。在合同约定的保证期间和前款规定的保证期间，债权人未要求保证人承担保证责任的，保证人免除保证责任。

②保证期间债权债务转让及变更。保证期间，债权人依法将主债权转让给第三人的，保证人

在原保证担保的范围内继续承担保证责任。保证合同另有约定的，按照约定。在主债权转移的情况下，保证债务随之一并转移给新的债权人，并不需征得保证人的同意。

保证期间，债权人许可债务人转让债务的，应当取得保证人书面同意，保证人对未经其同意转让的债务，不再承担保证责任。

债权人与债务人协议变更主合同的，应当取得保证人书面同意，未经保证人书面同意的，保证人不再承担保证责任。保证合同另有约定的，按照约定。

(四)物权

1.物权的基本内容

《中华人民共和国民法典》是一部明确物的归属，保护物权，充分发挥物的效用，维护社会主义市场经济秩序，维护国家基本经济制度，关系人民群众切身利益的民事基本法律。

物权所称物，包括不动产和动产。法律规定权利作为物权客体的，依照其规定。是指权利人依法对特定的物享有直接支配和排他的权利，包括所有权、用益物权和担保物权。物权的种类和内容，由法律规定。不动产物权的设立、变更、转让和消灭，应当依照法律规定登记。动产物权的设立和转让，应当依照法律规定交付。

2.和商业银行个人贷款业务相关的内容

(1)不动产登记管理

《民法典》的有关规定：

第二百零九条 不动产物权的设立、变更、转让和消灭，经依法登记，发生效力；未经登记，不发生效力，但法律另有规定的除外。

依法属于国家所有的自然资源，所有权可以不登记。

第二百一十条 不动产登记，由不动产所在地的登记机构办理。

国家对不动产实行统一登记制度。统一登记的范围、登记机构和登记办法，由法律、行政法规规定。

第二百一十四条 不动产物权的设立、变更、转让和消灭，依照法律规定应当登记的，自记载于不动产登记簿时发生效力。

第二百一十五条 当事人之间订立有关设立、变更、转让和消灭不动产物权的合同，除法律另有规定或者合同另有约定外，自合同成立时生效；未办理物权登记的，不影响合同效力。

(2)动产的交付管理

《民法典》的有关规定：

第二百二十四条 动产物权的设立和转让，自交付时发生效力，但法律另有规定的除外。

第二百二十五条 船舶、航空器和机动车等物权的设立、变更、转让和消灭，未经登记，不得对抗善意第三人。

第二百二十六条 动产物权设立和转让前，权利人已经依法占有该动产的，物权自法律行为生效时发生效力。

第二百二十七条 动产物权设立和转让前，第三人依法占有该动产的，负有交付义务的人可以通过转让请求第三人返还原物的权利代替交付。

第二百二十八条 动产物权转让时，双方又约定由出让人继续占有该动产的，物权自该约定生效时发生效力。

(3)担保物权

《民法典》的有关规定：

第三百八十七条 债权人在借贷、买卖等民事活动中，为保障实现其债权，需要担保的，可以依照本法和其他法律的规定设立担保物权。第三人为债务人向债权人提供担保的，可以要求债务人提供反担保。反担保适用本法和其他法律的规定。

第三百八十九条 担保物权的担保范围包括主债权及其利息、违约金、损害赔偿金、保管担保财产和实现担保物权的费用。当事人另有约定的，按照约定。

第三百九十二条 被担保的债权既有物的担保又有人的担保的，债务人不履行到期债务或者发生当事人约定的实现担保物权的情形，债权人应当按照约定实现债权；没有约定或者约定不明确，债务人自己提供物的担保的，债权人应当先就该物的担保实现债权；第三人提供物的担保的，债权人可以就物的担保实现债权，也可以请求保证人承担保证责任。提供担保的第三人承担担保责任后，有权向债务人追偿。

(4)抵押

《民法典》的有关规定：

第三百九十四条 为担保债务的履行，债务人或者第三人不转移财产的占有，将该财产抵押给债权人的，债务人不履行到期债务或者发生当事人约定的实现抵押权的情形，债权人有权就该财产优先受偿。

第三百九十五条 债务人或者第三人有权处分的下列财产可以抵押：

①建筑物和其他土地附着物；

②建设用地使用权；

③海域使用权；

④生产设备、原材料、半成品、产品；

⑤正在建造的建筑物、船舶、航空器；

⑥交通运输工具；

⑦法律、行政法规未禁止抵押的其他财产。

抵押人可以将前款所列财产一并抵押。

第三百九十六条 企业、个体工商户、农业生产经营者可以将现有的以及将有的生产设备、原材料、半成品、产品抵押，债务人不履行到期债务或者发生当事人约定的实现抵押权的情形，债权人有权就实现抵押权时的动产优先受偿。

第三百九十七条 以建筑物抵押的，该建筑物占用范围内的建设用地使用权一并抵押。以建设用地使用权抵押的，该土地上的建筑物一并抵押。抵押人未依照前款规定一并抵押的，未抵押的财产视为一并抵押。

第三百九十八条 乡镇、村企业的建设用地使用权不得单独抵押。以乡镇、村企业的厂房等建筑物抵押的，其占用范围内的建设用地使用权一并抵押。

第三百九十九条　下列财产不得抵押：

①土地所有权；

②宅基地、自留地、自留山等集体所有土地的使用权，但法律规定可以抵押的除外；

③学校、幼儿园、医院等以公益目的成立的非营利法人的教育设施、医疗卫生设施和其他公益设施；

④所有权、使用权不明或者有争议的财产；

⑤依法被查封、扣押、监管的财产；

⑥法律、行政法规规定不得抵押的其他财产。

第四百条　设立抵押权，当事人应当采取书面形式订立抵押合同。

抵押合同一般包括下列条款：

①被担保债权的种类和数额；

②债务人履行债务的期限；

③抵押财产的名称、数量等情况；

④担保的范围。

第四百零一条　抵押权人在债务履行期限届满前，与抵押人约定债务人不履行到期债务时抵押财产归债权人所有的，只能依法就抵押财产优先受偿。

第四百零二条　以本法第三百九十五条第一款第一项至第三项规定的财产或者第五项规定的正在建造的建筑物抵押的，应当办理抵押登记。抵押权自登记时设立。

第四百零三条　以动产抵押的，抵押权自抵押合同生效时设立；未经登记，不得对抗善意第三人。

第四百零四条　以动产抵押的，不得对抗正常经营活动中已支付合理价款并取得抵押财产的买受人。

第四百零七条　抵押权不得与债权分离而单独转让或者作为其他债权的担保。债权转让的，担保该债权的抵押权一并转让，但法律另有规定或者当事人另有约定的除外。

第四百一十条　债务人不履行到期债务或者发生当事人约定的实现抵押权的情形，抵押权人可以与抵押人协议以抵押财产折价或者以拍卖、变卖该抵押财产所得的价款优先受偿。协议损害其他债权人利益的，其他债权人可以请求人民法院撤销该协议。

抵押权人与抵押人未就抵押权实现方式达成协议的，抵押权人可以请求人民法院拍卖、变卖抵押财产。

抵押财产折价或者变卖的，应当参照市场价格。

第四百一十四条　同一财产向两个以上债权人抵押的，拍卖、变卖抵押财产所得的价款依照下列规定清偿：

①抵押权已登记的，按照登记的时间先后确定清偿顺序；

②抵押权已登记的先于未登记的受偿；

③抵押权未登记的，按照债权比例清偿。

第四百二十条　为担保债务的履行，债务人或者第三人对一定期间内将要连续发生的债权提供担保财产的，债务人不履行到期债务或者发生当事人约定的实现抵押权的情形，抵押权人有权在最高债权额限度内就该担保财产优先受偿。

最高额抵押权设立前已经存在的债权，经当事人同意，可以转入最高额抵押担保的债权范围。

（5）质押

《民法典》的有关规定：

第四百二十五条 为担保债务的履行，债务人或者第三人将其动产出质给债权人占有的，债务人不履行到期债务或者发生当事人约定的实现质权的情形，债权人有权就该动产优先受偿。

前款规定的债务人或者第三人为出质人，债权人为质权人，交付的动产为质押财产。

第四百二十六条 法律、行政法规禁止转让的动产不得出质。

第四百二十七条 设立质权，当事人应当采取书面形式订立质权合同。

质押合同一般包括下列条款：

①被担保债权的种类和数额；

②债务人履行债务的期限；

③质押财产的名称、数量等情况；

④担保的范围；

⑤质押财产交付的时间、方式。

第四百二十八条 质权人在债务履行期届满前，与出质人约定债务人不履行到期债务时质押财产归债权人所有的，只能依法就质押财产优先受偿。

第四百二十九条 质权自出质人交付质押财产时设立。

第四百三十一条 质权人在质权存续期间，未经出质人同意，擅自使用、处分质押财产，造成出质人损害的，应当承担赔偿责任。

第四百三十二条 质权人负有妥善保管质押财产的义务；因保管不善致使质押财产毁损、灭失的，应当承担赔偿责任。

质权人的行为可能使质押财产毁损、灭失的，出质人可以请求质权人将质押财产提存，或者请求提前清偿债务并返还质押财产。

第四百三十六条 债务人不履行到期债务或者发生当事人约定的实现质权的情形，质权人可以与出质人协议以质押财产折价，也可以就拍卖、变卖质押财产所得的价款优先受偿。

质押财产折价或者变卖的，应当参照市场价格。

第四百四十条 债务人或者第三人有权处分的下列权利可以出质：

①汇票、支票、本票；

②债券、存款单；

③仓单、提单；

④可以转让的基金份额、股权；

⑤可以转让的注册商标专用权、专利权、著作权等知识产权中的财产权；

⑥现有的以及将有的应收账款；

⑦法律、行政法规规定可以出质的其他财产权利。

第四百四十一条　以汇票、本票、支票、债券、存款单、仓单、提单出质的，质权自权利凭证交付质权人时设立；没有权利凭证的，质权自办理出质登记时设立。

第四百四十二条　汇票、本票、支票、债券、存款单、仓单、提单的兑现日期或者提货日期先于主债权到期的，质权人可以兑现或者提货，并与出质人协议将兑现的价款或者提取的货物提前清偿债务或者提存。

第四百四十三条　以基金份额、股权出质的，质权自办理出质登记时设立。

基金份额、股权出质后，不得转让，但经出质人与质权人协商同意的除外。出质人转让基金份额、股权所得的价款，应当向质权人提前清偿债务或者提存。

第四百四十四条　以注册商标专用权、专利权、著作权等知识产权中的财产权出质的，质权自办理出质登记时设立。

知识产权中的财产权出质后，出质人不得转让或者许可他人使用，但是出质人与质权人协商同意的除外。出质人转让或者许可他人使用出质的知识产权中的财产权所得的价款，应当向质权人提前清偿债务或者提存。

第四百四十五条　以应收账款出质的，质权自办理出质登记时设立。应收账款出质后，不得转让，但是出质人与质权人协商同意的除外。出质人转让应收账款所得的价款，应当向质权人提前清偿债务或者提存。

二、《中华人民共和国商业银行法》

《商业银行法》中与个人贷款业务直接相关的内容主要是关系人贷款。

第四十条　商业银行不得向关系人发放信用贷款；向关系人发放担保贷款的条件不得优于其他借款人同类贷款的条件。

前款所称关系人是指：

（1）商业银行的董事、监事、管理人员、信贷业务人员及其近亲属；

（2）前项所列人员投资或者担任高级管理职务的公司、企业和其他经济组织。

三、《贷款通则》

第一章　总　则

第一条　为了规范贷款行为，维护借贷双方的合法权益，保证信贷资产的安全，提高贷款使用的整体效益，促进社会经济的持续发展。根据《中华人民共和国中国人民银行法》《中华人民共和国商业银行法》等有关法律规定，制定本通则。

第二条　本通则所称贷款人系指在中国境内依法设立的经营贷款业务的中资金融机构。本通则所称借款人，系指从经营贷款业务的中资金融机构取得贷款的法人、其他经济组织、个体工商户和自然人。本通则中所称贷款系指贷款人对借款人提供的并按约定的利率和期限还本付息的货币资金。本通则中的贷款币种包括人民币和外币。

第三条 贷款的发放和使用应当符合国家的法律、行政法规和中国人民银行发布的行政规章,应当遵循效益性、安全性和流动性的原则。

第四条 借款人与贷款人的借贷活动应当遵循平等、自愿、公平和诚实信用的原则。

第五条 贷款人开展贷款业务,应当遵循公平竞争、密切协作的原则,不得从事不正当竞争。

第六条 中国人民银行及其分支机构是实施《贷款通则》的监管机关。

第二章 贷款种类

第七条 自营贷款、委托贷款和特定贷款:

自营贷款,系指贷款人以合法方式筹集的资金自主发放的贷款,其风险由贷款人承担,并由贷款人收回本金和利息。

委托贷款,系指由政府部门、企事业单位及个人等委托人提供资金,由贷款人(即受托人)根据委托人确定的贷款对象、用途、金额、期限、利率等代为发放、监督使用并协助收回的贷款。贷款人(受托人)只收取手续费,不承担贷款风险。

特定贷款,系指国务院批准并对贷款可能造成的损失采取相应补救措施后责成国有独资商业银行发放的贷款。

第八条 短期贷款、中期贷款和长期贷款:

短期贷款,系指贷款期限在1年以内(含1年)的贷款。

中期贷款,系指贷款期限在1年以上(不含1年)5年以下(含5年)的贷款。

长期贷款,系指贷款期限在5年(不含5年)以上的贷款。

第九条 信用贷款、担保贷款和票据贴现:

信用贷款,系指以借款人的信誉发放的贷款。

担保贷款,系指保证贷款、抵押贷款、质押贷款。

保证贷款,系指按《中华人民共和国担保法》规定的保证方式以第三人承诺在借款人不能偿还贷款时,按约定承担一般保证责任或者连带责任而发放的贷款。

抵押贷款,系指按《中华人民共和国担保法》规定的抵押方式以借款人或第三人的财产作为抵押物发放的贷款。

质押贷款,系指按《中华人民共和国担保法》规定的质押方式以借款人或第三人的动产或权利作为质物发放的贷款。

票据贴现,系指贷款人以购买借款人未到期商业票据的方式发放的贷款。

第十条 除委托贷款以外,贷款人发放贷款,借款人应当提供担保。贷款人应当对保证人的偿还能力,抵押物、质物的权属和价值以及实现抵押权、质权的可行性进行严格审查。

经贷款审查、评估确认借款人资信良好,确能偿还贷款的,可以不提供担保。

第三章 贷款期限和利率

第十一条 贷款期限:贷款期限根据借款人的生产经营周期、还款能力和贷款人的资金供给能力由借贷双方共同商议后确定，并在借款合同中载明。自营贷款期限最长一般不得超过10年，超过10年应当报中国人民银行备案。票据贴现的贴现期限最长不得超过6个月，贴现期限为从贴现之日起到票据到期日止。

第十二条　贷款展期：不能按期归还贷款的，借款人应当在贷款到期日之前，向贷款人申请贷款展期。是否展期由贷款人决定。申请保证贷款、抵押贷款、质押贷款展期的，还应当由保证人、抵押人、出质人出具同意的书面证明。已有约定的，按照约定执行。

短期贷款展期期限累计不得超过原贷款期限；中期贷款展期期限累计不得超过原贷款期限的一半；长期贷款展期期限累计不得超过3年。国家另有规定者除外。借款人未申请展期或申请展期未得到批准，其贷款从到期日次日起，转入逾期贷款账户。

第十三条　贷款利率的确定：

贷款人应当按照中国人民银行规定的贷款利率上下限，确定每笔贷款利率，并在借款合同中载明。

第十四条　贷款利息的计收：

贷款人和借款人应当按借款合同和中国人民银行有关计息规定按期计收或交付利息。

贷款的展期期限加上原期限达到新的利率期限档次时，从展期之日起，贷款利息按新的期限档次利率计收。

逾期贷款按规定计收罚息。

第十五条　贷款的贴息：

根据国家政策，为了促进某些产业和地区经济的发展，有关部门可以对贷款补贴利息。

对有关部门贴息的贷款，承办银行应当自主审查发放，并根据本通则有关规定严格管理。

第十六条　贷款停息、减息、缓息和免息：

除国务院决定外，任何单位和个人无权决定停息、减息、缓息和免息。贷款人应当依据国务院决定，按照职责权限范围具体办理停息、减息、缓息和免息。

第四章　借款人

第十七条　借款人应当是经工商行政管理机关（或主管机关）核准登记的企（事）业法人、其他经济组织、个体工商户或具有中华人民共和国国籍的具有完全民事行为能力的自然人。

借款人申请贷款，应当具备产品有市场、生产经营有效益、不挤占挪用贷款资金、恪守信用等基本条件，并且应当符合以下要求：

（1）有按期还本付息的能力，原应付贷款利息和到期贷款已清偿；没有清偿的，已经做了贷款人认可的偿还计划。

（2）除自然人和不需要经工商部门核准登记的事业法人外，应当经过工商部门办理年检手续。

（3）已开立基本账户或一般存款账户。

（4）除国务院规定外，有限责任公司和股份有限公司对外股本权益性投资累计额未超过其净资产总额的50%。

（5）借款人的资产负债率符合贷款人的要求。

（6）申请中期、长期贷款的，新建项目的企业法人所有者权益与项目所需总投资的比例不低于国家规定的投资项目的资本金比例。

第十八条 借款人的权利：

（1）可以自主向主办银行或者其他银行的经办机构申请贷款并依条件取得贷款；

（2）有权按合同约定提取和使用全部贷款；

（3）有权拒绝借款合同以外的附加条件；

（4）有权向贷款人的上级和中国人民银行反映、举报有关情况；

（5）在征得贷款人同意后，有权向第三人转让债务。

第十九条 借款人的义务：

（1）应当如实提供贷款人要求的资料（法律规定不能提供者除外），应当向贷款人如实提供所有开户行、账号及存贷款余额情况，配合贷款人的调查、审查和检查；

（2）应当接受贷款人对其使用信贷资金情况和有关生产经营、财务活动的监督；

（3）应当按借款合同约定用途使用贷款；

（4）应当按借款合同约定及时清偿贷款本息；

（5）将债务全部或部分转让给第三人的，应当取得贷款人的同意；

（6）有危及贷款人债权安全情况时，应当及时通知贷款人，同时采取保全措施。

第二十条 对借款人的限制：

（1）不得在一个贷款人同一辖区内的两个或两个以上同级分支机构取得贷款。

（2）不得向贷款人提供虚假的或者隐瞒重要事实的资产负债表、损益表等。

（3）不得用贷款从事股本权益性投资，国家另有规定的除外。

（4）不得用贷款在有价证券、期货等方面从事投机经营。

（5）除依法取得经营房地产资格的借款人以外，不得用贷款经营房地产业务；依法取得经营房地产资格的借款人，不得用贷款从事房地产投机。

（6）不得套取贷款用于借贷牟取非法收入。

（7）不得违反国家外汇管理规定使用外币贷款。

（8）不得采取欺诈手段骗取贷款。

第五章 贷款人

第二十一条 贷款人必须经中国人民银行批准经营贷款业务，持有中国人民银行颁发的《金融机构法人许可证》或《金融机构营业许可证》，并经工商行政管理部门核准登记。

第二十二条 贷款人的权利：

根据贷款条件和贷款程序自主审查和决定贷款，除国务院批准的特定贷款外，有权拒绝任何单位和个人强令其发放贷款或者提供担保。

（1）要求借款人提供与借款有关的资料；

（2）根据借款人的条件，决定贷与不贷、贷款金额、期限和利率等；

（3）了解借款人的生产经营活动和财务活动；

（4）依合同约定从借款人账户上划收贷款本金和利息；

（5）借款人未能履行借款合同规定义务的，贷款人有权依合同约定要求借款人提前归还贷款或停止支付借款人尚未使用的贷款；

（6）在贷款将受或已受损失的，可依据合同规定，采取使贷款免受损失的措施。

第二十三条　贷款人的义务：

（1）应当公布所经营的贷款的种类、期限和利率，并向借款人提供咨询。

（2）应当公开贷款审查的资信内容和发放贷款的条件。

（3）贷款人应当审议借款人的借款申请，并及时答复贷与不贷。短期贷款答复时间不得超过1个月，中期、长期贷款答复时间不得超过6个月；国家另有规定者除外。

（4）应当对借款人债务、财务、生产、经营情况保密，但对依法查询者除外。

第二十四条　对贷款人的限制：

（1）贷款的发放必须严格执行《中华人民共和国商业银行法》第三十九条关于资产负债比例管理的有关规定，第四十条关于不得向关系人发放信用贷款、向关系人发放担保贷款的条件不得优于其他借款人同类贷款条件的规定。

（2）借款人有下列情形之一者，不得对其发放贷款：

①不具备本通则第四章第十七条所规定的资格和条件的；

②生产、经营或投资国家明文禁止的产品、项目的；

③违反国家外汇管理规定的；

④建设项目按国家规定应当报有关部门批准而未取得批准文件的；

⑤生产经营或投资项目未取得环境保护部门许可的；

⑥在实行承包、租赁、联营、合并（兼并）、合作、分立、产权有偿转让、股份制改造等体制变更过程中，未清偿原有贷款债务、落实原有贷款债务或提供相应担保的；

⑦有其他严重违法经营行为的。

（3）未经中国人民银行批准，不得对自然人发放外币币种的贷款。

（4）自营贷款和特定贷款，除按中国人民银行规定计收利息之外，不得收取其他任何费用；委托贷款，除按中国人民银行规定计收手续费之外，不得收取其他任何费用。

（5）不得给委托人垫付资金，国家另有规定的除外。

（6）严格控制信用贷款，积极推广担保贷款。

第六章　贷款程序

第二十五条　贷款申请：

借款人需要贷款，应当向主办银行或者其他银行的经办机构直接申请。借款人应当填写包括借款金额、借款用途、偿还能力及还款方式等主要内容的《借款申请书》并提供以下资料：

(1)借款人及保证人基本情况；

(2)财政部门或会计(审计)事务所核准的上年度财务报告，以及申请借款前一期的财务报告；

(3)原有不合理占用的贷款的纠正情况；

(4)抵押物、质物清单和有处分权人的同意抵押、质押的证明及保证人拟同意保证的有关证明文件；

(5)项目建议书和可行性报告；

(6)贷款人认为需要提供的其他有关资料。

第二十六条 对借款人的信用等级评估：

应当根据借款人的领导者素质、经济实力、资金结构、履约情况、经营效益和发展前景等因素，评定借款人的信用等级。评级可由贷款人独立进行，内部掌握，也可由有权部门批准的评估机构进行。

第二十七条 贷款调查：

贷款人受理借款人申请后，应当对借款人的信用等级以及借款的合法性、安全性、盈利性等情况进行调查，核实抵押物、质物、保证人情况，测定贷款的风险度。

第二十八条 贷款审批：

贷款人应当建立审贷分离、分级审批的贷款管理制度。审查人员应当对调查人员提供的资料进行核实、评定，复测贷款风险度，提出意见，按规定权限报批。

第二十九条 签订借款合同：

所有贷款应当由贷款人与借款人签订借款合同。借款合同应当约定借款种类，借款用途、金额、利率，借款期限，还款方式，借、贷双方的权利、义务，违约责任和双方认为需要约定的其他事项。

保证贷款应当由保证人与贷款人签订保证合同，或保证人在借款合同上载明与贷款人协商一致的保证条款。加盖保证人的法人公章，并由保证人的法定代表人或其授权代理人签署姓名。抵押贷款、质押贷款应当由抵押人、出质人与贷款人签订抵押合同、质押合同，需要办理登记的，应依法办理登记。

第三十条 贷款发放：

贷款人要按借款合同规定按期发放贷款。贷款人不按合同约定按期发放贷款的，应偿付违约金。借款人不按合同约定用款的，应偿付违约金。

第三十一条 贷后检查：

贷款发放后，贷款人应当对借款人执行借款合同情况及借款人的经营情况进行追踪调查和检查。

第三十二条 贷款归还：

借款人应当按照借款合同规定按时足额归还贷款本息。

贷款人在短期贷款到期1个星期之前、中长期贷款到期1个月之前，应当向借款人发送还本付息通知单；借款人应当及时筹备资金，按时还本付息。

贷款人对逾期的贷款要及时发出催收通知单，做好逾期贷款本息的催收工作。

贷款人对不能按借款合同约定期限归还的贷款，应当按规定加罚利息；对不能归还或者不能落实还本付息事宜的，应当督促归还或者依法起诉。

借款人提前归还贷款，应当与贷款人协商。

第七章　不良贷款监管

第三十三条　贷款人应当建立和完善贷款的质量监管制度，对不良贷款进行分类、登记、考核和催收。

第三十四条　不良贷款系指呆账贷款、呆滞贷款、逾期贷款。

呆账贷款，系指按财政部有关规定列为呆账的贷款。

呆滞贷款，系指按财政部有关规定，逾期（含展期后到期）超过规定年限以上仍未归还的贷款，或虽未逾期或逾期不满规定年限但生产经营已终止、项目已停建的贷款（不含呆账贷款）。

逾期贷款，系指借款合同约定到期（含展期后到期）未归还的贷款（不含呆滞贷款和呆账贷款）。

第三十五条　不良贷款的登记：

不良贷款由会计、信贷部门提供数据，由稽核部门负责审核并按规定权限认定，贷款人应当按季填报不良贷款情况表。在报上级行的同时，应当报中国人民银行当地分支机构。

第三十六条　不良贷款的考核：

贷款人的呆账贷款、呆滞贷款、逾期贷款不得超过中国人民银行规定的比例。贷款人应当对所属分支机构下达和考核呆账贷款、呆滞贷款和逾期贷款的有关指标。

第三十七条　不良贷款的催收和呆账贷款的冲销：

信贷部门负责不良贷款的催收，稽核部门负责对催收情况的检查。贷款人应当按照国家有关规定提取呆账准备金，并按照呆账冲销的条件和程序冲销呆账贷款。

未经国务院批准，贷款人不得豁免贷款。除国务院批准外，任何单位和个人不得强令贷款人豁免贷款。

第八章　贷款管理责任制

第三十八条　贷款管理实行行长（经理、主任，下同）负责制。

贷款实行分级经营管理。各级行长应当在授权范围内对贷款的发放和收回负全部责任。行长可以授权副行长或贷款管理部门负责审批贷款，副行长或贷款管理部门负责人应当对行长负责。

第三十九条　贷款人各级机构应当建立有行长或副行长（经理、主任，下同）和有关部门负责人参加的贷款审查委员会（小组），负责贷款的审查。

第四十条　建立审贷分离制：

贷款调查评估人员负责贷款调查评估，承担调查失误和评估失准的责任；贷款审查人员负责贷款风险的审查，承担审查失误的责任；贷款发放人员负责贷款的检查和清收，承担检查失误、清收不力的责任。

第四十一条 建立贷款分级审批制：

贷款人应当根据业务量大小、管理水平和贷款风险度确定各级分支机构的审批权限，超过审批权限的贷款，应当报上级审批。各级分支机构应当根据贷款种类、借款人的信用等级和抵押物、质物、保证人等情况确定每一笔贷款的风险度。

第四十二条 建立和健全信贷工作岗位责任制：

各级贷款管理部门应将贷款管理的每一个环节的管理责任落实到部门、岗位、个人，严格划分各级信贷工作人员的职责。

第四十三条 贷款人对大额借款人建立驻厂信贷员制度。

第四十四条 建立离职审计制：

贷款管理人员在调离原工作岗位时，应当对其在任职期间和权限内所发放的贷款风险情况进行审计。

第九章 贷款债权保全和清偿的管理

第四十五条 借款人不得违反法律规定，借兼并、破产或者股份制改造等途径，逃避银行债务，侵吞信贷资金；不得借承包、租赁等途径逃避贷款人的信贷监管以及偿还贷款本息的责任。

第四十六条 贷款人有权参与处于兼并、破产或股份制改造等过程中的借款人的债务重组，应当要求借款人落实贷款还本付息事宜。

第四十七条 贷款人应当要求实行承包、租赁经营的借款人，在承包、租赁合同中明确落实原贷款债务的偿还责任。

第四十八条 贷款人对实行股份制改造的借款人，应当要求其重新签订借款合同，明确原贷款债务的清偿责任。

对实行整体股份制改造的借款人，应当明确其所欠贷款债务由改造后公司全部承担；对实行部分股份制改造的借款人，应当要求改造后的股份公司按占用借款人的资本金或资产的比例承担原借款人的贷款债务。

第四十九条 贷款人对联营后组成新的企业法人的借款人，应当要求其依据所占用的资本金或资产的比例将贷款债务落实到新的企业法人。

第五十条 贷款人对合并(兼并)的借款人，应当要求其在合并(兼并)前清偿贷款债务或提供相应的担保。

借款人不清偿贷款债务或未提供相应担保，贷款人应当要求合并(兼并)企业或合并后新成立的企业承担归还原借款人贷款的义务，并与之重新签订有关合同或协议。

第五十一条 贷款人对与外商合资(合作)的借款人，应当要求其继续承担合资(合作)前的贷款归还责任，并要求其将所得收益优先归还贷款。借款人用已作为贷款抵押、质押的财产与外商合资（合作）时必须征求贷款人同意。

第五十二条　贷款人对分立的借款人，应当要求其在分立前清偿贷款债务或提供相应的担保。

借款人不清偿贷款债务或未提供相应担保，贷款人应当要求分立后的各企业，按照分立时所占资本或资产比例或协议，对原借款人所欠贷款承担清偿责任。对设立子公司的借款人，应当要求其子公司按所得资本或资产的比例承担和偿还母公司相应的贷款债务。

第五十三条　贷款人对产权有偿转让或申请解散的借款人，应当要求其在产权转让或解散前必须落实贷款债务的清偿。

第五十四条　贷款人应当按照有关法律参与借款人破产财产的认定与债权债务的处置，对于破产借款人已设定财产抵押、质押或其他担保的贷款债权，贷款人依法享有优先受偿权；无财产担保的贷款债权按法定程序和比例受偿。

第十章　贷款管理特别规定

第五十五条　建立贷款主办行制度：借款人应按中国人民银行的规定与其开立基本账户的贷款人建立贷款主办行关系。借款人发生企业分立、股份制改造、重大项目建设等涉及信贷资金使用和安全的重大经济活动，事先应当征求主办行的意见。一个借款人只能有一个贷款主办行，主办行应当随基本账户的变更而变更。

主办行不包资金，但应当按规定有计划地对借款人提供贷款，为借款人提供必要的信息咨询、代理等金融服务。贷款主办行制度与实施办法，由中国人民银行另行规定。

第五十六条　银团贷款应当确定一个贷款人为牵头行，并签订银团贷款协议，明确各贷款人的权利和义务，共同评审贷款项目。牵头行应当按协议确定的比例监督贷款的偿还。银团贷款管理办法由中国人民银行另行规定。

第五十七条　特定贷款管理：

国有独资商业银行应当按国务院规定发放和管理特定贷款。

特定贷款管理办法另行规定。

第五十八条　非银行金融机构贷款的种类、对象、范围，应当符合中国人民银行规定。

第五十九条　贷款人发放异地贷款，或者接受异地存款，应当报中国人民银行当地分支机构备案。

第六十条　信贷资金不得用于财政支出。

第六十一条　各级行政部门和企事业单位、供销合作社等合作经济组织、农村合作基金会和其他基金会，不得经营存贷款等金融业务。企业之间不得违反国家规定办理借贷或者变相借贷融资业务。

第十一章　罚　　则

第六十二条　贷款人违反资产负债比例管理有关规定发放贷款的，应当依照《中华人民共和国商业银行法》第七十五条，由中国人民银行责令改正，处以罚款，有违法所得的没收违法所得，并且应当依照第七十六条对直接负责的主管人员和其他直接责任人员给予处罚。

第六十三条 贷款人违反规定向关系人发放信用贷款或者发放担保贷款的条件优于其他借款人同类贷款条件的，应当依照《中华人民共和国商业银行法》第七十四条处罚，并且应当依照第七十六条对有关直接责任人员给予处罚。

第六十四条 贷款人的工作人员对单位或者个人强令其发放贷款或者提供担保未予拒绝的，应当依照《中华人民共和国商业银行法》第八十五条给予纪律处分，造成损失的应当承担相应的赔偿责任。

第六十五条 贷款人的有关责任人员违反本通则有关规定，应当给予纪律处分和罚款；情节严重或屡次违反的，应当调离工作岗位，取消任职资格；造成严重经济损失或者构成其他经济犯罪的，应当依照有关法律规定追究刑事责任。

第六十六条 贷款人有下列情形之一，由中国人民银行责令改正；逾期不改正的，中国人民银行可以处以5 000元以上1万元以下罚款：

（1）没有公布所经营贷款的种类、期限、利率的；

（2）没有公开贷款条件和发放贷款时要审查的内容的；

（3）没有在规定期限内答复借款人贷款申请的。

第六十七条 贷款人有下列情形之一，由中国人民银行责令改正；有违法所得的，没收违法所得，并处以违法所得1倍以上3倍以下罚款；没有违法所得的，处以5万元以上30万元以下罚款；构成犯罪的，依法追究刑事责任：

（1）贷款人违反规定代垫委托贷款资金的；

（2）未经中国人民银行批准，对自然人发放外币贷款的；

（3）贷款人违反中国人民银行规定，对自营贷款或者特定贷款在计收利息之外收取其他任何费用的，或者对委托贷款在计收手续费之外收取其他任何费用的。

第六十八条 任何单位和个人强令银行发放贷款或者提供担保的，应当依照《中华人民共和国商业银行法》第八十五条，对直接负责的主管人员和其他直接责任人员或者个人给予纪律处分；造成经济损失的，承担全部或者部分赔偿责任。

第六十九条 借款人采取欺诈手段骗取贷款，构成犯罪的，应当依照《中华人民共和国商业银行法》第八十条等法律规定处以罚款并追究刑事责任。

第七十条 借款人违反本通则第九章第四十五条规定，蓄意通过兼并、破产或者股份制改造等途径侵吞信贷资金的，应当依据有关法律规定承担相应部分赔偿责任并处以罚款；造成贷款人重大经济损失的，应当依照有关法律规定追究直接责任人员的刑事责任。

借款人违反本通则第九章其他条款规定，致使贷款债务落空，由贷款人停止发放新贷款，并提前收回原发放的贷款。造成信贷资产损失的，借款人及其主管人员或其他个人，应当承担部分或全部赔偿责任。在未履行赔偿责任之前，其他任何贷款人不得对其发放贷款。

第七十一条 借款人有下列情形之一，由贷款人对其部分或全部贷款加收利息；情节特别严重的，由贷款人停止支付借款人尚未使用的贷款，并提前收回部分或全部贷款：

（1）不按借款合同规定用途使用贷款的。

（2）用贷款进行股本权益性投资的。

（3）用贷款在有价证券、期货等方面从事投机经营的。

（4）未依法取得经营房地产资格的借款人用贷款经营房地产业务的；依法取得经营房地产资格的借款人，用贷款从事房地产投机的。

（5）不按借款合同规定清偿贷款本息的。

（6）套取贷款相互借贷牟取非法收入的。

第七十二条 借款人有下列情形之一，由贷款人责令改正。情节特别严重或逾期不改正的，由贷款人停止支付借款人尚未使用的贷款，并提前收回部分或全部贷款：

（1）向贷款人提供虚假或者隐瞒重要事实的资产负债表、损益表等资料的；

（2）不如实向贷款人提供所有开户行、账号及存贷款余额等资料的；

（3）拒绝接受贷款人对其使用信贷资金情况和有关生产经营、财务活动监督的。

第七十三条 行政部门、企事业单位、股份合作经济组织、供销合作社、农村合作基金会和其他基金会擅自发放贷款的；企业之间擅自办理借贷或者变相借贷的，由中国人民银行对出借方按违规收入处以1倍以上至5倍以下罚款，并由中国人民银行予以取缔。

第七十四条 当事人对中国人民银行处罚决定不服的，可按《中国人民银行行政复议办法（试行）》的规定申请复议，复议期间仍按原处罚执行。

第十二章 附 则

第七十五条 国家政策性银行、外资金融机构（含外资、中外合资、外资金融机构的分支机构等）的贷款管理办法，由中国人民银行另行制定。

第七十六条 有关外国政府贷款、出口信贷、外商贴息贷款、出口信贷项下的对外担保以及与上述贷款配套的国际商业贷款的管理办法，由中国人民银行另行制定。

第七十七条 贷款人可根据本通则制定实施细则，报中国人民银行备案。

第七十八条 本通则自实施之日起，中国人民银行和各贷款人在此以前制定的各种规定，与本通则有抵触者，以本通则为准。

第七十九条 本通则由中国人民银行负责解释。

第八十条 本通则自1996年8月1日起施行。

附录二　个人贷款的监管政策和法规

一、《个人贷款管理办法》

个人贷款管理办法

（2024年1月30日国家金融监督管理总局令
2024年第3号公布　自2024年7月1日起施行）

第一章 总　则

第一条　为规范银行业金融机构个人贷款业务行为，加强个人贷款业务审慎经营管理，促进个人贷款业务健康发展，依据《中华人民共和国银行业监督管理法》、《中华人民共和国商业银行法》等法律法规，制定本办法。

第二条　本办法所称银行业金融机构（以下简称贷款人），是指在中华人民共和国境内设立的商业银行、农村合作银行、农村信用合作社等吸收公众存款的金融机构。

第三条　本办法所称个人贷款，是指贷款人向符合条件的自然人发放的用于个人消费、生产经营等用途的本外币贷款。

第四条　贷款人开展个人贷款业务，应当遵循依法合规、审慎经营、平等自愿、公平诚信的原则。

第五条　贷款人应建立有效的个人贷款全流程管理机制，制订贷款管理制度及每一贷款品种的操作规程，明确相应贷款对象和范围，实施差别风险管理，建立贷款各操作环节的考核和问责机制。

第六条　贷款人应根据风险管理实际需要，建立个人贷款风险限额管理制度。

第七条　个人贷款用途应符合法律法规规定和国家有关政策，贷款人不得发放无指定用途的个人贷款。贷款人应加强贷款资金支付管理，有效防范个人贷款业务风险。

第八条　个人贷款的期限应符合国家相关规定。用于个人消费的贷款期限不得超过五年；用于生产经营的贷款期限一般不超过五年，对于贷款用途对应的经营现金流回收周期较长的，可适当延长贷款期限，最长不超过十年。

第九条　个人贷款利率应当遵循利率市场化原则，由借贷双方在遵守国家有关规定的前提下协商确定。

第十条　贷款人应建立借款人合理的收入偿债比例控制机制，结合借款人收入、负债、支出、贷款用途、担保情况等因素，合理确定贷款金额和期限，控制借款人每期还款额不超过其还款能力。

第十一条　国家金融监督管理总局及其派出机构依法对个人贷款业务实施监督管理。

第二章　受理与调查

第十二条　个人贷款申请应具备以下条件：

（1）借款人为具有完全民事行为能力的中华人民共和国公民或符合国家有关规定的境外自然人；

（2）借款用途明确合法；

（3）贷款申请数额、期限和币种合理；

（4）借款人具备还款意愿和还款能力；

（5）借款人信用状况良好；

（6）贷款人要求的其他条件。

第十三条　贷款人应要求借款人以书面形式提出个人贷款申请，并要求借款人提供能够证明其符合贷款条件的相关资料。

第十四条　贷款人受理借款人贷款申请后，应履行尽职调查职责，对个人贷款申请内容和相关情况的真实性、准确性、完整性进行调查核实，形成调查评价意见。

第十五条　贷款调查包括但不限于以下内容：

（1）借款人基本情况；

（2）借款人收入情况；

（3）借款用途，用于生产经营的还应调查借款人经营情况；

（4）借款人还款来源、还款能力及还款方式；

（5）保证人担保意愿、担保能力或抵（质）押物权属、价值及变现能力。

第十六条　贷款调查应以现场实地调查与非现场间接调查相结合的形式开展，采取现场核实、电话查问、信息咨询以及其他数字化电子调查等途径和方法。

对于金额不超过二十万元人民币的贷款，贷款人通过非现场间接调查手段可有效核实相关信息真实性，并可据此对借款人作出风险评价的，可简化或不再进行现场实地调查（不含用于个人住房用途的贷款）。

第十七条　贷款人应建立健全贷款调查机制，明确对各类事项调查的途径和方式方法，确保贷款调查的真实性和有效性。

贷款人将贷款调查中的部分特定事项委托第三方代为办理的，不得损害借款人合法权益，并确保相关风险可控。贷款人应明确第三方的资质条件，建立名单制管理制度，并定期对名单进行审查更新。

贷款人不得将贷款调查中涉及借款人真实意思表示、收入水平、债务情况、自有资金来源及外部评估机构准入等风险控制的核心事项委托第三方完成。

第十八条　贷款人应建立并执行贷款面谈制度。

贷款人可根据业务需要通过视频形式与借款人面谈（不含用于个人住房用途的贷款）。视频面谈应当在贷款人自有平台上进行，记录并保存影像。贷款人应当采取有效措施确定并核实借款人真实身份及所涉及信息真实性。

第三章　风险评价与审批

第十九条　贷款审查应对贷款调查内容的合法性、合理性、准确性进行全面审查，重点关注调查人的尽职情况和借款人的偿还能力、信用状况、担保情况、抵（质）押比率、风险程度等。

第二十条　贷款人应建立和完善风险评价机制，落实风险评价的责任部门和岗位。贷款风险评价应全面分析借款人的信用状况和还款能力，关注其收入与支出情况、偿债情况等，用于生产经营的还应对借款人经营情况和风险情况进行分析，采取定量和定性分析方法，全面、动态、审慎地进行贷款风险评价。对于提供担保的贷款，贷款人应当以全面评价借款人的偿债能力为前提，不得直接通过担保方式确定贷款金额和期限等要素。

贷款人应建立和完善借款人信用风险评价体系，关注借款人各类融资情况，建立健全个人客户统一授信管理体系，并根据业务发展情况和风险控制需要，适时予以调整。

第二十一条　贷款人应根据审慎性原则，完善授权管理制度，规范审批操作流程，明确贷款审批权限，实行审贷分离和授权审批，确保贷款审批按照授权独立审批贷款。

贷款人通过线上方式进行自动化审批的，应当建立人工复审机制，作为对自动化审批的补充，并设定人工复审的触发条件。对贷后管理中发现自动化审批不能有效识别风险的，贷款人应当停止自动化审批流程。

第二十二条　贷款人通过全线上方式开展的业务，应当符合互联网贷款相关规定。

第二十三条　对未获批准的个人贷款申请，贷款人应告知借款人。

第二十四条　贷款人应根据重大经济形势变化、违约率明显上升等异常情况，对贷款审批环节进行评价分析，及时、有针对性地调整审批政策，加强相关贷款的管理。

第二十五条　贷款人为股东等关联方办理个人贷款的，应严格执行关联交易管理的相关监管规定，发放贷款条件不得优于一般借款人，并在风险评价报告中进行说明。

第四章　协议与发放

第二十六条　贷款人应与借款人签订书面借款合同，需担保的应同时签订担保合同或条款。贷款人应要求借款人当面签订借款合同及其他相关文件。对于金额不超过二十万元人民币的贷款，可通过电子银行渠道签订有关合同和文件（不含用于个人住房用途的贷款）。

当面签约的，贷款人应当对签约过程进行录音录像并妥善保存相关影像。

第二十七条　借款合同应符合《中华人民共和国民法典》等法律规定，明确约定各方当事人的诚信承诺和贷款资金的用途、支付对象（范围）、支付金额、支付条件、支付方式等。

贷款人应在合同中与借款人约定，借款人不履行合同或怠于履行合同时应承担的违约责任，以及贷款人可采取的提前收回贷款、调整贷款支付方式、调整贷款利率、收取罚息、压降授信额度、停止或中止贷款发放等措施，并追究相应法律责任。

第二十八条　贷款人应建立健全合同管理制度，有效防范个人贷款法律风险。

借款合同采用格式条款的，应当维护借款人的合法权益，并予以公示。

第二十九条　贷款人应依照《中华人民共和国民法典》等法律法规的相关规定，规范担保流程与操作。

按合同约定办理抵（质）押物登记的，贷款人应当参与。贷款人委托第三方办理的，应对抵（质）押物登记情况予以核实。

第三十条　贷款人应加强对贷款的发放管理，遵循审贷与放贷分离的原则，设立独立的放款管理部门或岗位，负责落实放款条件、发放满足约定条件的个人贷款。

第三十一条　借款合同生效后，贷款人应按合同约定及时发放贷款。

第五章　支付管理

第三十二条　贷款人应按照借款合同约定，通过贷款人受托支付或借款人自主支付的方式对贷款资金的支付进行管理与控制。贷款人应健全贷款资金支付管控体系，加强金融科技应用，有效监督贷款资金按约定用途使用。

贷款人受托支付是指贷款人根据借款人的提款申请和支付委托，将贷款资金支付给符合合同约定用途的借款人交易对象。

借款人自主支付是指贷款人根据借款人的提款申请将贷款资金直接发放至借款人账户，并由借款人自主支付给符合合同约定用途的借款人交易对象。

第三十三条　个人贷款资金应当采用贷款人受托支付方式向借款人交易对象支付，但本办法第三十六条规定的情形除外。

第三十四条　采用贷款人受托支付的，贷款人应要求借款人在使用贷款时提出支付申请，并授权贷款人按合同约定方式支付贷款资金。

贷款人应在贷款资金发放前审核借款人相关交易资料和凭证是否符合合同约定条件，支付后做好有关细节的认定记录。

对于贷款资金使用记录良好的借款人，在合同约定的生产经营贷款用途范围内，出现合理的紧急用款需求，贷款人经评估认为风险可控的，可适当简化借款人需提供的受托支付事前证明材料和流程，于放款完成后及时完成事后审核。

第三十五条　贷款人受托支付完成后，应详细记录资金流向，归集保存相关凭证。

第三十六条　有下列情形之一的个人贷款，经贷款人同意可以采取借款人自主支付方式：

（1）借款人无法事先确定具体交易对象且单次提款金额不超过三十万元人民币的；

（2）借款人交易对象不具备条件有效使用非现金结算方式的；

（3）贷款资金用于生产经营且单次提款金额不超过五十万元人民币的；

（4）法律法规规定的其他情形的。

第三十七条　采用借款人自主支付的，贷款人应与借款人在借款合同中事先约定，要求借款人定期报告或告知贷款人贷款资金支付情况。

贷款人应当通过账户分析、凭证查验或现场调查等方式，核查贷款支付是否符合约定用途，以及是否存在以化整为零方式规避受托支付的情形。

第三十八条　贷款支付过程中，借款人信用状况下降、贷款资金使用出现异常或违反合同约定以化整为零方式规避受托支付的，贷款人应与借款人协商补充贷款发放和支付条件，或根据合同约定变更贷款支付方式、停止或中止贷款资金的发放和支付。

第六章　贷后管理

第三十九条　个人贷款支付后，贷款人应采取有效方式对贷款资金使用、借款人的信用及担保情况变化等进行跟踪检查和监控分析，确保贷款资产安全。

贷款人应加强对借款人资金挪用行为的监控，发现借款人挪用贷款资金的，应按照合同约定采取要求借款人整改、提前归还贷款或下调贷款风险分类等相应措施进行管控。

第四十条　贷款人应区分个人贷款的品种、对象、金额等，确定贷款检查的相应方式、内容和频度。对于简化或不再进行现场实地调查的业务，应当按照适当比例实施贷后实地检查。贷款人内部审计等部门应对贷款检查职能部门的工作质量进行抽查和评价。

第四十一条　贷款人应定期跟踪分析评估借款人履行借款合同约定内容的情况，并作为与借款人后续合作的信用评价基础。

第四十二条　贷款人应当按照法律法规规定和借款合同的约定，对借款人未按合同承诺提供真实、完整信息和未按合同约定用途使用、支付贷款等行为追究违约责任。

第四十三条　借款人申请贷款展期的，贷款人应审慎评估展期原因和后续还款安排的可行性。同意展期的，应根据还款来源等情况，合理确定展期期限，并加强对贷款的后续管理，按照实质风险状况进行风险分类。

期限一年以内的贷款展期期限累计不得超过原贷款期限；期限超过一年的贷款展期期限累计不得超过原贷款期限的一半。

第四十四条　贷款人应按照借款合同约定，收回贷款本息。

对于未按照借款合同约定偿还的贷款，贷款人应采取清收、协议重组、债权转让或核销等措施进行处置。

第七章　法律责任

第四十五条　贷款人违反本办法规定办理个人贷款业务的，国家金融监督管理总局及其派出机构应当责令其限期改正。贷款人有下列情形之一的，国家金融监督管理总局及其派出机构可根据《中华人民共和国银行业监督管理法》采取相关监管措施：

（1）贷款调查、审查、贷后管理未尽职的；

（2）未按规定建立、执行贷款面谈、借款合同面签制度的；

（3）借款合同采用格式条款未公示的；

（4）违反本办法第三十条规定的；

（5）支付管理不符合本办法要求的。

第四十六条　贷款人有下列情形之一的，国家金融监督管理总局及其派出机构可根据《中华人民共和国银行业监督管理法》对其采取相关监管措施或进行处罚：

（1）发放不符合条件的个人贷款的；

（2）签订的借款合同不符合本办法规定的；

（3）违反本办法第七条规定的；

（4）将贷款调查的风险控制核心事项委托第三方完成的；

（5）超越或变相超越贷款权限审批贷款的；

（6）授意借款人虚构情节获得贷款的；

（7）对借款人严重违约行为未采取有效措施的；

（8）严重违反本办法规定的审慎经营规则的其他情形的。

第八章　附　　则

第四十七条　国家金融监督管理总局及其派出机构可以根据贷款人的经营管理情况、风险水平和个人贷款业务开展情况等，对贷款人个人贷款管理提出相关审慎监管要求。

第四十八条　国家开发银行、政策性银行以及经国家金融监督管理总局批准设立的非银行金融机构发放的个人贷款，可参照本办法执行。

第四十九条　国家金融监督管理总局对互联网、个人住房、个人助学、个人汽车等其他特殊类贷款另有规定的，从其规定。

银行业金融机构发放给农户用于生产性贷款等国家有专门政策规定的特殊类个人贷款，暂不执行本办法。

信用卡透支不适用本办法。

第五十条　贷款人应依照本办法制定个人贷款业务管理细则及操作规程。

第五十一条　本办法由国家金融监督管理总局负责解释。

第五十二条　本办法自2024年7月1日起施行，《个人贷款管理暂行办法》（中国银行业监督管理委员会令2010年第2号）同时废止。

二、与个人住房贷款相关的政策和法规

本部分主要包括《住房公积金管理条例》《商业银行房地产贷款风险管理指引》《关于进一步做好住房金融服务工作的通知》等一系列房地产调控政策。

住房公积金管理条例

（国务院令第350号，1994年4月3日中华人民共和国国务院令262号发布，
根据2002年3月24日《国务院关于修改〈住房公积金管理条例〉的决定》第一次
修订　根据2019年3月24日《国务院关于修改部分行政法规的决定》第二次修订）

第一章　总　　则

第一条　为了加强对住房公积金的管理，维护住房公积金所有者的合法权益，促进城镇住房建设，提高城镇居民的居住水平，制定本条例。

第二条　本条例适用于中华人民共和国境内住房公积金的缴存、提取、使用、管理和监督。

本条例所称住房公积金，是指国家机关、国有企业、城镇集体企业、外商投资企业、城镇私

营企业及其他城镇企业、事业单位、民办非企业单位、社会团体(以下统称单位)及其在职职工缴存的长期住房储金。

第三条 职工个人缴存的住房公积金和职工所在单位为职工缴存的住房公积金,属于职工个人所有。

第四条 住房公积金的管理实行住房公积金管理委员会决策、住房公积金管理中心运作、银行专户存储、财政监督的原则。

第五条 住房公积金应当用于职工购买、建造、翻建、大修自住住房,任何单位和个人不得挪作他用。

第六条 住房公积金的存、贷利率由中国人民银行提出,经征求国务院建设行政主管部门的意见后,报国务院批准。

第七条 国务院建设行政主管部门会同国务院财政部门、中国人民银行拟定住房公积金政策,并监督执行。

省、自治区人民政府建设行政主管部门会同同级财政部门以及中国人民银行分支机构,负责本行政区域内住房公积金管理法规、政策执行情况的监督。

第二章 机构及其职责

第八条 直辖市和省、自治区人民政府所在地的市以及其他设区的市(地、州、盟),应当设立住房公积金管理委员会,作为住房公积金管理的决策机构。住房公积金管理委员会的成员中,人民政府负责人和建设、财政、人民银行等有关部门负责人以及有关专家占1/3,工会代表和职工代表占1/3,单位代表占1/3。

住房公积金管理委员会主任应当由具有社会公信力的人士担任。

第九条 住房公积金管理委员会在住房公积金管理方面履行下列职责:

(1)依据有关法律、法规和政策,制定和调整住房公积金的具体管理措施,并监督实施;

(2)根据本条例第十八条的规定,拟订住房公积金的具体缴存比例;

(3)确定住房公积金的最高贷款额度;

(4)审批住房公积金归集、使用计划;

(5)审议住房公积金增值收益分配方案;

(6)审批住房公积金归集、使用计划执行情况的报告。

第十条 直辖市和省、自治区人民政府所在地的市以及其他设区的市(地、州、盟)应当按照精简、效能的原则,设立一个住房公积金管理中心,负责住房公积金的管理运作。县(市)不设立住房公积金管理中心。

前款规定的住房公积金管理中心可以在有条件的县(市)设立分支机构。住房公积金管理中心与其分支机构应当实行统一的规章制度,进行统一核算。

住房公积金管理中心是直属城市人民政府的不以营利为目的的独立的事业单位。

第十一条 住房公积金管理中心履行下列职责:

(1)编制、执行住房公积金的归集、使用计划;

(2)负责记载职工住房公积金的缴存、提取、使用等情况;
(3)负责住房公积金的核算;
(4)审批住房公积金的提取、使用;
(5)负责住房公积金的保值和归还;
(6)编制住房公积金归集、使用计划执行情况的报告;
(7)承办住房公积金管理委员会决定的其他事项。

第十二条 住房公积金管理委员会应当按照中国人民银行的有关规定,指定受委托办理住房公积金金融业务的商业银行(以下简称受委托银行);住房公积金管理中心应当委托受委托银行办理住房公积金贷款、结算等金融业务和住房公积金账户的设立、缴存、归还等手续。住房公积金管理中心应当与受委托银行签订委托合同。

第三章 缴 存

第十三条 住房公积金管理中心应当在受委托银行设立住房公积金专户。

单位应当到住房公积金管理中心办理住房公积金缴存登记,并为本单位职工办理住房公积金账户设立手续。每个职工只能有一个住房公积金账户。

住房公积金管理中心应当建立职工住房公积金明细账,记载职工个人住房公积金的缴存、提取等情况。

第十四条 新设立的单位应当自设立之日起30日内向住房公积金管理中心办理住房公积金缴存登记,并自登记之日起20日内,为本单位职工办理住房公积金账户设立手续。

单位合并、分立、撤销、解散或者破产的,应当自发生上述情况之日起30日内由原单位或者清算组织到住房公积金管理中心办理变更登记或者注销登记,并自办妥变更登记或者注销登记之日起20日内,为本单位职工办理住房公积金账户转移或者封存手续。

第十五条 单位录用职工的,应当自录用之日起30日内到住房公积金管理中心办理缴存登记,并办理职工住房公积金账户的设立或者转移手续。

单位与职工终止劳动关系的,单位应当自劳动关系终止之日起30日内到住房公积金管理中心办理变更登记,并办理职工住房公积金账户转移或者封存手续。

第十六条 职工住房公积金的月缴存额为职工本人上一年度月平均工资乘以职工住房公积金缴存比例。

单位为职工缴存的住房公积金的月缴存额为职工本人上一年度月平均工资乘以单位住房公积金缴存比例。

第十七条 新参加工作的职工从参加工作的第二个月开始缴存住房公积金,月缴存额为职工本人当月工资乘以职工住房公积金缴存比例。

单位新调入的职工从调入单位发放工资之日起缴存住房公积金,月缴存额为职工本人当月工资乘以职工住房公积金缴存比例。

第十八条 职工和单位住房公积金的缴存比例均不得低于职工上一年度月平均工资的5%;有条件的城市,可以适当提高缴存比例。具体缴存比例由住房公积金管理委员会拟订,经本级人民政府审核后,报省、自治区、直辖市人民政府批准。

第十九条 职工个人缴存的住房公积金，由所在单位每月从其工资中代扣代缴。

单位应当于每月发放职工工资之日起5日内将单位缴存的和为职工代缴的住房公积金汇缴到住房公积金专户内，由受委托银行计入职工住房公积金账户。

第二十条 单位应当按时、足额缴存住房公积金，不得逾期缴存或者少缴。

对缴存住房公积金确有困难的单位，经本单位职工代表大会或者工会讨论通过，并经住房公积金管理中心审核，报住房公积金管理委员会批准后，可以降低缴存比例或者缓缴；待单位经济效益好转后，再提高缴存比例或者补缴缓缴。

第二十一条 住房公积金自存入职工住房公积金账户之日起按照国家规定的利率计息。

第二十二条 住房公积金管理中心应当为缴存住房公积金的职工发放缴存住房公积金的有效凭证。

第二十三条 单位为职工缴存的住房公积金，按照下列规定列支：

（1）机关在预算中列支；

（2）事业单位由财政部门核定收支后，在预算或者费用中列支；

（3）企业在成本中列支。

第四章　提取和使用

第二十四条 职工有下列情形之一的，可以提取职工住房公积金账户内的存储余额：

（1）购买、建造、翻建、大修自住住房的；

（2）离休、退休的；

（3）完全丧失劳动能力，并与单位终止劳动关系的；

（4）出境定居的；

（5）偿还购房贷款本息的；

（6）房租超出家庭工资收入的规定比例的。

依照前款第（2）、（3）、（4）项规定，提取职工住房公积金的，应当同时注销职工住房公积金账户。

职工死亡或者被宣告死亡的，职工的继承人、受遗赠人可以提取职工住房公积金账户内的存储余额；无继承人也无受遗赠人的，职工住房公积金账户内的存储余额纳入住房公积金的增值收益。

第二十五条 职工提取住房公积金账户内的存储余额的，所在单位应当予以核实，并出具提取证明。

职工应当持提取证明向住房公积金管理中心申请提取住房公积金。住房公积金管理中心应当自受理申请之日起3日内作出准予提取或者不准提取的决定，并通知申请人；准予提取的，由受委托银行办理支付手续。

第二十六条 缴存住房公积金的职工，在购买、建造、翻建、大修自住住房时，可以向住房公积金管理中心申请住房公积金贷款。

住房公积金管理中心应当自受理申请之日起15日内作出准予贷款或者不准贷款的决定，并通知申请人；准予贷款的，由受委托银行办理贷款手续。

住房公积金贷款的风险，由住房公积金管理中心承担。

第二十七条 申请人申请住房公积金贷款的，应当提供担保。

第二十八条 住房公积金管理中心在保证住房公积金提取和贷款的前提下，经住房公积金管理委员会批准，可以将住房公积金用于购买国债。

住房公积金管理中心不得向他人提供担保。

第二十九条 住房公积金的增值收益应当存入住房公积金管理中心在受委托银行开立的住房公积金增值收益专户，用于建立住房公积金贷款风险准备金、住房公积金管理中心的管理费用和建设城市廉租住房的补充资金。

第三十条 住房公积金管理中心的管理费用，由住房公积金管理中心按照规定的标准编制全年预算支出总额，报本级人民政府财政部门批准后，从住房公积金增值收益中上交本级财政，由本级财政拨付。

住房公积金管理中心的管理费用标准，由省、自治区、直辖市人民政府建设行政主管部门会同同级财政部门按照略高于国家规定的事业单位费用标准制定。

第五章 监 督

第三十一条 地方有关人民政府财政部门应当加强对本行政区域内住房公积金归集、提取和使用情况的监督，并向本级人民政府的住房公积金管理委员会通报。

住房公积金管理中心在编制住房公积金归集、使用计划时，应当征求财政部门的意见。

住房公积金管理委员会在审批住房公积金归集、使用计划和计划执行情况的报告时，必须有财政部门参加。

第三十二条 住房公积金管理中心编制的住房公积金年度预算、决算，应当经财政部门审核后，提交住房公积金管理委员会审议。

住房公积金管理中心应当每年定期向财政部门和住房公积金管理委员会报送财务报告，并将财务报告向社会公布。

第三十三条 住房公积金管理中心应当依法接受审计部门的审计监督。

第三十四条 住房公积金管理中心和职工有权督促单位按时履行下列义务：

（1）住房公积金的缴存登记或者变更、注销登记；

（2）住房公积金账户的设立、转移或者封存；

（3）足额缴存住房公积金。

第三十五条 住房公积金管理中心应当督促受委托银行及时办理委托合同约定的业务。

受委托银行应当按照委托合同的约定，定期向住房公积金管理中心提供有关的业务资料。

第三十六条 职工、单位有权查询本人、本单位住房公积金的缴存、提取情况，住房公积金管理中心、受委托银行不得拒绝。

职工、单位对住房公积金账户内的存储余额有异议的，可以申请受委托银行复核；对复核结果有异议的，可以申请住房公积金管理中心重新复核。受委托银行、住房公积金管理中心应当自收到申请之日起 5 日内给予书面答复。

职工有权揭发、检举、控告挪用住房公积金的行为。

第六章　罚　　则

第三十七条　违反本条例的规定，单位不办理住房公积金缴存登记或者不为本单位职工办理住房公积金账户设立手续的，由住房公积金管理中心责令限期办理；逾期不办理的，处1万元以上5万元以下的罚款。

第三十八条　违反本条例的规定，单位逾期不缴或者少缴住房公积金的，由住房公积金管理中心责令限期缴存；逾期仍不缴存的，可以申请人民法院强制执行。

第三十九条　住房公积金管理委员会违反本条例规定审批住房公积金使用计划的，由国务院建设行政主管部门会同国务院财政部门或者由省、自治区人民政府建设行政主管部门会同同级财政部门，依据管理职权责令限期改正。

第四十条　住房公积金管理中心违反本条例规定，有下列行为之一的，由国务院建设行政主管部门或者省、自治区人民政府建设行政主管部门依据管理职权，责令限期改正；对负有责任的主管人员和其他直接责任人员，依法给予行政处分：

（1）未按照规定设立住房公积金专户的；

（2）未按照规定审批职工提取、使用住房公积金的；

（3）未按照规定使用住房公积金增值收益的；

（4）委托住房公积金管理委员会指定的银行以外的机构办理住房公积金金融业务的；

（5）未建立职工住房公积金明细账的；

（6）未为缴存住房公积金的职工发放缴存住房公积金的有效凭证的；

（7）未按照规定用住房公积金购买国债的。

第四十一条　违反本条例规定，挪用住房公积金的，由国务院建设行政主管部门或者省、自治区人民政府建设行政主管部门依据管理职权，追回挪用的住房公积金，没收违法所得；对挪用或者批准挪用住房公积金的人民政府负责人和政府有关部门负责人以及住房公积金管理中心负有责任的主管人员和其他直接责任人员，依照刑法关于挪用公款罪或者其他罪的规定，依法追究刑事责任；尚不够刑事处罚的，给予降级或者撤职的行政处分。

第四十二条　住房公积金管理中心违反财政法规的，由财政部门依法给予行政处罚。

第四十三条　违反本条例规定，住房公积金管理中心向他人提供担保的，对直接负责的主管人员和其他直接责任人员依法给予行政处分。

第四十四条　国家机关工作人员在住房公积金监督管理工作中滥用职权、玩忽职守、徇私舞弊，构成犯罪的，依法追究刑事责任；尚不构成犯罪的，依法给予行政处分。

第七章　附　　则

第四十五条　住房公积金财务管理和会计核算的办法，由国务院财政部门商国务院建设行政主管部门制定。

第四十六条　本条例施行前尚未办理住房公积金缴存登记和职工住房公积金账户设立手续的单位，应当自本条例施行之日起60日内到住房公积金管理中心办理缴存登记，并到受委托银行办理职工住房公积金账户设立手续。

第四十七条　本条例自发布之日起施行。

商业银行房地产贷款风险管理指引

（银监发〔2004〕57号，中国银行业监督管理委员会于2004年9月2日颁布实施）

第一章　总　　则

第一条　为提高商业银行房地产贷款的风险管理能力，根据有关银行监管法律法规和银行审慎监管要求，制定本指引。

第二条　本指引所称房地产贷款是指与房产或地产的开发、经营、消费活动有关的贷款。主要包括土地储备贷款、房地产开发贷款、个人、商业用房贷款等。

本指引所称土地储备贷款是指向借款人发放的用于土地收购及土地前期开发、整理的贷款。土地储备贷款的借款人仅限于负责土地一级开发的机构。

房地产开发贷款是指向借款人发放的用于开发、建造向市场销售、出租等用途的房地产项目的贷款。

个人住房贷款是指向借款人发放的用于购买、建造和大修理各类型住房的贷款。

商业用房贷款是指向借款人发放的用于购置、建造和大修理以商业为用途的各类型房产的贷款。

第二章　风险控制

第三条　商业银行应建立房地产贷款的风险政策及其不同类型贷款的操作审核标准，明确不同类型贷款的审批标准、操作程序、风险控制、贷后管理以及中介机构的选择等内容。

商业银行办理房地产业务，要对房地产贷款市场风险、法律风险、操作风险等予以关注，建立相应的风险管理及内控制度。

第四条　商业银行应建立相应的监控流程，确保工作人员遵守上述风险政策及不同类型贷款的操作审核标准。

第五条　商业银行应根据房地产贷款的专业化分工，按照申请的受理、审核、审批、贷后管理等环节分别制定各自的职业道德标准和行为规范，明确相应的权责和考核标准。

第六条　商业银行应对内部职能部门和分支机构房地产贷款进行年度专项稽核，并形成稽核报告。稽核报告应包括以下内容：

（1）内部职能部门和分支机构上年度发放贷款的整体情况；

（2）稽核中发现的主要问题及处理意见；

（3）内部职能部门和分支机构对上次稽核报告中所提建议的整改情况。

第七条　商业银行对于介入房地产贷款的中介机构的选择，应着重于其企业资质、业内声誉和业务操作程序等方面的考核，择优选用，并签订责任条款，对于因中介机构的原因造成的银行业务损失应有明确的赔偿措施。

第八条　商业银行应建立房地产行业风险预警和评估体系，对房地产行业市场风险予以关注。

第九条 商业银行应建立完善的房地产贷款统计分析平台，对所发放贷款的情况进行详细记录，并及时对相关信息进行整理分析，保证贷款信息的准确性、真实性、完整性，以有效监控整体贷款状况。

第十条 商业银行应逐笔登记房地产贷款详细情况，以确保该信息可以准确录入银行监管部门及其他相关部门的统计或信贷登记咨询系统，以利于各商业银行之间、商业银行与社会征信机构之间的信息沟通，使各行充分了解借款人的整体情况。

第三章 土地储备贷款的风险管理

第十一条 商业银行对资本金没有到位或资本金严重不足、经营管理不规范的借款人不得发放土地储备贷款。

第十二条 商业银行发放土地储备贷款时，应对土地的整体情况调查分析，包括该土地的性质、权属关系、测绘情况、土地契约限制、在城市整体综合规划中的用途与预计开发计划是否相符等。

第十三条 商业银行应密切关注政府有关部门及相关机构对土地经济环境、土地市场发育状况、土地的未来用途及有关规划、计划等方面的政策和研究，实时掌握土地价值状况，避免由于土地价值虚增或其他情况而导致的贷款风险。

第十四条 商业银行应对发放的土地储备贷款设立土地储备机构资金专户，加强对土地经营收益的监控。

第四章 房地产开发贷款的风险管理

第十五条 商业银行对未取得国有土地使用证、建设用地规划许可证、建设工程规划许可证、建筑工程施工许可证的项目不得发放任何形式的贷款。

第十六条 商业银行对申请贷款的房地产开发企业，应要求其开发项目资本金比例不低于35%。

第十七条 商业银行在办理房地产开发贷款时，应建立严格的贷款项目审批机制，对该贷款项目进行尽职调查，以确保该项目符合国家房地产发展总体方向，有效满足当地城市规划和房地产市场的需求，确认该项目的合法性、合规性、可行性。

第十八条 商业银行应对申请贷款的房地产开发企业进行深入调查审核：包括企业的性质、股东构成、资质信用等级等基本背景，近三年的经营管理和财务状况，以往的开发经验和开发项目情况，与关联企业的业务往来等。对资质较差或以往开发经验较差的房地产开发企业，贷款应审慎发放；对经营管理存在问题、不具备相应资金实力或有不良经营记录的，贷款发放应严格限制。对于依据项目而成立的房地产开发项目公司，应根据其自身特点对其业务范围、经营管理和财务状况，以及股东及关联公司的上述情况以及彼此间的法律关系等进行深入调查审核。

第十九条 商业银行应严格落实房地产开发企业贷款的担保，确保担保真实、合法、有效。

第二十条　商业银行应建立完备的贷款发放、使用监控机制和风险防范机制。在房地产开发企业的自有资金得到落实后，可根据项目的进度和进展状况，分期发放贷款，并对其资金使用情况进行监控，防止贷款挪作他用。同时，积极采取措施应对项目开发过程中出现的项目自身的变化、房地产开发企业的变化、建筑施工企业的变化等，及时发现并制止违规使用贷款情况。

第二十一条　商业银行应严密监控建筑施工企业流动资金贷款使用情况，防止用流动资金贷款为房地产开发项目垫资。

第二十二条　商业银行应对有逾期未还款或有欠息现象的房地产开发企业销售款进行监控，在收回贷款本息之前，防止将销售款挪作他用。

第二十三条　商业银行应密切关注房地产开发企业的开发情况，确保对购买主体结构已封顶住房的个人发放个人住房贷款后，该房屋能够在合理期限内正式交付使用。

第二十四条　商业银行应密切关注建筑工程款优于抵押权受偿等潜在的法律风险。

第二十五条　商业银行应密切关注国家政策及市场的变化对房地产开发项目的影响，利用市场风险预警预报机制、区域市场分类的指标体系，建立针对市场风险程度和风险类型的阶段监测方案，并积极采取措施化解因此产生的各种风险。

第五章　个人住房贷款的风险管理

第二十六条　商业银行应严格遵照相关个人住房贷款政策规定，不得违反有关贷款年限和贷款与房产价值比率等方面的规定。

第二十七条　商业银行制定的个人住房贷款申请文件应包括借款人基本情况、借款人收支情况、借款人资产表、借款人现住房情况、借款人购房贷款资料、担保方式、借款人声明等要素。

第二十八条　商业银行应确保贷款经办人员向借款人说明其所提供的个人信息（包括借款人所提交的所有文件资料和个人资产负债情况）将经过贷款审核人员的调查确认，并要求借款人据此签署书面声明。

第二十九条　商业银行应将经贷款审核人员确认后的所有相关信息以风险评估报告的形式记录存档。上述相关信息包括个人信息的确认、银行对申请人偿还能力、偿还意愿的风险审核及对抵押品的评估情况。

第三十条　商业银行的贷款经办人员对借款人的借款申请初审同意后，应由贷款审核人员对借款人提交文件资料的完整性、真实性、准确性及合法性进行复审。

第三十一条　商业银行应通过借款人的年龄、学历、工作年限、职业、在职年限等信息判断借款人目前收入的合理性及未来行业发展对收入水平的影响；应通过借款人的收入水平、财务情况和负债情况判断其贷款偿付能力；应通过了解借款人目前居住情况及此次购房的首付支出判断其对于所购房产的目的及拥有意愿等因素，并据此对贷款申请做整体分析。

第三十二条　商业银行应对每一笔贷款申请做内部的信息调查，包括了解借款人在本行的贷款记录及存款情况。

第三十三条　商业银行应通过对包括借款人的聘用单位、税务部门、工商管理部门以及征信机构等独立的第三方进行调查，审核贷款申请的真实性及借款人的信用情况，以了解其本人及家庭的资产、负债情况、信用记录等。

商业银行对自雇人士（即自行成立法人机构或其他经济组织，或在上述机构内持有超过10%股份，或其个人收入的主要来源为上述机构的经营收入者）申请个人住房贷款进行审核时，不能仅凭个人开具的收入证明来判断其还款能力，应通过要求其提供有关资产证明、银行对账单、财务报表、税单证明和实地调查等方式，了解其经营情况和真实财务状况，全面分析其还款能力。

第三十四条 对以个人身份申请的商业用房贷款，如借款人是自雇人士或公司的股东、董事，商业银行应要求借款人提供公司财务报表，业务资料并进行审核。

第三十五条 商业银行应根据各地市场情况的不同制定合理的贷款成数上限，但所有住房贷款的贷款成数不超过80%。

第三十六条 商业银行应着重考核借款人还款能力。应将借款人住房贷款的月房产支出与收入比控制在50%以下（含50%），月所有债务支出与收入比控制在55%以下（含55%）。

房产支出与收入比的计算公式为：（本次贷款的月还款额+月物业管理费）/月均收入

所有债务与收入比的计算公式为：（本次贷款的月还款额+月物业管理费+其他债务月均偿付额）/月均收入

上述计算公式中提到的收入应该是指申请人自身的可支配收入，即单一申请为申请人本人可支配收入，共同申请为主申请人和共同申请人的可支配收入。但对于单一申请的贷款，如商业银行考虑将申请人配偶的收入计算在内，则应该先予以调查核实，同时对于已将配偶收入计算在内的贷款也应相应的把配偶的债务一并计入。

第三十七条 商业银行应通过调查非国内长期居住借款人在国外的工作和收入背景，了解其在华购房的目的，并在对各项信息调查核实的基础上评估借款人的偿还能力和偿还意愿。

第三十八条 商业银行应区别判断抵押物状况。抵押物价值的确定以该房产在该次买卖交易中的成交价或评估价的较低者为准。

商业银行在发放个人住房贷款前应对新建房进行整体性评估，可根据各行实际情况选择内部评估，但要由具有房地产估价师执业资格的专业人士出具意见书，或委托独立的具有房地产价格评估资质的评估机构进行评估；对于精装修楼盘以及售价明显高出周边地区售价的楼盘的评估要重点关注。

对再交易房，应对每个用作贷款抵押的房屋进行独立评估。

第三十九条 商业银行在对贷款申请做出最终审批前，贷款经办人员须至少直接与借款人面谈一次，从而基本了解借款人的基本情况及其贷款用途。对于借款人递交的贷款申请表和贷款合同需有贷款经办人员的见证签署。

商业银行应向房地产管理部门查询拟抵押房屋的权属状况，决定发放抵押贷款的，应在贷款合同签署后及时到房地产管理部门办理。

第四十条 商业银行对未完全按照前述要求发放的贷款，应有专门的处理方法，除将发放原因和理由记录存档外，还应密切关注及监控该笔贷款的还款记录。

第四十一条 商业银行应建立逾期贷款的催收系统和催收程序。应将本行内相关的个人信用资料包括逾期客户名单等实行行内共享。

第六章 风险监管措施

第四十二条 银监会及其派出机构定期对商业银行房地产贷款发放规模、资产质量、偿付状况及催收情况、风险管理和内部贷款审核控制进行综合评价，并确定监管重点。

第四十三条 银监会及其派出机构根据非现场监管情况，每年至少选择两家商业银行，对房地产贷款的下列事项进行全面或者专项检查：

（1）贷款质量；

（2）偿付状况及催收情况；

（3）内部贷款审核控制；

（4）贷后资产的风险管理；

（5）遵守法律及相关规定；

（6）需要进行检查的其他事项。

第四十四条 银监会及其派出机构对现场检查中发现的房地产贷款管理存在严重问题的商业银行，将组织跟踪检查。

第四十五条 银监会及其派出机构或银行业自律组织对介入房地产贷款的中介机构，一旦发现其有违背行业规定和职业道德的行为，将及时予以通报。

第七章 附 则

第四十六条 本指引由银监会负责解释。

第四十七条 本指引自发布之日起施行。

中国人民银行　中国银行业监督管理委员会 关于进一步做好住房金融服务工作的通知

(银发〔2014〕287号)

为进一步改进对保障性安居工程建设的金融服务，继续支持居民家庭合理的住房消费，促进房地产市场持续健康发展，现就有关事项通知如下：

一、加大对保障性安居工程建设的金融支持

鼓励银行业金融机构按照风险可控、财务可持续的原则，积极支持符合信贷条件的棚户区改造和保障房建设项目。对公共租赁住房和棚户区改造的贷款期限可延长至不超过25年。进一步发挥开发性金融对棚户区改造支持作用；对地方政府统筹规划棚户区改造安置房、公共租赁住房和普通商品房建设的安排，纳入开发性金融支持范围，提高资金使用效率。

二、积极支持居民家庭合理的住房贷款需求

对于贷款购买首套普通自住房的家庭，贷款最低首付款比例为30%，贷款利率下限为贷款基准利率的0.7倍，具体由银行业金融机构根据风险情况自主确定。对拥有1套住房并已结清相应购房贷款的家庭，为改善居住条件再次申请贷款购买普通商品住房，银行业金融机构执行首套房贷款政策。在已取消或未实施"限购"措施的城市，对拥有2套及以上住房并已结清相应购房贷款的家庭，又申请贷款购买住房，银行业金融机构应根据借款人偿付能力、信用状况等因素审慎把握并具体确定首付款比例和贷款利率水平。银行业金融机构可根据当地城镇化发展规划，向符合政策条件的非本地居民发放住房贷款。

银行业金融机构要缩短放贷审批周期，合理确定贷款利率，优先满足居民家庭贷款购买首套普通自住房和改善型普通自住房的信贷需求。

三、增强金融机构个人住房贷款投放能力

鼓励银行业金融机构通过发行住房抵押贷款支持证券(MBS)、发行期限较长的专项金融债券等多种措施筹集资金，专门用于增加首套普通自住房和改善型普通自住房贷款投放。

四、继续支持房地产开发企业的合理融资需求

银行业金融机构在防范风险的前提下，合理配置信贷资源，支持资质良好、诚信经营的房地产企业开发建设普通商品住房，积极支持有市场前景的在建、续建项目的合理融资需求。扩大市场化融资渠道，支持符合条件的房地产企业在银行间债券市场发行债务融资工具。积极稳妥开展房地产投资信托基金试点。

人民银行、银监会各级派出机构要针对辖区内不同城市情况和当地政府对房地产市场的调控要求，支持当地银行业金融机构把握好各类住房信贷政策的尺度，促进当地房地产市场持续健康发展。

中国人民银行　住房城乡建设部　中国银行业监督管理委员会关于个人住房贷款政策有关问题的通知

（银发〔2015〕98号）

为进一步完善个人住房信贷政策，支持居民自住和改善性住房需求，促进房地产市场平稳健康发展，经国务院批准，现就有关事项发出通知如下：

一、继续做好住房金融服务工作，满足居民家庭改善性住房需求。鼓励银行业金融机构继续发放商业性个人住房贷款与住房公积金委托贷款的组合贷款，支持居民家庭购买普通自住房。对拥有1套住房且相应购房贷款未结清的居民家庭，为改善居住条件再次申请商业性个人住房贷款购买普通自住房，最低首付款比例调整为不低于40%，具体首付款比例和利率水平由银行业金融机构根据借款人的信用状况和还款能力等合理确定。

二、进一步发挥住房公积金对合理住房消费的支持作用。缴存职工家庭使用住房公积金委托贷款购买首套普通自住房，最低首付款比例为20%；对拥有1套住房并已结清相应购房贷款的缴存职工家庭，为改善居住条件再次申请住房公积金委托贷款购买普通自住房，最低首付款比例为30%。

三、加强政策指导，做好贯彻落实、监督和政策评估工作。人民银行、银监会各级派出机构要按照“因地施策，分类指导”的原则，做好与地方政府的沟通工作，加强对银行业金融机构执行差别化住房信贷政策情况的监督；在国家统一信贷政策基础上，指导银行业金融机构合理确定辖内商业性个人住房贷款最低首付款比例和利率水平；密切跟踪和评估住房信贷政策的执行情况和实施效果，有效防范风险，促进当地房地产市场平稳健康发展。

中国人民银行　中国银行业监督管理委员会关于进一步完善差别化住房信贷政策有关问题的通知

（银发〔2015〕305号）

为进一步改进住房金融服务，支持合理住房消费，经国务院同意，现就个人住房贷款政策有关事项通知如下：

一、在不实施“限购”措施的城市，对居民家庭首次购买普通住房的商业性个人住房贷款，最低首付款比例调整为不低于25%。

二、人民银行、银监会各派出机构应按照“分类指导，因地施策”的原则，加强与地方政府的沟通，根据辖内不同城市情况，在国家统一信贷政策的基础上，指导各省级市场利率定价自律机制结合当地实际情况自主确定辖内商业性个人住房贷款的最低首付款比例。

中国人民银行　中国银行业监督管理委员会关于调整个人住房贷款政策有关问题的通知

（银发〔2016〕26号）

为进一步支持合理住房消费，促进房地产市场平稳健康发展，按照国务院有关部署，现就个人住房贷款政策有关事项通知如下：

一、在不实施“限购”措施的城市，居民家庭首次购买普通住房的商业性个人住房贷款，原则上最低首付款比例为25%，各地可向下浮动5个百分点；对拥有1套住房且相应购房贷款未结清的居民家庭，为改善居住条件再次申请商业性个人住房贷款购买普通住房，最低首付款比例调整为不低于30%。

对于实施“限购”措施的城市，个人住房贷款政策按原规定执行。

二、在此基础上，人民银行、银监会各派出机构应按照“分类指导，因地施策”的原则，加强与地方政府的沟通，指导各省级市场利率定价自律机制结合当地不同城市实际情况自主确定辖区内商业性个人住房贷款的最低首付款比例。

三、银行业金融机构应结合各省级市场利率定价自律机制确定的最低首付款比例要求以及本机构商业性个人住房贷款投放政策、风险防控等因素，并根据借款人的信用状况、还款能力等合理确定具体首付款比例和利率水平。

四、加强住房金融宏观审慎管理。人民银行、银监会各派出机构应强化对房地产贷款资产质量、区域集中度、机构稳健性的监测、分析和评估；督促各省级市场利率定价自律机制根据房地产形势变化及地方政府调控要求，及时对辖区内商业性个人住房贷款最低首付款比例进行自律调整，促进银行业金融机构住房金融业务稳健运行和当地房地产市场平稳健康发展。

住房城乡建设部等部门关于调整房地产市场外资准入和管理有关政策的通知

（建房〔2015〕122号）

为促进房地产市场平稳健康发展，经国务院同意，决定对《关于规范房地产市场外资准入和管理的意见》（建住房〔2006〕171号）中有关外商投资房地产企业和境外机构、个人购房的部分政策进行调整，现就有关事项通知如下：

一、外商投资房地产企业注册资本与投资总额比例，按照《国家工商行政管理局关于中外合资经营企业注册资本与投资总额比例的暂行规定》（工商企字〔1987〕第38号）执行。

二、取消外商投资房地产企业办理境内贷款、境外贷款、外汇借款结汇必须全部缴付注册资本金的要求。

三、境外机构在境内设立的分支、代表机构（经批准从事经营房地产的企业除外）和在境内工作、学习的境外个人可以购买符合实际需要的自用、自住商品房。对于实施住房限购政策的城市，境外个人购房应当符合当地政策规定。

四、住房城乡建设部、商务部、发展改革委、人民银行、工商总局、外汇局等有关部门进一步简化程序，提高办事效率，优化和改进外商投资房地产管理。自本通知印发之日起，外商投资房地产企业可按照相关外汇管理规定直接到银行办理外商直接投资项下相关外汇登记。

除上述政策调整以外，《关于规范房地产市场外资准入和管理的意见》（建住房〔2006〕171号）继续有效。

三、与个人汽车贷款相关的政策和法规

本部分包括《汽车贷款管理办法》及《关于调整汽车贷款有关政策的通知》。

汽车贷款管理办法（2017年修订）

（中国人民银行、银行业监督管理委员会令〔2017〕第2号）

第一章 总 则

第一条 为规范汽车贷款业务管理，防范汽车贷款风险，促进汽车贷款业务健康发展，根据《中华人民共和国中国人民银行法》《中华人民共和国银行业监督管理法》《中华人民共和国商业银行法》等法律规定，制定本办法。

第二条 本办法所称汽车贷款是指贷款人向借款人发放的用于购买汽车（含二手车）的贷款，包括个人汽车贷款、经销商汽车贷款和机构汽车贷款。

第三条 本办法所称贷款人是指在中华人民共和国境内依法设立的、经中国银行业监督管理委员会及其派出机构批准经营人民币贷款业务的商业银行、农村合作银行、农村信用社及获准经营汽车贷款业务的非银行金融机构。

第四条 本办法所称自用车是指借款人通过汽车贷款购买的、不以营利为目的的汽车；商用车是指借款人通过汽车贷款购买的、以营利为目的的汽车；二手车是指从办理完注册登记手续到达到国家强制报废标准之前进行所有权变更并依法办理过户手续的汽车；新能源汽车是指采用新型动力系统，完全或者主要依靠新型能源驱动的汽车，包括插电式混合动力（含增程式）汽车、纯电动汽车和燃料电池汽车等。

第五条 汽车贷款利率按照中国人民银行公布的贷款利率规定执行，计、结息办法由借款人和贷款人协商确定。

第六条 汽车贷款的贷款期限（含展期）不得超过5年，其中，二手车贷款的贷款期限（含展期）不得超过3年，经销商汽车贷款的贷款期限不得超过1年。

第七条 借贷双方应当遵循平等、自愿、诚实、守信的原则。

第二章　个人汽车贷款

第八条　本办法所称个人汽车贷款，是指贷款人向个人借款人发放的用于购买汽车的贷款。

第九条　借款人申请个人汽车贷款，应当同时符合以下条件：

（1）是中华人民共和国公民，或在中华人民共和国境内连续居住一年（含一年）以上的港、澳、台居民及外国人；

（2）具有有效身份证明、固定和详细住址且具有完全民事行为能力；

（3）具有稳定的合法收入或足够偿还贷款本息的个人合法资产；

（4）个人信用良好；

（5）能够支付规定的首期付款；

（6）贷款人要求的其他条件。

第十条　贷款人发放个人汽车贷款，应综合考虑以下因素，确定贷款金额、期限、利率和还本付息方式等贷款条件：

（1）贷款人对借款人的信用评级情况；

（2）贷款担保情况；

（3）所购汽车的性能及用途；

（4）汽车行业发展和汽车市场供求情况。

第十一条　贷款人应当建立借款人信贷档案。借款人信贷档案应载明以下内容：

（1）借款人姓名、住址、有效身份证明及有效联系方式；

（2）借款人的收入水平及信用状况证明；

（3）所购汽车的购车协议、汽车型号、发动机号、车架号、价格与购车用途；

（4）贷款的金额、期限、利率、还款方式和担保情况；

（5）贷款催收记录；

（6）防范贷款风险所需的其他资料。

第十二条　贷款人发放个人商用车贷款，除本办法第十一条规定的内容外，应在借款人信贷档案中增加商用车运营资格证年检情况、商用车折旧、保险情况等内容。

第三章　经销商汽车贷款

第十三条　本办法所称经销商汽车贷款，是指贷款人向汽车经销商发放的用于采购车辆、零配件的贷款。

第十四条　借款人申请经销商汽车贷款，应当同时符合以下条件：

（1）具有工商行政主管部门核发的企业法人营业执照；

（2）具有汽车生产商出具的代理销售汽车证明；

（3）资产负债率不超过80%；

（4）具有稳定的合法收入或足够偿还贷款本息的合法资产；

（5）经销商、经销商高级管理人员及经销商代为受理贷款申请的客户无重大违约行为或信用不良记录；

（6）贷款人要求的其他条件。

第十五条　贷款人应为每个经销商借款人建立独立的信贷档案，并及时更新。经销商信贷档案应载明以下内容：

（1）经销商的名称、法定代表人及营业地址；

（2）各类营业证照复印件；

（3）经销商购买保险、商业信用及财务状况；

（4）所购汽车及零部件的型号、价格及用途；

（5）贷款担保状况；

（6）防范贷款风险所需的其他资料。

第十六条　贷款人对经销商采购车辆、零配件贷款的贷款金额应以经销商一段期间的平均存货为依据，具体期间应视经销商存货周转情况而定。

第十七条　贷款人应通过定期清点经销商采购车辆、零配件存货，以及分析经销商财务报表等方式，定期对经销商进行信用审查，并视审查结果调整经销商信用级别和清点存货的频率。

第四章　机构汽车贷款

第十八条　本办法所称机构汽车贷款，是指贷款人对除经销商以外的法人、其他经济组织（以下简称机构借款人）发放的用于购买汽车的贷款。

第十九条　借款人申请机构汽车贷款，必须同时符合以下条件：

（1）具有企业或事业单位登记管理机关核发的企业法人营业执照或事业单位法人证书及法人分支机构营业执照、个体工商户营业执照等证明借款人主体资格的法定文件；

（2）具有合法、稳定的收入或足够偿还贷款本息的合法资产；

（3）能够支付规定的首期付款；

（4）无重大违约行为或信用不良记录；

（5）贷款人要求的其他条件。

第二十条　贷款人应参照本办法第十五条的规定为每个机构借款人建立独立的信贷档案，加强信贷风险跟踪监测。

第二十一条　贷款人对从事汽车租赁业务的机构发放机构商用车贷款，应监测借款人对残值的估算方式，防范残值估计过高给贷款人带来的风险。

第五章　风险管理

第二十二条　汽车贷款发放实施贷款最高发放比例要求制度，贷款人发放的汽车贷款金额占借款人所购汽车价格的比例，不得超过贷款最高发放比例要求；贷款最高发放比例要求由中国人民银行、中国银行业监督管理委员会根据宏观经济、行业发展等实际情况另行规定。

前款所称汽车价格，对新车是指汽车实际成交价格（扣除政府补贴，且不含各类附加税、费及保费等）与汽车生产商公布的价格的较低者，对二手车是指汽车实际成交价格（扣除政府补贴，且不含各类附加税、费及保费等）与贷款人评估价格的较低者。

第二十三条 贷款人应建立借款人信用评级系统，审慎使用外部信用评级，通过内外评级结合，确定借款人的信用级别。对个人借款人，应根据其职业、收入状况、还款能力、信用记录等因素确定信用级别；对经销商及机构借款人，应根据其信贷档案所反映的情况、高级管理人员的信用情况、财务状况、信用记录等因素确定信用级别。

第二十四条 贷款人发放汽车贷款，应要求借款人提供所购汽车抵押或其他有效担保。经贷款人审查、评估，确认借款人信用良好，确能偿还贷款的，可以不提供担保。

第二十五条 贷款人应直接或委托指定经销商受理汽车贷款申请，完善审贷分离制度，加强贷前审查和贷后跟踪催收工作。

第二十六条 贷款人应建立二手车市场信息数据库和二手车残值估算体系。

第二十七条 贷款人应根据贷款金额、贷款地区分布、借款人财务状况、汽车品牌、抵押担保等因素建立汽车贷款分类监控系统，对不同类别的汽车贷款风险进行定期检查、评估。根据检查评估结果，及时调整各类汽车贷款的风险级别。

第二十八条 贷款人应建立汽车贷款预警监测分析系统，制定预警标准；超过预警标准后应采取重新评价贷款审批制度等措施。

第二十九条 贷款人应建立不良贷款分类处理制度和审慎的贷款损失准备制度，计提相应的风险准备。

第三十条 贷款人发放抵押贷款，应审慎评估抵押物价值，充分考虑抵押物减值风险，设定抵押率上限。

第三十一条 贷款人应将汽车贷款的有关信息及时录入金融信用信息基础数据库。

第六章 附 则

第三十二条 贷款人在从事汽车贷款业务时有违反本办法规定之行为的，中国银行业监督管理委员会及其派出机构有权依据《中华人民共和国银行业监督管理法》等法律规定对该贷款人及其相关人员进行处罚。中国人民银行及其分支机构可以建议中国银行业监督管理委员会及其派出机构对从事汽车贷款业务的贷款人违规行为进行监督检查。

第三十三条 贷款人对借款人发放的用于购买推土机、挖掘机、搅拌机、泵机等工程车辆的贷款，比照本办法执行。

第三十四条 本办法由中国人民银行和中国银行业监督管理委员会共同负责解释。

第三十五条 本办法自2018年1月1日起施行。原《汽车贷款管理办法》（中国人民银行 中国银行业监督管理委员会令〔2004〕第2号发布）同时废止。

中国人民银行、国家金融监督管理总局关于调整汽车贷款有关政策的通知

（银发〔2024〕69号）

中国人民银行上海总部，各省、自治区、直辖市及计划单列市分行；国家金融监督管理总局各监管局；各国有商业银行，中国邮政储蓄银行，各股份制商业银行：

为贯彻落实党中央、国务院决策部署，加大汽车消费金融支持力度，推动汽车以旧换新，稳定和扩大汽车消费，现就汽车贷款政策有关事项通知如下：

一、自用传统动力汽车、自用新能源汽车贷款最高发放比例由金融机构自主确定；商用传统动力汽车贷款最高发放比例为70%，商用新能源汽车贷款最高发放比例为75%；二手车贷款最高发放比例为70%。

其中，对于实施新能源汽车贷款政策的车型范围，各金融机构可以在《汽车贷款管理办法》（中国人民银行 中国银行业监督管理委员会令〔2017〕第2号发布）规定基础上，根据自愿、审慎和风险可控原则，参考工业和信息化部发布的《新能源汽车推广应用推荐车型目录》执行。

二、鼓励金融机构结合新车、二手车、汽车以旧换新等细分场景，加强金融产品和服务创新，适当减免汽车以旧换新过程中提前结清贷款产生的违约金，更好支持合理汽车消费需求。

三、各金融机构在依法合规、风险可控前提下，结合本机构汽车贷款投放政策、风险防控等因素，根据借款人信用状况、还款能力等，合理确定汽车贷款具体发放比例、期限和利率；切实加强汽车贷款全流程管理，强化贷前审查和贷后管理，持续完善借款人信用风险评价体系和抵质押品价值评估体系，保障贷款资产安全，严防贷款资金挪作他用。

四、中国人民银行各分支机构、金融监管总局各派出机构应强化对汽车贷款资产质量、机构稳健性的监测、分析和评估，促进金融机构汽车贷款业务稳健运行。各金融机构在具体业务中遇到重大情况和问题应及时向中国人民银行及其分支机构、金融监管总局及其派出机构反映。

本通知所称金融机构是指在中华人民共和国境内依法设立的、经金融监管总局批准经营人民币贷款业务的商业银行、农村合作银行、农村信用社及获准经营汽车贷款业务的非银行金融机构。

五、本通知自印发之日起施行。《中国人民银行 中国银行业监督管理委员会关于调整汽车贷款有关政策的通知》（银发〔2017〕234号）同时废止。

四、与个人教育贷款相关的政策和法规

本部分主要包括《中国人民银行助学贷款管理办法》《关于进一步完善国家助学贷款工作若干意见的通知》《关于进一步完善国家助学贷款政策的通知》《关于完善国家助学贷款政策的若干意见》和《商业助学贷款管理办法》。

中国人民银行助学贷款管理办法

（中国人民银行于2000年8月26日发布）

第一条 为支持教育事业的发展，加速人才培养，各商业银行和城乡信用社（以下简称贷款人）均可根据《贷款通则》自主办理助学贷款。

第二条 助学贷款可采取无担保（信用）助学贷款和担保助学贷款方式。

第三条 贷款人对高等学校的在读学生（包括专科、本科和研究生）（以下简称借款人）发放无担保（信用）助学贷款，对其直系亲属、法定监护人（以下简称借款人）发放无担保（信用）助学贷款和担保助学贷款。

第四条　高等学校的在读学生申请助学贷款须具备以下基本条件:入学通知书或学生证,有效居民身份证;同时要有同班同学或老师共两名对其身份提供证明。

第五条　高等学校在读学生申请助学贷款要按规定填写借款合同,承诺离开学校后向贷款人提供工作单位和通讯方式,承诺贷款逾期一年不还,又未提出展期,可由贷款人在就学的高等学校或相关媒体上公布其姓名、身份证号码,予以查询。

第六条　助学贷款的最高限额不超过学生在读期间所在学校的学费与生活费。

第七条　助学贷款的期限一般不超过八年,是否展期由贷款人与借款人商定。

第八条　助学贷款利率按中国人民银行规定的同期限贷款利率执行,不上浮。

第九条　助学贷款采取灵活的还本付息方式,可提前还贷,或利随本清,或分次偿还(按年、按季或按月),具体方式由贷款人和借款人商定并载入合同。贷款本息提前归还的,提前归还的部分按合同约定利率和实际使用时间计收利息;贷款本息不能按期归还的,贷款人按规定计收罚息。

第十条　各级政府和社会各界为借款人提供担保或利息补贴的,其贴息比例、贴息时间由贷款人或借款人所在学校与贴息提供者共同商定。

第十一条　借款人要恪守信用,如因各种原因离开学校后,应主动告知贷款人其最新通讯方式和工作单位,按期偿还贷款本息。

第十二条　高等学校应对在读学生申请助学贷款和贷款人发放、收回助学贷款的管理工作予以协助。如借款人在校期间发生转学、休学、退学、出国、被开除、伤亡等情况,借款人所在学校有义务及时通知贷款人。

第十三条　贷款人要根据本办法制定具体的操作规程,改进服务,加强对助学贷款发放和收回的管理,提高助学贷款的使用效益。

关于进一步完善国家助学贷款工作若干意见的通知

(国办发〔2004〕51号,国务院办公厅2004年6月12日转发)

国家助学贷款是党中央、国务院在社会主义市场经济条件下,利用金融手段完善我国普通高校资助政策体系,加大对普通高校经济困难学生资助力度所采取的一项重大措施。这项工作取得了明显成效,受到广大经济困难学生和社会有关方面的普遍欢迎。但由于多种原因,国家助学贷款工作还没有达到预定目标,存在一些突出问题,需要切实加以改进和完善。

推进并加强国家助学贷款工作,应坚持"方便贷款、防范风险"的原则,进一步理顺国家、高校、学生、银行之间的经济关系,健全国家助学贷款管理体制,改革贷款审批和发放办法,强化普通高校和银行的管理职责,完善还贷约束机制和风险防范机制,确保国家助学贷款工作持续、健康发展,基本满足普通高校经济困难学生的需要,最大限度地降低国家助学贷款风险。现就进一步完善国家助学贷款工作提出如下意见:

一、进一步完善国家助学贷款政策

(1)改革财政贴息方式。改变目前在整个贷款合同期间内,对学生贷款利息给予50%财政补贴的做法，实行借款学生在校期间的贷款利息全部由财政补贴，毕业后全部自付的办法，借款学生毕业后开始计付利息。

（2）延长还贷年限。改变目前自学生毕业之日起即开始偿还贷款本金、4年内还清的做法，实行借款学生毕业后视就业情况，在1至2年后开始还贷、6年内还清的做法。借款学生办理毕业或终止学业手续时，应当与经办银行确认还款计划，还款期限由借贷双方协商确定。若借款学生继续攻读学位，借款学生要及时向经办银行提供连续攻读学位的书面证明，财政部门继续按在校学生实施贴息。借款学生毕业或终止学业后1年内，可以向银行提出一次调整还款计划的申请，经办银行应予受理并根据实际情况和有关规定进行合理调整。贷款还本付息可以采取多种方式，可以一次或分次提前还贷。提前还贷的，经办银行要按贷款实际期限计算利息，不得加收除应付利息之外的其他任何费用。

（3）对毕业后自愿到国家需要的艰苦地区、艰苦行业工作，服务期达到一定年限的借款学生，经批准可以奖学金方式代偿其贷款本息。具体办法将结合学生就业政策另行制定。

二、进一步改革国家助学贷款实施机制

（1）改革经办银行确定办法。改变目前由国家指定商业银行办理国家助学贷款业务的做法，实行由政府按隶属关系委托全国和省级国家助学贷款管理中心通过招投标方式确定国家助学贷款经办银行。参与竞标的银行必须是经银监会批准、有条件经办国家助学贷款业务的银行。经办银行一经确定，由国家助学贷款管理中心与银行签订具有法律效力的贷款合作协议。中标银行要按照协议约定提供贷款服务并及时足额地发放国家助学贷款；要简化贷款程序，制定统一的贷款合同文本，规范办理贷款的周期；及时向普通高校提供学生还款情况。国家助学贷款管理中心要按协议约定及时足额支付贴息和风险补偿资金，配合银行做好催收还款工作，努力降低金融风险。

（2）对普通高校实行借款总额包干办法。普通高校每年的借款总额原则上按全日制普通本专科学生（含高职学生）、研究生以及第二学士学位在校生总数20%的比例、每人每年6 000元的标准计算确定。每所普通高校的具体借款额度按隶属关系，由全国和省级国家助学贷款管理中心根据各校的贫困生实际情况和借款学生还款违约等情况分别确定下达。

（3）明确普通高校、银行和学生在国家助学贷款实施工作中的责任。普通高校在国家助学贷款管理中心下达的借款额度内，负责组织本校经济困难学生的贷款申请，并向经办银行提出本校借款学生名单和学生申请贷款的有关材料，对申请借款学生的资格及申请材料的完整性、真实性进行审查，监督学生按贷款合同规定的用途使用贷款。

经办银行在审批贷款时，要按照中标协议的约定满足普通高校借款人数和额度需求，并在中标协议规定的工作日内，批准贷款并与学生签订贷款合同，向学生发放贷款。

借款学生要如实填写公民身份号码，保证申请材料的真实和完整；严格按规定用途使用贷款资金；认真履行与银行签订的还款协议，直接向银行还款，承担偿还贷款的全部责任。

三、建立和完善贷款偿还的风险防范与补偿机制

（1）建立学生还款约束机制。国家金融管理等有关部门、经办银行、国家助学贷款管理中心及各高等学校，要各负其责，共同建立还款约束机制。

国家金融管理部门要加快全国个人资信征询系统建设，健全银行风险防范机制。

经办银行要建立有效的还贷监测系统，并做好相关工作。要对借款学生积极开展还贷宣传工作，讲解还贷的程序和方式；要及时为贷款学生办理还贷确认手续；加强日常还贷催收工作并做好催收记录；对没有按照协议约定的期限、数额归还国家助学贷款的学生，经办银行应对违约贷款金额计收罚息，并将其违约行为载入金融机构征信系统，金融机构不再为其办理新的贷款和其他授信业务；按期将连续拖欠贷款超过一年且不与经办银行主动联系的借款学生姓名及公民身份号码、毕业学校、违约行为等按隶属关系报送国家助学贷款管理中心。

国家助学贷款管理中心要以已建立的国家助学贷款学生个人信息查询系统为依托，进一步完善对借款学生的信息管理，对借款学生的基本信息、贷款和还款情况等及时进行记录，加强对借款学生的贷后跟踪管理，接受经办银行对借款学生有关信息的查询；并将经办银行提供的违约借款学生名单在新闻媒体及全国高等学校毕业生学历查询系统网站公布。

各普通高校都要建立本校借款学生的信息查询管理系统，强化对学生的贷后管理，按隶属关系及时向国家助学贷款管理中心和经办银行提供借款学生信息。

公安部门要积极做好为普通高校学生换发第二代居民身份证的工作，配合银行做好对违约学生的身份核查工作。

（2）建立国家助学贷款风险补偿机制。考虑到国家助学贷款特点和我国的具体国情，为鼓励银行积极开展国家助学贷款业务，按照“风险分担”原则，建立国家助学贷款风险补偿机制。按隶属关系，由财政和普通高校按贷款当年发生额的一定比例建立国家助学贷款风险补偿专项资金，给予经办银行适当补偿，具体比例在招投标时确定。国家助学贷款风险补偿专项资金由财政和普通高校各承担50%；每所普通高校承担的部分与该校毕业学生的还款情况挂钩。风险补偿专项资金由各级国家助学贷款管理中心负责管理。财政部门每年将应承担的资金及时足额安排预算；各普通高校承担的资金，按照普通高校隶属关系和财政部门有关规定，在每年向普通高校返还按“收支两条线”管理的学费收入时，由财政部门直接拨给教育主管部门。各级国家助学贷款管理中心在确认经办银行年度贷款实际发放额后，将风险补偿资金统一支付给经办银行。

具体实施办法，由财政部、教育部、人民银行、银监会另行制订。

四、切实加强对国家助学贷款工作的领导、管理与监督

（1）加强统筹和协调。成立由教育部、财政部、公安部、人民银行、银监会等部门参加的部际协调小组，及时研究解决国家助学贷款实施过程中出现的问题。各省、自治区、直辖市也应成立相应的协调机构，加强对本地区的国家助学贷款工作的统筹与协调。各级教育、财政、金融等部门要进一步统一思想，提高认识，严格执行有关政策，认真履行职责，积极主动地开展工作。

（2）严肃国家助学贷款政策。今后，凡超出本意见所确定的原则调整国家助学贷款政策，均由教育部、财政部、人民银行、银监会等有关部门研究提出意见，报经国务院批准后下发执行。其他任何部门均不得擅自出台或修改相关政策。

（3）健全国家助学贷款管理机构，进一步强化并改进管理。教育部要进一步加强全国国家助学贷款管理中心的建设，配备足够的工作人员，检查、督促其充分履行职能。全国国家助学贷款管理中心要监督指导各省级国家助学贷款管理中心的工作，具体组织部署中央部门所属普通高校国家助学贷款的实施工作；负责通过招标方式确定中央部门所属普通高校国家助学贷款经办银行，与经办银行签订贷款合作协议，严格按协议约定做好各项管理工作；统一管理中央财政安排的国家助学贷款贴息资金和按本意见建立的中央部门所属普通高校的国家助学贷款风险补偿专项资金；建立完善国家助学贷款信息管理系统和统计监测体系；定期在新闻媒体上对银行提供的违约借款者进行公布。

各省、自治区、直辖市人民政府要切实负起推进所属普通高校国家助学贷款工作的责任，要加强省级国家助学贷款管理中心的建设，调剂配备相应工作人员，保证必需的工作经费。省级国家助学贷款管理中心负责本地区国家助学贷款工作的具体组织、实施与日常管理工作。具体职能由各地参照全国国家助学贷款管理中心职能确定。

各普通高校要加强对国家助学贷款的管理工作。必须设立专门的工作机构，由学校的一位校级领导直接负责，原则上按全日制普通本专科学生、研究生在校生规模1 ：2 500的比例，在现有编制内调剂配备专职工作人员。各普通高校要制定国家助学贷款管理职责细则，按隶属关系报送国家助学贷款管理中心备案。要培养学生诚信意识，建立学生信用档案，制定切实可行的措施，督促借款学生及时归还借款本息，努力降低国家助学贷款风险。借款学生毕业时，学校有关部门应在组织学生与经办银行办理还款确认手续后，方可为借款学生办理毕业手续，并将其贷款情况载入学生个人档案；积极主动地配合经办银行催收贷款，负责在1年内向经办银行提供借款学生第一次就业的有效联系地址；学生没有就业的，提供其家庭的有效联系地址。

五、其他有关规定

（1）各省、自治区、直辖市人民政府在认真做好所属普通高校国家助学贷款工作的同时，积极推进生源地助学贷款业务。具体办法由各地自行研究制定。

（2）本意见所指的借款学生是指全日制普通高等学校中经济困难的本专科学生（含高职学生）、研究生、第二学士学位学生。

（3）本意见于2004年秋季开学后在全国普通高等学校全面实施。各省、自治区、直辖市人民政府可结合本地实际情况，制定具体实施细则。

（4）此前已签订贷款合同学生的贷款发放、贴息、还款等办法继续按原规定执行。

（5）此前下发的国家助学贷款的有关政策和规定继续执行。凡与本意见不一致的，以本意见为准。

教育部　财政部　中国人民银行　银监会
关于完善国家助学贷款政策的若干意见

（教财〔2015〕7号）

目前，我国普通高等学校家庭经济困难学生资助政策体系已基本建立。作为高校学生资助体系的重要组成部分，国家助学贷款经过多年探索和完善，逐步形成了符合中国国情和高校特点的发展模式，取得了显著成效，对确保高校家庭经济困难学生顺利完成学业发挥了重要作用。为进一步提升国家助学贷款政策实施效果，经国务院同意，现就完善国家助学贷款政策提出如下意见：

一、完善贷款政策，切实减轻借款学生经济负担

（1）学生在读期间利息全部由财政补贴。国家助学贷款利率执行中国人民银行同期公布的同档次基准利率，不上浮。借款学生在读期间的贷款利息由财政全额补贴。借款学生毕业后，在还款期内继续攻读学位的，可申请继续贴息，应及时向经办机构(组织办理校园地国家助学贷款的高校或组织办理生源地信用助学贷款的县级教育部门，以下简称经办机构)提供书面证明，经办机构审核后，报经办银行确认，继续攻读学位期间发生的贷款利息，由原贴息财政部门继续全额贴息。借款学生在校期间因患病等原因休学的，应向经办机构提供书面证明，由经办机构向经办银行提出申请，休学期间的贷款利息由财政全额贴息。

(2)贷款最长期限从14年延长至20年。原校园地国家助学贷款期限为学制加6年、最长不超过10年，生源地信用助学贷款期限为学制加10年、最长不超过14年，现统一调整为学制加13年、最长不超过20年。借款学生毕业或终止学业时，应与经办银行和经办机构确认还款计划，还款期限按双方签署的合同执行。

(3)还本宽限期从2年延长至3年整。借款学生毕业当年不再继续攻读学位的，与经办机构和经办银行确认还款计划时，可选择使用还本宽限期。还本宽限期内借款学生只需偿还利息，无需偿还贷款本金。还本宽限期由原来的2年延长至3年整。还本宽限期从还款计划确认开始，计算至借款学生毕业后第36个月底。在还款期内继续攻读学位的借款学生再读学位毕业后，仍可享受36个月的还本宽限期。

(4)建立国家助学贷款还款救助机制。各省级学生资助管理部门、各高校要合理利用国家助学贷款风险补偿金结余奖励资金、社会捐资助学资金或学生奖助基金，建立国家助学贷款还款救助机制，用于救助特别困难的毕业借款学生。对于因病丧失劳动能力、家庭遭遇重大自然灾害、家庭成员患有重大疾病以及经济收入特别低的毕业借款学生，如确实无法按期偿还贷款，可向经办机构提出救助申请并提供相关书面证明，经办机构核实后，可启动救助机制为其代偿应还本息。

(5)简化学生贷款手续。各经办机构和经办银行要简化贷款手续，不得要求学生提供与贷款申请无关的材料。学生开具家庭经济困难学生认定证明时，严禁收取任何费用。各经办机构和经办银行应改进服务，简化流程，借款学生继续攻读学位的，只需完成申请继续贴息的相关手续，可不再签署贷款展期协议。借款学生根据贷款合同提前还款的，经办银行按贷款实际期限计算利息，不得加收任何费用。

二、健全运行机制，促进国家助学贷款持续健康发展

(1)及时足额安排贴息及风险补偿金。各级财政部门和高校要在年度预算中足额安排应承担的国家助学贷款贴息和风险补偿金。省级财政部门负责统筹归集全省各级财政和地方高校应承担的贴息和风险补偿金，确保资金按时足额到位。

(2)完善国家助学贷款考核制度。各级金融监管部门对国家助学贷款业务监管时，综合考虑风险补偿金的缓释作用，对符合相关政策要求的风险补偿金覆盖部分适用零风险权重，未覆盖部分采用75%的风险权重。各金融机构在对国家助学贷款业务进行内部监管时，应在满足监管要求的同时，充分考虑国家助学贷款业务和风险特征，准确计量资本和拨备要求。各经办银行对国家助学贷款业务要单立台账、单设科目、单独统计和考核。

(3)积极开展诚信教育活动和征信宣传。各高校应加强学生信用意识和诚信观念教育。各级教育行政部门应加强学校诚信教育工作的定期考核和业务指导。各经办银行应按照《征信业管理条例》，严格履行信息采集和上报责任。经办银行经借款学生书面授权使用借款学生的个人征信信息，无需再次告知借款学生；对没有按合同约定归还贷款的学生，经办银行应依法向个人征信系统报送借款学生的不良信息。

三、加强组织领导，不断提升国家助学贷款管理水平

（1）进一步落实学费和贷款代偿政策。根据《财政部 教育部关于印发〈高等学校毕业生学费和国家助学贷款代偿暂行办法〉的通知》（财教〔2009〕15号）规定，尚未出台政策的省份应尽快出台学费和助学贷款代偿办法，鼓励地方高校毕业生到本行政区域艰苦边远地区基层单位就业。地方高校毕业生代偿资金原则上由省级财政承担，中央财政根据西部各省份财力状况、学费和国家助学贷款代偿规模以及高校家庭经济困难学生资助政策落实情况等因素，对西部省份予以奖补。

（2）加强经办机构和人员队伍建设。各县级政府要尽快成立专门的县级学生资助管理中心并确保正常运转，加强人员队伍建设并保障工资福利、职称评聘等方面待遇。地方各级教育行政部门要推动经办机构之间的联动机制，建立资助中心、高校和金融机构之间的合作平台，实现信息共享，促进协同配合，切实加强贷款管理工作。

（3）加大国家资助政策宣传力度。地方各级教育行政部门应在《普通高等学校招生专业目录》中全面、完整介绍高校学生资助政策，方便学生知晓国家资助政策，合理选择学校和专业。普通高中要大力开展高校资助政策宣传工作，介绍国家助学贷款、奖助学金等资助政策，免除家庭经济困难学生的后顾之忧。在发挥传统媒体作用的同时，充分运用网络时代新媒体传播渠道，创新宣传方式，增强宣传效果。对于艰苦边远山区和农村家庭经济困难学生集中的区域，有关地区教育行政部门应组织专门人员，深入基层和农村经济困难家庭宣讲资助政策。

四、其他事项

（1）本意见自发布之日起实施。各省、自治区、直辖市人民政府可结合本地实际情况，制订具体实施细则。

（2）本意见所指的借款学生是指全日制普通高等学校中家庭经济困难且已获得国家助学贷款资助的本专科学生（含高职学生）、研究生、第二学士学位学生。

（3）此前下发的国家助学贷款的有关政策和规定继续执行。凡与本意见不一致的，以本意见为准。

财政部　教育部　中国人民银行　银保监会 关于进一步完善国家助学贷款政策的通知

（财教〔2021〕164号）

各省、自治区、直辖市、计划单列市财政厅（局）、教育厅（教委），新疆生产建设兵团财政局、教育局，中国人民银行上海总部、各分行、营业管理部、各省会（首府）城市中心支行，各银保监局，中央部门所属各高等学校，各银行业金融机构：

近年来，国家助学贷款工作取得了显著成效，对资助高校家庭经济困难学生顺利完成学业发挥了重要作用。为进一步提升国家助学贷款政策实施效果，经国务院同意，现就完善国家助学贷款政策有关事项通知如下：

一、国家助学贷款额度和使用范围

学生应根据实际情况申请国家助学贷款额度，全日制普通本专科学生（含第二学士学位、高

职学生、预科生,下同)每人每年申请贷款额度由不超过8 000元提高至不超过12 000元;全日制研究生每人每年申请贷款额度由不超过12 000元提高至不超过16 000元。学生申请的国家助学贷款应优先用于支付在校期间学费和住宿费,超出部分可用于弥补日常生活费。国家助学贷款承办银行要加强贷款及其使用范围审查,合理确定学生助学贷款金额。各高校要引导学生勤俭节约,努力向学、学以致用,增强就业和报效国家、服务社会能力。

二、生源地信用助学贷款风险补偿金

生源地信用助学贷款工作继续以国家开发银行为主承办,鼓励其他银行业金融机构开展生源地信用助学贷款业务。

(一)风险补偿金比例

风险补偿金比例按当年贷款发生额的5%确定。风险补偿金比例根据经济社会发展状况适时进行调整。风险补偿金由中央和地方分担,具体分担比例按照教育领域中央与地方财政事权和支出责任划分改革方案执行。

(二)风险补偿金管理

国家开发银行收到风险补偿金,应确认为递延收益,待核销生源地信用助学贷款损失时,计入当期损益;已核销的生源地信用助学贷款损失,以后又收回的,相应回拨递延收益。风险补偿金若低于生源地信用助学贷款损失,不足部分由国家开发银行承担;若超出生源地信用助学贷款损失,超出部分由国家开发银行按规定进行结余奖励返还。有关会计处理按照国家统一的会计制度执行。

国家开发银行应根据国家有关规定制定核销贷款损失的办法,报财政部、教育部、人民银行、银保监会备案。

风险补偿金管理办法由财政部、教育部根据此通知进行修订。

(三)风险补偿金存量资金

风险补偿金存量资金按照分省(自治区、直辖市、计划单列市,下同)核算的原则,统筹用于支付以后年度中央财政和地方财政应承担的生源地信用助学贷款贴息,直至风险补偿金存量资金规模降至当年贷款余额的5%。

省级财政、教育部门每年1月31日前,将上一年度风险补偿金存量资金使用情况和本年度风险补偿金存量资金用于贴息的预算安排情况,报财政部、教育部备案,并抄送全国学生资助管理中心。

国家开发银行以外的其他银行业金融机构办理的生源地信用助学贷款实行递延收益方式管理且有风险补偿金存量资金的,参照上述办法管理和使用风险补偿金存量资金。

(四)其他事项

其他银行业金融机构开展生源地信用助学贷款业务的,风险补偿金管理由各省财政、教育、人民银行、银保监部门与该金融机构根据实际情况确定,生源地信用助学贷款损失超出风险补偿金部分由该金融机构承担。各省生源地信用助学贷款风险补偿金,中央财政按照不高于当年贷款发生额的5%和规定的分担比例承担,超过5%的部分全部由地方财政自行承担。已经与其他银行业金融机构开展生源地信用助学贷款业务的省份,应加强与相关金融机构沟通协商,确保生源地信用助学贷款工作平稳有序开展。

此前规定与本通知不一致的,以本通知为准。本通知未规定事项,按照原政策执行。

本通知自2021年秋季学期起施行。

商业助学贷款管理办法

（银监发〔2008〕49号，中国银行业监督管理委员会于2008年7月11日颁布实施）

第一章　总　　则

第一条　为支持教育事业发展，规范商业助学贷款管理，防范商业助学贷款风险，根据《中华人民共和国银行业监督管理法》《中华人民共和国商业银行法》等法律规定，制定本办法。

第二条　本办法所称商业助学贷款是指银行业金融机构按商业原则自主发放的用于支付境内高等院校困难学生学费、住宿费和就读期间基本生活费的商业贷款。

第三条　本办法所称贷款人是指在中华人民共和国境内依法设立的、经银行业监督管理机构批准经营贷款业务的银行业金融机构。

第四条　本办法所称贷款对象是指在境内高等院校就读的全日制本专科生、研究生和第二学士学位学生。

第五条　借贷双方应当遵循平等、自愿、诚实、守信的原则，依法签订借款合同。

第二章　贷款对象条件

第六条　贷款人受理商业助学贷款申请时，应对贷款对象（以下简称借款人）设定一定审核条件：

（1）借款人具有中华人民共和国国籍，并持有合法身份证件；

（2）借款人应无不良信用记录，不良信用等行为评价标准由贷款人制定；

（3）必要时需提供有效的担保；

（4）必要时需提供其法定代理人同意申请贷款的书面意见；

（5）贷款人要求的其他条件。

第三章　贷款期限、利率与金额

第七条　商业助学贷款的期限原则上为借款人在校学制年限加6年，借款人在校学制年限指从助学贷款发放至借款人毕业或终止学业的期间。对借款人毕业后继续攻读学位的，借款人在校年限和助学贷款期限可相应延长。助学贷款期限延长须经贷款人许可。

第八条　商业助学贷款的利率按中国人民银行规定的利率政策执行，原则上不上浮。借款人可申请利息本金化，即在校年限内的贷款利息按年计入次年度借款本金。

第九条　商业助学贷款的最高限额不超过借款人在校年限内所在学校的学费、住宿费和基本生活费。贷款人可参照学校出具的基本生活费或当地生活费标准确定有关生活费用贷款额度。

第十条　贷款人可根据借款人需要发放人民币或者外币商业助学贷款。

第十一条　学费应按照学校的学费支付期逐笔发放，住宿费、生活费可按学费支付期发放，也可分列发放。

第四章　贷款担保

第十二条　贷款人发放商业助学贷款可要求借款人提供担保，担保方式可采用抵押、质押、保证或其组合，贷款人也可要求借款人投保相关保险。

第十三条　借款人采用抵押、质押担保的，贷款人应要求提供本机构认可的抵质押物。

第十四条　采用保证担保方式的，保证人范围应符合《担保法》及相关司法解释规定。

第十五条　贷款人在借款人满足贷款人设定条件的前提下可发放信用商业助学贷款。

第五章　贷款处理程序

第十六条　借款人可直接在生源地向贷款人申请商业助学贷款，即办理生源地贷款，也可在就读学校所在地申请商业助学贷款，即办理就读地贷款；但贷款人不得受理借款人既在生源地又在就读地贷款的重复申请。

第十七条　贷款人在受理借款人申请商业助学贷款时，应要求对方提交书面借款申请，填写有关申请表格，并提交下列文件、证明和资料：

（1）借款人的合法身份证件（包括：身份证、户口簿或其他有效居留证件原件），并提供以上证件的复印件；

（2）贷款人需要的借款人与其法定代理人的关系证明；

（3）借款人或其家庭成员经济收入证明；

（4）借款人为入学新生的提供就读学校的录取通知书或接收函，借款人已在校的提供学生证或其他学籍证明；

（5）借款人就读学校开出的学生学习期内所需学费、住宿费和生活费总额的有关材料；

（6）以财产作抵（质）押的，应提供抵（质）押物权证和所有权人（包括财产共有人）签署的同意抵（质）押的承诺，对抵押物须提交贷款人认可的机构出具的价值评估报告，对质押物须提供权利凭证，以第三方担保的应出具保证人同意承担不可撤销连带责任担保的书面文件及有关资信证明材料；

（7）借款人和担保人应当面出具并签署书面授权，同意银行查询其个人征信信息；

（8）贷款人要求提供的其他证明文件和材料。

第十八条　受理贷款申请后，贷款人须对借款人提供的资料进行调查核实。

第十九条　借款人办理就读地贷款的，贷款人还应联系借款人就读学校作为介绍人做好以下工作：

（1）向贷款人推荐借款人，对借款人资格及申请资料进行初审；

（2）协助贷款人对贷款的使用进行监督；

（3）将借款人在校期间失踪、死亡或丧失完全民事行为能力或劳动能力，以及发生休学、转学、出国留学或定居、自行离校、开除等情况及时通知贷款人，并协助贷款人采取相应的债权保护措施；

（4）在借款人毕业前，向贷款人提供其毕业去向、就业单位名称、居住地址、联系电话等有关信息；

（5）协助开展对借款人的信用教育和还贷宣传工作，讲解还贷的程序和方法；协助贷款人做好借款人的还款确认和贷款催收工作。

第二十条　贷款人根据借款人的资信、贷款用途、担保等因素进行贷款审批。贷款经审批同意后，贷款人应及时通知借款人与担保人签署助学贷款相关借款合同和担保合同，并按有关要求办理抵（质）押登记等相关手续。

第二十一条　贷款人应根据合同约定，将贷款划入借款人在银行开立的个人结算等账户或借款人就读学校指定账户，并由贷款人监督使用。

第二十二条　贷款人应要求借款人必须按合同约定使用贷款。违反借款合同约定，贷款人有权停止发放贷款和提前收回部分或全部贷款。对不按合同约定用途使用贷款的部分，按中国人民银行的有关规定加收利息。

第二十三条　借贷双方应对还款方式和还款计划在借款合同中明确约定。贷款人可视情况给予借款人一定的宽限期，宽限期内不还本金，也可视借款人困难程度对其在校期间发生的利息本金化。归还贷款在借款人离校后次月开始。贷款可按月、按季或按年分次偿还，利随本清，也可在贷款到期时一次性清还。

第二十四条　借款合同签订后，如需变更还款方式，须事先征得贷款人同意。

第二十五条　贷款人可要求借款人在借款合同中授权贷款人于约定的还款日直接从借款人在本行开立的个人结算等账户中扣收应偿还本息。

第二十六条　借款人在借款合同生效后，可根据合同约定提前部分或全部还款，贷款人不得收取或变相收取额外费用。

第二十七条　借款人如不能在合同规定期限内按期偿还贷款本金，应提前向贷款人申请展期，贷款展期仅限一次。申请经贷款人审查批准后，借贷双方应签订展期协议。贷款具有担保的，展期协议需经担保人书面确认。

第二十八条　借款合同需要变更的，必须经借贷双方协商同意，并依法签订变更协议。涉及第三方担保的，变更条款还应征得第三方担保人同意。协议未达成之前，原借款合同继续有效。

第二十九条　贷款人应要求借款人在变更联系方式、工作单位或居住地址后30天内将变更后的联系方式、工作单位和居住地址通知贷款人。

第三十条　对借款人、担保人在贷款期间发生的违约行为，贷款人可根据借款合同约定：

（1）要求限期纠正违约行为；

（2）要求增加所减少的相应价值的抵（质）押物，或更换保证人；

（3）停止发放尚未使用的贷款；

（4）在原贷款利率基础上加收罚息；

（5）提前收回部分或全部贷款本息；

（6）向保证人追偿；

（7）依据有关法律及规定处分抵（质）押物；

（8）向仲裁机关申请仲裁或向人民法院起诉。

第六章 风险管理

第三十一条 建立助学贷款违约通报制度，贷款人应按照制度要求报送助学贷款借款人违约信息，银行业监督管理机构定期在银行业金融机构范围内共享信息。

第三十二条 经批准与依法公告，贷款人可将债权以证券化等合法方式转让给第三方。

第三十三条 贷款人须根据本办法制定实施细则，加强对贷款发放和回收的管理，加强服务，严格控制风险。

第三十四条 贷款人应加强与借款人所在学校的沟通，获得学校在商业助学贷款管理方面的协助和配合。

第七章 附 则

第三十五条 贷款人可根据业务发展需要和风险管控能力，自主确定开办针对境内其他非义务教育阶段全日制学校在校困难学生的商业助学贷款，并参照本办法制定相关业务管理规范。

第三十六条 贷款人可根据业务发展需要和风险管控能力，自主确定开办借款人用于攻读境外高等院校硕士（含）以上学历，且提供全额抵（质）押的商业助学贷款，并参照本办法制定相关业务管理规范。

第三十七条 本办法自公布之日起施行，由银监会负责修订和解释。

五、《农户贷款管理办法》

农户贷款管理办法

（银监发〔2012〕50号，自2013年1月1日起实施）

第一章 总 则

第一条 为提高银行业金融机构支农服务水平，规范农户贷款业务行为，加强农户贷款风险管控，促进农户贷款稳健发展，依据《中华人民共和国银行业监督管理法》《中华人民共和国商业银行法》等法律法规，制定本办法。

第二条 本办法所称农户贷款，是指银行业金融机构向符合条件的农户发放的用于生产经营、生活消费等用途的本外币贷款。本办法所称农户是指长期居住在乡镇和城关镇所辖行政村的住户、国有农场的职工和农村个体工商户。

第三条 本办法适用于开办农户贷款业务的农村金融机构。

第四条 中国银监会依照本办法对农户贷款业务实施监督管理。

第二章　管理架构与政策

第五条　农村金融机构应当坚持服务“三农”的市场定位，本着“平等透明、规范高效、风险可控、互惠互利”的原则，积极发展农户贷款业务，制定农户贷款发展战略，积极创新产品，建立专门的风险管理与考核激励机制，加大营销力度，不断扩大授信覆盖面，提高农户贷款的可得性、便利性和安全性。

第六条　农村金融机构应当增强主动服务意识，加强产业发展与市场研究，了解发掘农户信贷需求，创新抵押担保方式，积极开发适合农户需求的信贷产品，积极开展农村金融消费者教育。

第七条　农村金融机构应当结合自身特点、风险管控要求及农户服务需求，形成营销职能完善、管理控制严密、支持保障有力的农户贷款全流程管理架构。具备条件的机构可以实行条线管理或事业部制架构。

第八条　农村金融机构应当建立包括建档、营销、受理、调查、评级、授信、审批、放款、贷后管理与动态调整等内容的农户贷款管理流程。针对不同的农户贷款产品，可以采取差异化的管理流程。对于农户小额信用（担保）贷款可以简化合并流程，按照“一次核定、随用随贷、余额控制、周转使用、动态调整”模式进行管理；对其他农户贷款可以按照“逐笔申请、逐笔审批发放”的模式进行管理；对当地特色优势农业产业贷款，可以适当采取批量授信、快速审批模式进行管理。

第九条　农村金融机构应当优化岗位设计，围绕受理、授信、用信、贷后管理等关键环节，科学合理设置前、中、后台岗位，实行前后台分离，确保职责清晰、制约有效。

第十条　农村金融机构应当提高办贷效率，加大惠农力度，公开贷款条件、贷款流程、贷款利率与收费标准、办结时限以及廉洁操守准则、监督方式等。

第十一条　农村金融机构开展农户贷款业务应当维护借款人权益，严禁向借款人预收利息、收取账户管理费用、搭售金融产品等不规范经营行为。

第十二条　农村金融机构应当提高农户贷款管理服务效率，研发完善农户贷款管理信息系统与自助服务系统，并与核心业务系统有效对接。

第三章　贷款基本要素

第十三条　贷款条件。农户申请贷款应当具备以下条件：

（1）农户贷款以户为单位申请发放，并明确一名家庭成员为借款人，借款人应当为具有完全民事行为能力的中华人民共和国公民；

（2）户籍所在地、固定住所或固定经营场所在农村金融机构服务辖区内；

（3）贷款用途明确合法；

（4）贷款申请数额、期限和币种合理；

（5）借款人具备还款意愿和还款能力；

（6）借款人无重大信用不良记录；

（7）在农村金融机构开立结算账户；

（8）农村金融机构要求的其他条件。

第十四条 贷款用途。农户贷款用途应当符合法律法规规定和国家有关政策，不得发放无指定用途的农户贷款。按照用途分类，农户贷款分为农户生产经营贷款和农户消费贷款。

（1）农户生产经营贷款是指农村金融机构发放给农户用于生产经营活动的贷款，包括农户农、林、牧、渔业生产经营贷款和农户其他生产经营贷款。

（2）农户消费贷款是指农村金融机构发放给农户用于自身及家庭生活消费，以及医疗、学习等需要的贷款。农户住房按揭贷款按照各银行业金融机构按揭贷款管理规定办理。

第十五条 贷款种类。按信用形式分类，农户贷款分为信用贷款、保证贷款、抵押贷款、质押贷款，以及组合担保方式贷款。农村金融机构应当积极创新抵质押担保方式，加强农户贷款增信能力，控制农户贷款风险水平。

第十六条 贷款额度。农村金融机构应当根据借款人生产经营状况、偿债能力、贷款真实需求、信用状况、担保方式、机构自身资金状况和当地农村经济发展水平等因素，合理确定农户贷款额度。

第十七条 贷款期限。农村金融机构应当根据贷款项目生产周期、销售周期和综合还款能力等因素合理确定贷款期限。

第十八条 贷款利率。农村金融机构应当综合考虑农户贷款资金及管理成本、贷款方式、风险水平、合理回报等要素以及农户生产经营利润率和支农惠农要求，合理确定利率水平。

第十九条 还款方式。农村金融机构应当建立借款人合理的收入偿债比例控制机制，合理确定农户贷款还款方式。农户贷款还款方式根据贷款种类、期限及借款人现金流情况，可以采用分期还本付息、分期还息到期还本等方式。原则上一年期以上贷款不得采用到期利随本清方式。

第四章 受理与调查

第二十条 农村金融机构应当广泛建立农户基本信息档案，主动走访辖内农户，了解农户信贷需求。

第二十一条 农村金融机构应当要求农户以书面形式提出贷款申请，并提供能证明其符合贷款条件的相关资料。

第二十二条 农村金融机构受理借款人贷款申请后，应当履行尽职调查职责，对贷款申请内容和相关情况的真实性、准确性、完整性进行调查核实，对信用状况、风险、收益进行评价，形成调查评价意见。

第二十三条 贷前调查包括但不限于下列内容：

（1）借款人（户）基本情况；

（2）借款户收入支出与资产、负债等情况；

（3）借款人（户）信用状况；

（4）借款用途及预期风险收益情况；

（5）借款人还款来源、还款能力、还款意愿及还款方式；

（6）保证人担保意愿、担保能力或抵（质）押物价值及变现能力；

（7）借款人、保证人的个人信用信息基础数据库查询情况。

第二十四条　贷前调查应当深入了解借款户收支、经营情况，以及人品、信用等软信息。严格执行实地调查制度，并与借款人及其家庭成员进行面谈，做好面谈记录，面谈记录包括文字、图片或影像等。有效借助村委会、德高望重村民、经营共同体带头人等社会力量，准确了解借款人情况及经营风险。

第二十五条　农村金融机构应当建立完善信用等级及授信额度动态评定制度，根据借款人实际情况对借款人进行信用等级评定，并结合贷款项目风险情况初步确定授信限额、授信期限及贷款利率等。

第五章　审查与审批

第二十六条　农村金融机构应当遵循审慎性与效率原则，建立完善独立审批制度，完善农户信贷审批授权，根据业务职能部门和分支机构的经营管理水平及风险控制能力等，实行逐级差别化授权。

第二十七条　农村金融机构应当逐步推行专业化的农户贷款审贷机制，可以根据产品特点，采取批量授信、在线审批等方式，提高审批效率和服务质量。

第二十八条　贷中审查应当对贷款调查内容的合规性和完备性进行全面审查，重点关注贷前调查尽职情况、申请材料完备性和借款人的偿还能力、诚信状况、担保情况、抵（质）押及经营风险等。依据贷款审查结果，确定授信额度，作出审批决定。

第二十九条　农村金融机构应当在办结时限以前将贷款审批结果及时、主动告知借款人。

第三十条　农村金融机构应当根据外部经济形势、违约率变化等情况，对贷款审批环节进行评价分析，及时、有针对性地调整审批政策和授权。

第六章　发放与支付

第三十一条　农村金融机构应当要求借款人当面签订借款合同及其他相关文件，需担保的应当当面签订担保合同。采取指纹识别、密码等措施，确认借款人与指定账户真实性，防范顶冒名贷款问题。

第三十二条　借款合同应当符合《中华人民共和国合同法》以及《个人贷款管理暂行办法》的规定，明确约定各方当事人的诚信承诺和贷款资金的用途、支付对象（范围）、支付金额、支付条件、支付方式、还款方式等。借款合同应当设立相关条款，明确借款人不履行合同或怠于履行合同时应当承担的违约责任。

第三十三条　农村金融机构应当遵循审贷与放贷分离的原则，加强对贷款的发放管理，设立独立的放款管理部门或岗位，负责落实放款条件，对满足约定条件的借款人发放贷款。

第三十四条　有下列情形之一的农户贷款，经农村金融机构同意可以采取借款人自主支付：

（1）农户生产经营贷款且金额不超过50万元，或用于农副产品收购等无法确定交易对象的；

（2）农户消费贷款且金额不超过30万元；

（3）借款人交易对象不具备有效使用非现金结算条件的；

(4)法律法规规定的其他情形。鼓励采用贷款人受托支付方式向借款人交易对象进行支付。

第三十五条　采用借款人自主支付的，农村金融机构应当与借款人在借款合同中明确约定；农村金融机构应当通过账户分析或现场调查等方式，核查贷款使用是否符合约定用途。

第三十六条　借款合同生效后，农村金融机构应当按合同约定及时发放贷款。贷款采取自主支付方式发放时，必须将款项转入指定的借款人结算账户，严禁以现金方式发放贷款，确保资金发放给真实借款人。

第七章　贷后管理

第三十七条　农村金融机构应当建立贷后定期或不定期检查制度，明确首贷检查期限，采取实地检查、电话访谈、检查结算账户交易记录等多种方式，对贷款资金使用、借款人信用及担保情况变化等进行跟踪检查和监控分析，确保贷款资金安全。

第三十八条　农村金融机构贷后管理中应当着重排查防范假名、冒名、借名贷款，包括建立贷款本息独立对账制度、不定期重点检(抽)查制度以及至少两年一次的全面交叉核查制度。

第三十九条　农村金融机构风险管理部门、审计部门应当对分支机构贷后管理情况进行检查。

第四十条　农村金融机构应当建立风险预警制度，定期跟踪分析评估借款人履行借款合同约定内容的情况以及抵质押担保情况，及时发现借款人、担保人的潜在风险并发出预警提示，采取增加抵质押担保、调整授信额度、提前收回贷款等措施，并作为与其后续合作的信用评价基础。

第四十一条　农村金融机构应当在贷款还款日之前预先提示借款人安排还款，并按照借款合同约定按期收回贷款本息。

第四十二条　农村金融机构对逾期贷款应当及时催收，按逾期时间长短和风险程度逐级上报处理，掌握借款人动态，及时采取措施保全信贷资产安全。

第四十三条　对于因自然灾害、农产品价格波动等客观原因造成借款人无法按原定期限正常还款的，由借款人申请，经农村金融机构同意，可以对还款意愿良好、预期现金流量充分、具备还款能力的农户贷款进行合理展期，展期时间结合生产恢复时间确定。已展期贷款不得再次展期。展期贷款最高列入关注类进行管理。

第四十四条　对于未按照借款合同约定收回的贷款，应当采取措施进行清收，也可以在利息还清、本金部分偿还、原有担保措施不弱化等情况下协议重组。

第四十五条　农村金融机构应当严格按照风险分类的规定，对农户贷款进行准确分类及动态调整，真实反映贷款形态。

第四十六条　对确实无法收回的农户贷款，农村金融机构可以按照相关规定进行核销，按照账销案存原则继续向借款人追索或进行市场化处置，并按责任制和容忍度规定，落实有关人员责任。

第四十七条　农村金融机构应当建立贷款档案管理制度，及时汇集更新客户信息及贷款情况，确保农户贷款档案资料的完整性、有效性和连续性。根据信用情况、还本付息和经营风险等情况，对客户信用评级与授信限额进行动态管理和调整。

第四十八条 农村金融机构要建立优质农户与诚信客户正向激励制度，对按期还款、信用良好的借款人采取优惠利率、利息返还、信用累积奖励等方式，促进信用环境不断改善。

第八章 激励与约束

第四十九条 农村金融机构应当以支持农户贷款发展为基础，建立科学合理的农户贷款定期考核制度，对农户贷款的服务、管理、质量等情况进行考核，并给予一定的容忍度。主要考核指标包括但不限于：

（1）农户贷款户数、金额（累放、累收及新增）、工作量、农户贷款占比等服务指标；

（2）农户贷款到期本金回收率、利息回收率及增减变化等管理指标；

（3）农户贷款不良率、不良贷款迁徙率及增减变化等质量指标。

第五十条 农村金融机构应当根据风险收益相匹配的原则对农户贷款业务财务收支实施管理，具备条件的可以实行财务单独核算。

第五十一条 农村金融机构应当制订鼓励农户贷款长期可持续发展的绩效薪酬管理制度。根据以风险调整收益为基础的模拟利润建立绩效薪酬考核机制，绩效薪酬权重应当对农户贷款业务予以倾斜，体现多劳多得、效益与风险挂钩的激励约束要求。

第五十二条 农村金融机构应当建立包含农户贷款业务在内的尽职免责制度、违法违规处罚制度和容忍度机制。尽职无过错，且风险在容忍度范围内的，应当免除责任；超过容忍度范围的，相关人员应当承担工作责任；违规办理贷款的，应当严肃追责处罚。

第九章 附 则

第五十三条 农村金融机构应当依照本办法制定农户贷款业务管理细则和操作规程。

第五十四条 其他银行业金融机构农户贷款业务，参照本办法执行。

第五十五条 本办法施行前公布的有关规定与本办法不一致的，按照本办法执行。

第五十六条 本办法由中国银监会负责解释。

第五十七条 本办法自2013年1月1日起施行。

六、《商业银行信用卡业务监督管理办法》

商业银行信用卡业务监督管理办法

（中国银行业监督管理委员会令2011年第2号，2011年1月13日起施行）

第一章 总 则

第一条 为规范商业银行信用卡业务，保障客户及银行的合法权益，促进信用卡业务健康有序发展,根据《中华人民共和国银行业监督管理法》《中华人民共和国商业银行法》《中华人民共和国外资银行管理条例》等法律法规,制定本办法。

第二条 商业银行经营信用卡业务,应当严格遵守国家法律、法规、规章和有关政策规定,遵循平等、自愿和诚实信用的原则。

第三条 商业银行经营信用卡业务,应当依法保护客户合法权益和相关信息安全。未经客户授权,不得将相关信息用于本行信用卡业务以外的其他用途。

第四条 商业银行经营信用卡业务,应当建立健全信用卡业务风险管理和内部控制体系,严格实行授权管理,有效识别、评估、监测和控制业务风险。

第五条 商业银行经营信用卡业务,应当充分向持卡人披露相关信息,揭示业务风险,建立健全相应的投诉处理机制。

第六条 中国银监会及其派出机构依法对商业银行信用卡业务实施监督管理。

第二章 定义和分类

第七条 本办法所称信用卡,是指记录持卡人账户相关信息,具备银行授信额度和透支功能,并为持卡人提供相关银行服务的各类介质。

第八条 本办法所称信用卡业务,是指商业银行利用具有授信额度和透支功能的银行卡提供的银行服务,主要包括发卡业务和收单业务。

第九条 本办法所称发卡业务,是指发卡银行基于对客户的评估结果,与符合条件的客户签约发放信用卡并提供的相关银行服务。

发卡业务包括营销推广、审批授信、卡片制作发放、交易授权、交易处理、交易监测、资金结算、账务处理、争议处理、增值服务和欠款催收等业务环节。

第十条 本办法所称发卡银行,是指经中国银监会批准开办信用卡发卡业务,并承担发卡业务风险管理相关责任的商业银行。

第十一条 本办法所称发卡业务服务机构,是指与发卡银行签约协助其提供信用卡业务服务的法人机构或其他组织。

第十二条 本办法所称收单业务,是指商业银行为商户等提供的受理信用卡,并完成相关资金结算的服务。

收单业务包括商户资质审核、商户培训、受理终端安装维护管理、获取交易授权、处理交易信息、交易监测、资金垫付、资金结算、争议处理和增值服务等业务环节。

第十三条 本办法所称收单银行,是指依据合同为特约商户提供信用卡收单业务服务或为信用卡收单业务提供结算服务,并承担收单业务风险管理相关责任的商业银行。

第十四条 本办法所称收单业务服务机构,是指与收单银行或收单业务的结算银行签约协助其提供信用卡收单业务服务的法人机构或其他组织。

第十五条 商业银行发行的信用卡按照发行对象不同,分为个人卡和单位卡。其中,单位卡按照用途分为商务差旅卡和商务采购卡。

商务差旅卡,是指商业银行与政府部门、法人机构或其他组织签订合同建立差旅费用报销还款关系，为其工作人员提供日常商务支出和财务报销服务的信用卡。

商务采购卡，是指商业银行与政府部门、法人机构或其他组织签订合同建立采购支出报销还款关系，为其提供办公用品、办公事项等采购支出相关服务的信用卡。

第十六条　本办法所称学生，是指在教育机构脱产就读的学生。

第三章　业务准入

第十七条　商业银行申请开办信用卡业务，应当满足以下基本条件：

（1）公司治理良好，主要审慎监管指标符合中国银监会有关规定，具备与业务发展相适应的组织机构和规章制度，内部控制、风险管理和问责机制健全有效；

（2）信誉良好，具有完善、有效的内控机制和案件防控体系，最近3年内无重大违法违规行为和重大恶性案件；

（3）具备符合任职资格条件的董事、高级管理人员和合格从业人员。高级管理人员中应当具备有信用卡业务专业知识和管理经验的人员至少1名，具备开展信用卡业务必需的技术人员和管理人员，并全面实施分级授权管理；

（4）具备与业务经营相适应的营业场所、相关设施和必备的信息技术资源；

（5）已在境内建立符合法律法规和业务管理要求的业务系统，具有保障相关业务系统信息安全和运行质量的技术能力；

（6）开办外币信用卡业务的，应当具有经国务院外汇管理部门批准的结汇、售汇业务资格和中国银监会批准的外汇业务资格（或外汇业务范围）；

（7）符合中国银监会规定的其他审慎性条件。

第十八条　商业银行开办信用卡发卡业务除符合第十七条　规定的条件外，还应当符合以下条件：

（1）注册资本为实缴资本，且不低于人民币5亿元或等值可兑换货币；

（2）具备办理零售业务的良好基础，最近3年个人存贷款业务规模和业务结构稳定，个人存贷款业务客户规模和客户结构良好，银行卡业务运行情况良好，身份证件验证系统和征信系统的连接和使用情况良好；

（3）具备办理信用卡业务的专业系统，在境内建有发卡业务主机、信用卡业务申请管理系统、信用评估管理系统、信用卡账户管理系统、信用卡交易授权系统、信用卡交易监测和伪冒交易预警系统、信用卡客户服务中心系统、催收业务管理系统等专业化运营基础设施，相关设施通过了必要的安全检测和业务测试，能够保障客户资料和业务数据的完整性和安全性；

（4）符合商业银行业务经营总体战略和发展规划，有利于提高总体业务竞争能力，能够根据业务发展实际情况持续开展业务成本计量、业务规模监测和基本盈亏平衡测算等工作。

第十九条　商业银行开办信用卡收单业务除符合第十七条规定的条件外，还应当符合以下条件：

（1）注册资本为实缴资本，且不低于人民币1亿元或等值可兑换货币；

(2)具备开办收单业务的良好业务基础。最近3年企业贷款业务规模和业务结构稳定，企业贷款业务客户规模和客户结构较为稳定，身份证件验证系统和征信系统连接和使用情况良好；

(3)具备办理收单业务的专业系统支持，在境内建有收单业务主机、特约商户申请管理系统、特约商户信用评估管理系统、商户结算账户管理系统、账务管理系统、收单交易监测和伪冒交易预警系统、交易授权系统等专业化运营基础设施，相关设施通过了必要的安全检测和业务测试，能够保障客户资料和业务数据的完整性和安全性；

(4)符合商业银行业务经营总体战略和发展规划，有利于提高业务竞争能力，能够根据业务发展实际情况持续开展业务成本计量、业务规模监测和基本盈亏平衡测算等工作。

第二十条 商业银行开办发卡和收单业务应当按规定程序报中国银监会及其派出机构审批。

全国性商业银行申请开办信用卡业务，由其总行(公司)向中国银监会申请审批。

按照有关规定只能在特定城市或地区从事业务经营活动的商业银行，申请开办信用卡业务，由其总行(公司)向注册地监管机构提出申请，经初审同意后，由注册地监管机构上报中国银监会审批。

外资法人银行申请开办信用卡业务，应当向注册地监管机构提出申请，经初审同意后，由注册地监管机构上报中国银监会审批。

第二十一条 商业银行申请开办信用卡发卡或收单业务之前，应当根据需要就拟申请的业务与中国银监会及其相关派出机构沟通，说明拟申请的信用卡业务运营模式、各环节业务流程和风险控制流程设计、业务系统和基础设施建设方案，并根据沟通情况，对有关业务环节进行调整和完善。

第二十二条 商业银行申请开办信用卡业务，可以在一个申请报告中同时申请不同种类的信用卡业务，但在申请中应当注明所申请的信用卡业务种类。

第二十三条 商业银行向中国银监会及其派出机构申请开办信用卡业务，应当提交以下文件资料(一式三份)：

(1)开办信用卡业务的申请书；

(2)信用卡业务可行性报告；

(3)信用卡业务发展规划和业务管理制度；

(4)信用卡章程，内容应当至少包括信用卡的名称、种类、功能、用途、发行对象、申领条件、申领手续、使用范围(包括使用方面的限制)及使用方法、信用卡账户适用的利率、面向持卡人的收费项目和收费水平、商业银行、持卡人及其他有关当事人的权利、义务等；

(5)信用卡卡样设计草案或可受理信用卡种类；

(6)信用卡业务运营设施、业务系统和灾备系统介绍；

(7)相关身份证件验证系统和征信系统连接和使用情况介绍；

(8)信用卡业务系统和灾备系统测试报告和安全评估报告；

(9)信用卡业务运行应急方案和业务连续性计划；

(10)信用卡业务风险管理体系建设和相应的规章制度；

(11)信用卡业务的管理部门、职责分工、主要负责人介绍；

（12）申请机构联系人、联系电话、联系地址、传真、电子邮箱等联系方式；

（13）中国银监会及其派出机构按照审慎性原则要求提供的其他文件和资料。

第二十四条　商业银行应当由内部专门机构或委托其他专业机构进行独立的安全评估。安全评估报告应当至少包括董事会或总行（总公司）高级管理层对信用卡业务风险管理体系建设和相关规章制度的审定情况、各业务环节信息资料的保护措施设置情况、持续监测记录和追踪预警异常业务行为（含入侵事故或系统漏洞）的流程设计、外挂系统或外部接入系统的安全措施设置、评估期等方面的内容。

第二十五条　全国性商业银行筹建信用卡中心等分行级专营机构的，应当由其总行（公司）向中国银监会提出申请。

按照有关规定只能在特定城市或地区从事业务经营活动的商业银行，筹建信用卡中心等分行级专营机构，应当由其总行（公司）向注册地中国银监会派出机构提出申请，经初审同意后，由注册地中国银监会派出机构报中国银监会审批。

外资法人银行筹建信用卡中心等分行级专营机构，应当向其注册地中国银监会派出机构提出申请，经初审同意后，由注册地中国银监会派出机构报中国银监会审批。

信用卡中心等分行级专营机构的开业申请由其注册地中国银监会派出机构受理和批准。

第二十六条　商业银行信用卡中心等分行级专营机构的分支机构，筹建和开业应当按照规定程序报其拟设地中国银监会派出机构审批。拟设地中国银监会派出机构作出批准或不批准的书面决定，并抄送分行级专营机构注册地中国银监会派出机构。

第二十七条　注册地中国银监会派出机构自收到完整申请材料之日起20日内审查完毕并将审查意见及完整申请材料报中国银监会。

中国银监会自收到完整的信用卡业务申请材料之日起3个月内，做出批准或不批准的书面决定；决定不批准的，应当说明理由。

对于中国银监会或其派出机构未批准的信用卡业务类型，商业银行在达到相关要求后可以按照有关规定重新申请。

第二十八条　商业银行新增信用卡业务产品种类、增加信用卡业务功能、增设信用卡受理渠道等，或接受委托，作为发卡业务服务机构和收单业务服务机构开办相关业务，应当参照第二十三条的有关规定，在开办业务之前一个月，将相关材料（一式两份）向中国银监会及其相关派出机构报告。

第二十九条　已实现业务数据集中处理的商业银行，获准开办信用卡业务后，可以授权其分支机构开办部分或全部信用卡业务。获得授权的分支机构开办相关信用卡业务，应当提前30个工作日持中国银监会批准文件、总行授权文件及其他相关材料向注册地中国银监会派出机构报告。

第三十条　商业银行为其他机构（非特约商户）开展收单业务提供结算服务，应当提前30个工作日持中国银监会批准文件、总行授权文件、合作机构营业执照和法人详细信息、合作机构相关业务情况和财务状况、业务流程设计材料、书面合同、负责对合作机构进行合规管理的承诺书、风险事件和违法活动的应急处理制度、其他相关材料向当地中国银监会派出机构报告。

第三十一条 已开办信用卡业务的商业银行按照规划决定终止全部或部分类型的信用卡业务应当参照申请开办该业务的程序报中国银监会及其派出机构审批。

商业银行决定终止全部或部分类型的信用卡业务之前，应当根据需要就拟申请停办的业务与中国银监会或其相关派出机构沟通，说明拟申请终止业务的原因、风险状况、公告内容和渠道、应急预案等，并根据沟通情况进行调整和完善。

第三十二条 商业银行向中国银监会及其派出机构申请终止信用卡业务，应当提交以下文件资料(一式三份)：

(1)拟终止信用卡业务的申请书；

(2)终止信用卡业务的风险评估报告；

(3)终止信用卡业务的公告方案；

(4)终止业务过程中重大问题的应急预案；

(5)负责终止业务的部门、职责分工和主要负责人；

(6)申请机构联系人、联系电话、联系地址、传真、电子邮箱等联系方式；

(7)中国银监会及其派出机构按照审慎性原则要求提供的其他文件和资料。

经中国银监会及其相关派出机构同意后，商业银行应当通过网点公告、银行网站、客户服务热线、电子银行、其他媒体等多种渠道予以公告，公告持续期限自公告之日起不得少于90天。

第三十三条 商业银行终止信用卡业务或停止提供部分类型信用卡业务后，需要重新开办信用卡业务或部分类型信用卡业务的，按相关规定重新办理申请、审批、报告等手续。

第四章 发卡业务管理

第三十四条 发卡银行应当建立信用卡卡片管理制度，明确卡片、密码、函件、信封、制卡文件以及相关工作人员操作密码的生成、交接、保管、保密、使用监控、检查等环节的管理职责和操作规程，防范重大风险事故的发生。

第三十五条 商业银行应当建立信用卡业务申请材料管理系统，由总行(总公司、外资法人银行)对信用卡申请材料统一编号，并对申请材料信息录入、使用、销毁等实施登记制度。

第三十六条 信用卡卡面应当对持卡人充分披露以下基本信息：发卡银行法人名称、品牌标识及防伪标志、卡片种类(信用卡、贷记卡、准贷记卡等)、卡号、持卡人姓名拼音(外文姓名)、有效期、持卡人签名条、安全校验码、注意事项、客户服务电话、银行网站地址。

第三十七条 发卡银行印制的信用卡申请材料文本应当至少包含以下要素：

(1)申请人信息：编号、申请人姓名、有效身份证件名称、证件号码、单位名称、单位地址、住宅地址、账单寄送地址、联系电话、联系人姓名、联系人电话、联系人验证信息、其他验证信息等；

(2)合同信息：领用合同(协议)、信用卡章程、重要提示、合同信息变更的通知方式等；

(3)费用信息：主要收费项目和收费水平、收费信息查询渠道、收费信息变更的通知方式等；

（4）其他信息：申请人已持有的信用卡及其授信额度、申请人声明、申请人确认栏和签名栏、发卡银行服务电话和银行网站、投诉渠道等。

“重要提示”应当在信用卡申请材料中以醒目方式列示，至少包括申请信用卡的基本条件、所需基本申请资料、计结息规则、年费/滞纳金/超限费收取方式、阅读领用合同（协议）并签字的提示、申请人信息的安全保密提示、非法使用信用卡行为相关的法律责任和处理措施的提示、其他对申请人信用和权利义务有重大影响的内容等信息。

申请人确认栏应当载明以下语句，并要求客户抄录后签名：“本人已阅读全部申请材料，充分了解并清楚知晓该信用卡产品的相关信息，愿意遵守领用合同（协议）的各项规则。”

第三十八条　发卡银行应当公开、明确告知申请人需提交的申请材料和基本要求，申请材料必须由申请人本人亲自签名，不得在客户不知情或违背客户意愿的情况下发卡。

发卡银行受理的信用卡附属卡申请材料必须由主卡持卡人以亲自签名、客户服务电话录音、电子签名或持卡人和发卡银行双方均认可的方式确认。

第三十九条　发卡银行应当建立信用卡营销管理制度，对营销人员进行系统培训、登记考核和规范管理，不得对营销人员采用单一以发卡数量计件提成的考核方式。信用卡营销行为应当符合以下条件：

（1）营销宣传材料真实准确，不得有虚假、误导性陈述或重大遗漏，不得有夸大或片面的宣传。应当由持卡人承担的费用必须公开透明，风险提示应当以明显的、易于理解的文字印制在宣传材料和产品（服务）申请材料中，提示内容的表述应当真实、清晰、充分，示范的案例应当具有代表性。

（2）营销人员必须佩戴所属银行的标识，明示所属发卡银行及客户投诉电话，使用统一印制的信用卡产品（服务）宣传材料，对信用卡收费项目、计结息政策和业务风险等进行充分的信息披露和风险提示，确认申请人提交的重要证明材料无涂改痕迹，确认申请人已经知晓和理解上述信息，确认申请人已经在申请材料上签名，并留存相关证据，不得进行误导性和欺骗性的宣传解释。遇到客户对宣传材料的真实性和可靠性有任何疑问时，应当提供相关信息查询渠道。

（3）营销人员应当公开明确告知申请信用卡需提交的申请资料和基本要求，督促信用卡申请人完整、正确、真实地填写申请材料，并审核身份证件（原件）和必要的证明材料（原件）。营销人员不得向客户承诺发卡，不得以快速发卡、以卡办卡、以名片办卡等名义营销信用卡。

（4）营销人员应当严格遵守对客户资料保密的原则，不得泄露客户信息，不得将信用卡营销工作转包或分包。发卡银行应当严格禁止营销人员从事本行以外的信用卡营销活动，并对营销人员收到申请人资料和送交审核的时间间隔和保密措施作出明确的制度规定，不得在未征得信用卡申请人同意的情况下，将申请人资料用于其他产品和服务的交叉销售。

（5）营销人员开展电话营销时，除遵守（1）至（4）条的相关规定外，必须留存清晰的录音资料，录音资料应当至少保存2年备查。

第四十条　发卡银行应当建立健全信用卡申请人资信审核制度，明确管理架构和内部控制机制。

第四十一条　发卡银行应当对信用卡申请人开展资信调查，充分核实并完整记录申请人有效身份、财务状况、消费和信贷记录等信息，并确认申请人拥有固定工作、稳定的收入来源或可靠的还款保障。

第四十二条 发卡银行应当根据总体风险管理要求确定信用卡申请材料的必填（选）要素，对信用卡申请材料出现漏填（选）必填信息或必选选项、他人代办（单位代办商务差旅卡和商务采购卡、主卡持卡人代办附属卡除外）、他人代签名、申请材料未签名等情况的，不得核发信用卡。

对信用卡申请材料出现疑点信息、漏填审核意见、各级审核人员未签名（签章、输入工作代码）或系统审核记录缺失等情况的，不得核发信用卡。

第四十三条 对首次申请本行信用卡的客户，不得采取全程系统自动发卡方式核发信用卡。

信用卡申请人有以下情况时，应当从严审核，加强风险防控：

（1）在身份信息系统中留有相关可疑信息或违法犯罪记录；

（2）在征信系统中无信贷记录；

（3）在征信系统中有不良记录；

（4）在征信系统中有多家银行贷款或信用卡授信记录；

（5）单位代办商务差旅卡和商务采购卡；

（6）其他渠道获得的风险信息。

第四十四条 发卡银行不得向未满十八周岁的客户核发信用卡（附属卡除外）。

第四十五条 向符合条件的同一申请人核发学生信用卡的发卡银行不得超过两家（附属卡除外）。

在发放学生信用卡之前，发卡银行必须落实第二还款来源，取得第二还款来源方（父母、监护人、或其他管理人等）愿意代为还款的书面担保材料，并确认第二还款来源方身份的真实性。在提高学生信用卡额度之前，发卡银行必须取得第二还款来源方（父母、监护人、或其他管理人等）表示同意并愿意代为还款的书面担保材料。

商业银行应当按照审慎原则制定学生信用卡业务的管理制度，根据业务发展实际情况评估、测算和合理确定本行学生信用卡的首次授信额度和根据用卡情况调整后的最高授信额度。学生信用卡不得超限额使用。

第四十六条 发卡银行应当在银行网站上公开披露与教育机构以向学生营销信用卡为目的签订的协议。

发卡银行在任何教育机构的校园内向学生开展信用卡营销活动，必须就开展营销活动的具体地点、日期、时间和活动内容提前告知相关教育机构并取得该教育机构的同意。

第四十七条 发卡银行应当提供信用卡申请处理进度和结果的查询渠道。

第四十八条 发卡银行发放信用卡应当符合安全管理要求，卡片和密码应当分别送达并提示持卡人接收。信用卡卡片发放时，应当向持卡人书面告知信用卡账单日期、信用卡章程、安全用卡须知、客户服务电话、服务和收费信息查询渠道等信息，以便持卡人安全使用信用卡。

第四十九条 发卡银行应当建立信用卡激活操作规程，激活前应当对信用卡持卡人身份信息进行核对。不得激活领用合同（协议）未经申请人签名确认、未经激活程序确认持卡人身份的信用卡。对新发信用卡、挂失换卡、毁损换卡、到期换卡等必须激活后才能为持卡人开通使用。

信用卡未经持卡人激活，不得扣收任何费用。在特殊情况下，持卡人以书面、客户服务电话录音、电子签名、持卡人和发卡银行双方均认可的方式单独授权扣收的费用，以及换卡时已形成的债权债务关系除外。

信用卡未经持卡人激活并使用，不得发放任何礼品或礼券。

第五十条　发卡银行应当建立信用卡授信管理制度，根据持卡人资信状况、用卡情况和风险信息对信用卡授信额度进行动态管理，并及时按照约定方式通知持卡人，必要时可以要求持卡人落实第二还款来源或要求其提供担保。

发卡银行应当对持卡人名下的多个信用卡账户授信额度、分期付款总体授信额度、附属卡授信额度、现金提取授信额度等合并管理，设定总授信额度上限。商务采购卡的现金提取授信额度应当设置为零。

第五十一条　在已通过信用卡领用合同（协议）、书面协议、电子银行记录或客户服务电话录音等进行约定的前提下，发卡银行可以对超过6个月未发生交易的信用卡调减授信额度，但必须提前3个工作日按照约定方式明确告知持卡人。

第五十二条　发卡银行应当建立信用卡业务风险管理制度。发卡银行从公安机关、司法机关、持卡人本人、亲属、交易监测或其他渠道获悉持卡人出现身份证件被盗用、家庭财务状况恶化、还款能力下降、预留联系方式失效、资信状况恶化、有非正常用卡行为等风险信息时，应当立即停止上调额度、超授信额度用卡服务授权、分期业务授权等可能扩大信用风险的操作，并视情况采取提高交易监测力度、调减授信额度、止付、冻结或落实第二还款来源等风险管理措施。

第五十三条　信用卡未经持卡人申请并开通超授信额度用卡服务，不得以任何形式扣收超限费。持卡人可以采用口头（客户服务电话录音）、电子、书面的方式开通或取消超授信额度用卡服务。

发卡银行必须在为持卡人开通超授信额度用卡服务之前，提供关于超限费收费形式和计算方式的信息，并明确告知持卡人具有取消超授信额度用卡服务的权利。发卡银行收取超限费后，应当在对账单中明确列出相应账单周期中的超限费金额。

第五十四条　经持卡人申请开通超授信额度用卡服务后，发卡银行在一个账单周期内只能提供一次超授信额度用卡服务，在一个账单周期内只能收取一次超限费。如果在两个连续的账单周期内，持卡人连续要求支付超限费以完成超过授信额度的透支交易，发卡银行必须在第二个账单周期结束后立即停止超授信额度用卡服务，直至信用卡未结清款项减少到信用卡原授信额度以下才能根据持卡人的再次申请重新开通超授信额度用卡服务。

第五十五条　发卡银行不得为信用卡转账（转出）和支取现金提供超授信额度用卡服务。信用卡透支转账（转出）和支取现金的金额两者合计不得超过信用卡的现金提取授信额度。

第五十六条　发卡银行应当制定信用卡交易授权和风险监测管理制度，配备必要的设备、系统和人员，确保24小时交易授权和实时监控，对出现可疑交易的信用卡账户应当及时采取与持卡人联系确认、调整授信额度、锁定账户、紧急止付等风险管理措施。

发卡银行应当对可疑交易采取电话核实、调单或实地走访等方式进行风险排查并及时处理，必要时应当及时向公安机关报案。

第五十七条 发卡银行应当在信用卡领用合同(协议)中明确规定以持卡人相关资产偿还信用卡贷款的具体操作流程,在未获得持卡人授权的情况下,不得以持卡人资产直接抵偿信用卡应收账款。国家法律法规另有规定的除外。

发卡银行收到持卡人还款时,按照以下顺序对其信用卡账户的各项欠款进行冲还:逾期1~90天(含)的,按照先应收利息或各项费用、后本金的顺序进行冲还;逾期91天以上的,按照先本金、后应收利息或各项费用的顺序进行冲还。

第五十八条 发卡银行通过自助渠道提供信用卡查询和支付服务必须校验密码或信用卡校验码。对确实无法校验密码或信用卡校验码的,发卡银行应当根据交易类型、风险性质和风险特征,确定自助渠道信用卡服务的相关信息校验规则,以保障安全用卡。

第五十九条 发卡银行应当提供24小时挂失服务,通过营业网点、客户服务电话或电子银行等渠道及时受理持卡人挂失申请并采取相应的风险管控措施。

第六十条 发卡银行应当提供信息查询服务,通过银行网站、用卡手册、电子银行等多种渠道向持卡人公示信用卡产品和服务、使用说明、章程、领用合同(协议)、收费项目和标准、风险提示等信息。

第六十一条 发卡银行应当提供对账服务。对账单应当至少包括交易日期、交易金额、交易币种、交易商户名称或代码、本期还款金额、本期最低还款金额、到期还款日、注意事项、发卡银行服务电话等要素。对账服务的具体形式由发卡银行和持卡人自行约定。

发卡银行向持卡人提供对账单及其他服务凭证时,应当对信用卡卡号进行部分屏蔽,不得显示完整的卡号信息。银行柜台办理业务打印的业务凭证除外。

第六十二条 发卡银行应当提供投诉处理服务,根据信用卡产品(服务)特点和复杂程度建立统一、高效的投诉处理工作程序,明确投诉处理的管理部门,公开披露投诉处理渠道。

第六十三条 发卡银行应当提供信用卡到期换卡服务,为符合到期换卡条件的持卡人换卡。持卡人提出到期不续卡、不换卡、销户的除外。

对持卡人在信用卡有效期内未激活的信用卡账户,发卡银行不得提供到期换卡服务。

第六十四条 发卡银行应当提供信用卡销户服务,在确认信用卡账户没有未结清款项后及时为持卡人销户。信用卡销户时,商务采购卡账户余额应当转回其对应的单位结算账户。

在通过信用卡领用合同(协议)或书面协议对通知方式进行约定的前提下,发卡银行应当提前45天以上采用明确、简洁、易懂的语言将信用卡章程、产品服务等即将发生变更的事项通知持卡人。

第六十五条 信用卡业务计结息操作,遵照国家有关部门的规定执行。

第六十六条 发卡银行应当建立信用卡欠款催收管理制度,规范信用卡催收策略、权限、流程和方式,有效控制业务风险。发卡银行不得对催收人员采用单一以欠款回收金额提成的考核方式。

第六十七条 发卡银行应当及时就即将到期的透支金额、还款日期等信息提醒持卡人。持卡人提供不实信息、变更联系方式未通知发卡银行等情况除外。

第六十八条 发卡银行应当对债务人本人及其担保人进行催收,不得对与债务无关的第三人进行催收，不得采用暴力、胁迫、恐吓或辱骂等不当催收行为。对催收过程应当进行录音，录音资料至少保存2年备查。

第六十九条　信用卡催收函件应当对持卡人充分披露以下基本信息：持卡人姓名和欠款余额，催收事由和相关法规，持卡人相关权利和义务，查询账户状态、还款、提出异议和提供相关证据的途径，发卡银行联系方式，相关业务公章，监管机构规定的其他内容。

发卡银行收到持卡人对信用卡催收提出的异议，应当及时对相关信用卡账户进行备注，并开展核实处理工作。

第七十条　在特殊情况下，确认信用卡欠款金额超出持卡人还款能力、且持卡人仍有还款意愿的，发卡银行可以与持卡人平等协商，达成个性化分期还款协议。个性化分期还款协议的最长期限不得超过5年。

个性化分期还款协议的内容应当至少包括：

（1）欠款余额、结构、币种；

（2）还款周期、方式、币种、日期和每期还款金额；

（3）还款期间是否计收年费、利息和其他费用；

（4）持卡人在个性化分期还款协议相关款项未全部结清前，不得向任何银行申领信用卡的承诺；

（5）双方的权利义务和违约责任；

（6）与还款有关的其他事项。

双方达成一致意见并签署分期还款协议的，发卡银行及其发卡业务服务机构应当停止对该持卡人的催收，持卡人不履行分期还款协议的情况除外。达成口头还款协议的，发卡银行必须留存录音资料。录音资料留存时间至少截至欠款结清日。

第七十一条　发卡银行不得将信用卡发卡营销、领用合同（协议）签约、授信审批、交易授权、交易监测、资金结算等核心业务外包给发卡业务服务机构。

第五章　收单业务管理

第七十二条　收单银行应当明确收单业务的牵头管理部门，承担协调处理特约商户资质审核、登记管理、机具管理、垫付资金管理、风险管理、应急处置等的职责。

第七十三条　收单银行应当加强对特约商户资质的审核，实行商户实名制，不得设定虚假商户。特约商户资料应当至少包括营业执照、税务登记证件或相关纳税证明、法定代表人或负责人身份证件、财务状况或业务规模、经营期限等。收单银行应当对特约商户进行定期或不定期现场调查，认真核实并及时更新特约商户资料。

收单银行不得因与特约商户有其他业务往来而降低资质审核标准和检查要求，对批发类、咨询类、投资类、中介类、公益类、低扣率商户或可能出现高风险的商户应当从严审核。

第七十四条　收单银行不得将个人银行结算账户设置为特约商户的单位结算账户，已纳入单位银行结算账户管理的除外。

收单银行应当为特约商户、特约商户服务机构等提供安全的结算服务，并承担相应的监督管理职责，确保所服务机构受理信用卡的业务合法合规。

第七十五条 收单银行签约的特约商户应当至少满足以下基本条件：

（1）合法设立的法人机构或其他组织；

（2）从事的业务和行业符合国家法律、法规和政策规定；

（3）未成为本行或他行发卡业务服务机构；

（4）商户、商户负责人（或法定代表人）未在征信系统、银行卡组织的风险信息共享系统、同业风险信息共享系统中留有可疑信息或风险信息。

第七十六条 收单银行对从事网上交易的商户，应当进行严格的审核和评估，以技术手段确保数据安全和资金安全。商业银行不得与网站上未明确标注如下信息的网络商户或第三方支付平台签订收单业务相关合同：

（1）客户服务电话号码及邮箱地址；

（2）安全管理的声明；

（3）退货（退款）政策和具体流程；

（4）保护客户隐私的声明；

（5）客户信息使用行为的管理要求；

（6）其他商业银行相关管理制度要求具备的信息。

收单银行应当按照外包管理要求对签约的第三方支付平台进行监督管理，并有责任对与第三方支付平台签约的商户进行不定期的资质审核情况或交易行为抽查，以确保为从事合法业务的商户提供服务。

第七十七条 收单银行应当严格按照国家法律法规、相关行业规范和业务规则设置商户名称、商户编码、商户类别码、商户服务类别码等，留存真实完整的商户地址、受理终端安装地点和使用范围、受理终端绑定通讯方式和号码、法人（或负责人）、联系人、联系电话等信息，加强特约商户培训和交易检查工作，并真实、准确、完整地传递信用卡交易信息，为发卡银行开展信用卡交易授权和风险监测提供准确的信息。

收单银行要求第三方支付平台提供的交易明细信息，必须包括交易对象在第三方支付平台上的识别编号，以便协助持卡人保护自身合法权益。

第七十八条 收单银行应当确保特约商户按照联网通用原则受理信用卡，不得出现商户拒绝受理符合联网通用管理要求的信用卡、或因持卡人使用信用卡而向持卡人收取附加费用等行为。

第七十九条 收单银行应当建立特约商户管理制度，根据商户类型和业务特点对商户实行分类管理，严格控制交易处理程序和退款程序，不得因与特约商户有其他业务往来而降低对特约商户交易的检查要求。

第八十条 收单银行应当对特约商户的风险进行综合评估和分类管理，及时掌握其经营范围、场所、法定代表人或负责人、银行卡受理终端装机地址和使用范围等重要信息的变更情况，不断完善交易监控机制。收单银行应当对特约商户建立不定期现场核查制度，重点核对其银行卡受理终端使用范围、装机地址、装机编号是否与已签订的协议一致。

对通过邮寄、电话、电视和网络等方式销售商品或服务的特约商户，收单银行应当采取特殊的风险控制措施，加强交易情况监测，增加现场核查频度。

第八十一条　收单银行应当根据特约商户的业务性质、业务特征、营业情况，对特约商户设定动态营业额上限。对特约商户交易量突增、频繁出现大额交易、整数金额交易、交易额与经营状况明显不符、争议款项过高、退款交易过多、退款额过高、拖欠退款额过高、出现退款欺诈、非法交易、商户经营内容与商户类别码不符、或收到发卡银行风险提示等情况，收单银行应当及时调查处理，并及时采取有效措施，降低出现收单业务损失的风险。

第八十二条　对确认已出现虚假申请、信用卡套现、测录客户数据资料、泄露账户和交易信息、恶意倒闭等欺诈行为的特约商户，收单银行应当及时采取撤除受理终端、妥善留存交易记录等相关证据并提交公安机关处理、列入黑名单、录入银行卡风险信息系统、与相关银行卡组织共享风险信息等有效的风险控制措施。

第八十三条　收单银行应当建立相互独立的市场营销和风险管理机制，负责市场拓展、商户资质审核、服务和授权、异常交易监测、受理终端密钥管理、受理终端密钥下载、受理终端程序灌装等职能的人员和岗位，不得相互兼岗。

第八十四条　收单银行应当建立健全收单业务受理终端管理机制，设立管理台账，及时登记和更新受理终端安装地点、使用情况和不定期检查情况。

对特约商户提出的新增、更换、维护受理终端的要求，收单银行应当履行必要的核实程序，发现特约商户有移机使用、出租、出借或超出其经营范围使用受理终端的情况，应当立即采取撤除受理终端、妥善留存交易记录相关证据等有效的风险管理措施，并将特约商户、商户法定代表人（负责人）姓名、商户法定代表人（负责人）身份证件等有关信息录入银行卡风险信息共享系统。

第八十五条　收单银行应当加强对收单业务移动受理终端的管理，确保不同的终端设备使用不同的终端主密钥并定期更换。收单银行应当严格审核特约商户安装移动受理终端的申请，除航空、餐饮、交通罚款、上门收费、移动售货、物流配送确有使用移动受理终端需求的商户外，其他类型商户未经收单银行总行审核批准不得安装移动受理终端。

第八十六条　收单银行应当采用严格的技术手段对收单业务移动受理终端的使用进行监控，并不定期进行回访，确保收单业务移动受理终端未超出签约范围跨地区使用。

第八十七条　收单银行应当确保对收单业务受理终端所有打印凭条上的信用卡号码进行部分屏蔽，转账交易的转入卡号、预授权交易预留卡号和IC卡脱机交易除外。

收单银行和收单服务机构应当确保业务系统只能存储用于交易清分、资金结算、差错处理所必需的最基本的账户信息，不得以任何形式存储信用卡磁道信息、卡片验证码、个人标识码等信息。

第八十八条　收单银行应当与特约商户签订收单业务合同。收单业务合同至少应当明确以下事项：双方的权利义务关系；业务流程、收单业务管理主体、法律责任和经济责任；移动受理终端和无卡交易行为的管理主体、法律责任和经济责任；协助调查处理的责任和内容；保证金条款；保密条款；数据安全条款；其他条款。

第八十九条 收单银行、收单业务服务机构合作应当与特约商户签订收单业务合同，至少应当明确以下事项：收单业务营销主体；收单业务管理主体各方的权利义务关系；各方的法律责任和经济责任；移动受理终端相关法律责任和经济责任、无卡交易相关法律责任和经济责任；协助调查处理的责任和内容；保密条款；数据安全条款等。

第九十条 收单银行不得将特约商户审核和签约、资金结算、后续检查和抽查、受理终端密钥管理和密钥下载工作外包给收单业务服务机构。

第六章 业务风险管理

第九十一条 商业银行应当制定明确的信用卡业务发展战略和风险管理规划，建立健全信用卡业务内部控制、授权管理和风险管理体系、组织、制度、流程和岗位，明确分工和相关职责。

商业银行可以基于自愿和保密原则，对信用卡业务中出现不良行为的营销人员、持卡人、特约商户、服务机构等有关风险信息进行共享，加强在风险管理方面的合作。

第九十二条 商业银行应当对信用卡风险资产实行分类管理，分类标准如下：

（1）正常类：持卡人能够按照事先约定的还款规则在到期还款日前（含）足额偿还应付款项。

（2）关注类：持卡人未按事先约定的还款规则在到期还款日足额偿还应付款项，逾期天数在1 ~ 90天（含）。

（3）次级类：持卡人未按事先约定的还款规则在到期还款日足额偿还应付款项，逾期天数为91 ~ 120天（含）。

（4）可疑类：持卡人未按事先约定的还款规则在到期还款日足额偿还应付款项，逾期天数在121 ~ 180天（含）。

（5）损失类：持卡人未按事先约定的还款规则在到期还款日足额偿还应付款项，逾期天数超过180天。

在业务系统能够支持、分类操作合法合规、分类方法和数据测算方式已经中国银监会及其相关派出机构审批同意等前提下，鼓励商业银行采用更为审慎的信用卡资产分类标准，持续关注和定期比对与之相关的准备金计提、风险资产计量等环节的重要风险管理指标，并采取相应的风险控制措施。

第九十三条 商业银行应当建立健全信用卡业务操作风险的防控制度和应急预案，有效防范操作风险。以下风险资产应当直接列入相应类别：

（1）持卡人因使用诈骗方式申领、使用信用卡造成的风险资产，一经确认，应当直接列入可疑类或损失类。

（2）因内部作案或内外勾结作案造成的风险资产应当直接列入可疑类或损失类。

（3）因系统故障、操作失误造成的风险资产应当直接列入可疑类或损失类。

（4）签订个性化分期还款协议后尚未偿还的风险资产应当直接列入次级类或可疑类。

第九十四条 发卡银行应当对信用卡风险资产质量变动情况进行持续监测，相关准备金计提遵照国家有关部门的规定执行。

第九十五条　发卡银行应当加强信用卡风险资产认定和核销管理工作，及时确认并核销。信用卡业务的呆账认定依据、认定范围、核销条件等遵照国家有关部门的规定执行。

第九十六条　发卡银行应当建立科学合理的风险监测指标，适时采取相应的风险控制措施。

第九十七条　发卡银行应当根据信用卡业务发展情况，使用计量模型辅助开展信用卡业务风险管理工作，制定模型开发、测试、验证、重检、调整、监测、维护、审计等相关管理制度，明确计量模型的使用范围。

第九十八条　发卡银行应当严格执行资本充足率监管要求，将未使用的信用卡授信额度，纳入承诺项目中的“其他承诺”子项计算表外加权风险资产，适用50%的信用转换系数和根据信用卡交易主体确定的相应风险权重。

第九十九条　商业银行应当对单位卡实施单一客户授信集中风险管理，定期集中计算单位卡授信和垫款额度总和，持续监测单位卡合同签约方在本行所有贷款授信额度及其使用情况，并定期开展单位卡相关交易真实性和用途适用性的检查工作，防止出现以虚假交易套取流动资金贷款的行为。

第七章　监督管理

第一百条　中国银监会及其派出机构依法对信用卡业务实施非现场监管和现场检查，对信用卡业务风险进行监测和评估，并对信用卡业务相关行业自律组织进行指导和监督。

在实施现场检查和风险评估的过程中，相关检查和评估人员应当遵守商业银行信用卡业务安全管理的有关规定。

第一百零一条　商业银行开办信用卡业务应当按照有关规定向中国银监会报送信用卡业务统计数据和管理信息。

第一百零二条　商业银行应当定期对信用卡业务发展与管理情况进行自我评估，按年编制《信用卡业务年度评估报告》。

第一百零三条　商业银行《信用卡业务年度评估报告》应当至少包括以下内容：

（1）本年度信用卡业务组织架构和高管人员配置总体情况；

（2）全年信用卡业务基本经营情况分析；

（3）信用卡业务总体资产结构和资产质量；

（4）不同类型的信用卡业务资产结构和资产质量；

（5）信用卡业务主要风险分析和风险管理情况；

（6）信用卡业务合规管理和内控管理情况；

（7）已外包的各项信用卡业务经营管理情况；

（8）投诉处理情况；

（9）下一年度信用卡业务发展规划；

（10）监管机构要求报告的其他事项。

第一百零四条　全国性商业银行《信用卡业务年度评估报告》应当于下一年度的3月底之

前报送中国银监会(一式两份),抄送总行(公司)或外资法人银行注册地中国银监会派出机构。

按照有关规定只能在特定城市或地区从事业务经营活动的商业银行、商业银行授权开办部分或全部信用卡业务的分支机构(含营运中心等)应当于下一年度的3月底之前参照第一百零三条的规定将相关材料报送当地中国银监会派出机构。

第一百零五条 商业银行应当建立信用卡业务重大安全事故和风险事件报告制度,与中国银监会及其派出机构保持经常性沟通。出现重大安全事故和风险事件后24小时内应当向中国银监会及其相关派出机构报告,并随时关注事态发展,及时报送后续情况。

第一百零六条 中国银监会对信用卡业务实施现场检查时,应当按照现场检查有关规定组成检查工作组并进行相关业务培训,应当邀请相关商业银行的信用卡业务管理和技术人员介绍其信用卡业务总体框架、运营管理模式、重要业务运营系统和重要电子设备管理要求等。

第一百零七条 商业银行不符合本办法规定的条件,擅自开办信用卡业务的,中国银监会及其相关派出机构应当责令商业银行立即停止开办的信用卡业务,并依据《中华人民共和国银行业监督管理法》第四十五条规定采取相关监管措施。

第一百零八条 商业银行违反本办法规定经营信用卡业务的,中国银监会及其相关派出机构应当责令商业银行限期改正。商业银行逾期未改正的,中国银监会及其派出机构依据《中华人民共和国银行业监督管理法》第三十七条、第四十六条、第四十七条规定采取相关监管措施。

第一百零九条 商业银行在开展信用卡业务过程中,违反审慎经营原则导致信用卡业务存在较大风险隐患、合作的机构从事或被犯罪分子利用从事违法违规活动1年内达到2次的,由中国银监会及其派出机构立即暂停该商业银行相关新发卡业务或发展新特约商户的资格,责令限期改正;逾期未改正或安全隐患在短时间内难以解决的,中国银监会及其派出机构除采取《中华人民共和国银行业监督管理法》第四十六条规定的监管措施外,还可以视情况分别采取以下措施:

(1)责令商业银行、相关分支机构或相关专营机构限制(或暂停)信用卡发卡业务或收单业务;

(2)责令商业银行、相关分支机构或相关专营机构限制(或暂停)发展新的信用卡业务持卡人;

(3)责令商业银行、相关分支机构或相关专营机构限制(或暂停)发展新的信用卡业务特约商户;

(4)责令停止批准增设营运中心等;

(5)责令停止开办新业务;

(6)其他审慎性监管措施。

第一百一十条 商业银行、相关分支机构或相关营运中心整改后,应当向银监会或其相关派出机构提交整改情况报告。银监会或其相关派出机构验收确认符合审慎经营规则和本办法相关规定的,自验收完毕之日起三日内解除对其采取的有关监管措施。

第一百一十一条 商业银行在开展信用卡业务过程中,违反其他有关法律、行政法规和规章的,由中国银监会及其派出机构依据相关法律、行政法规和规章督促整改,并采取相应的监管措施。

第八章　附　则

第一百一十二条　本办法由中国银监会负责解释。

第一百一十三条　本办法颁布之前制定的相关信用卡管理规定与本办法不一致的，以本办法为准。

第一百一十四条　在中华人民共和国境内经中国银监会批准设立的其他银行业金融机构开展信用卡业务，适用本办法的有关规定。

第一百一十五条　本办法自公布之日起施行。此前已开办相关业务且不符本办法规定的，半年内要调整完毕。

七、《征信业管理条例》

征信业管理条例

（中华人民共和国国务院令第631号，自2013年3月15日起实施）

第一章　总　则

第一条　为了规范征信活动，保护当事人合法权益，引导、促进征信业健康发展，推进社会信用体系建设，制定本条例。

第二条　在中国境内从事征信业务及相关活动，适用本条例。

本条例所称征信业务，是指对企业、事业单位等组织（以下统称企业）的信用信息和个人的信用信息进行采集、整理、保存、加工，并向信息使用者提供的活动。

国家设立的金融信用信息基础数据库进行信息的采集、整理、保存、加工和提供，适用本条例第五章规定。

国家机关以及法律、法规授权的具有管理公共事务职能的组织依照法律、行政法规和国务院的规定，为履行职责进行的企业和个人信息的采集、整理、保存、加工和公布，不适用本条例。

第三条　从事征信业务及相关活动，应当遵守法律法规，诚实守信，不得危害国家秘密，不得侵犯商业秘密和个人隐私。

第四条　中国人民银行（以下称国务院征信业监督管理部门）及其派出机构依法对征信业进行监督管理。

县级以上地方人民政府和国务院有关部门依法推进本地区、本行业的社会信用体系建设，培育征信市场，推动征信业发展。

第二章　征信机构

第五条　本条例所称征信机构，是指依法设立，主要经营征信业务的机构。

第六条　设立经营个人征信业务的征信机构，应当符合《中华人民共和国公司法》规定的公司设立条件和下列条件，并经国务院征信业监督管理部门批准：

(1)主要股东信誉良好，最近3年无重大违法违规记录；

(2)注册资本不少于人民币5 000万元；

(3)有符合国务院征信业监督管理部门规定的保障信息安全的设施、设备和制度、措施；

(4)拟任董事、监事和高级管理人员符合本条例第八条规定的任职条件；

(5)国务院征信业监督管理部门规定的其他审慎性条件。

第七条 申请设立经营个人征信业务的征信机构，应当向国务院征信业监督管理部门提交申请书和证明其符合本条例第六条规定条件的材料。

国务院征信业监督管理部门应当依法进行审查，自受理申请之日起60日内作出批准或者不予批准的决定。决定批准的，颁发个人征信业务经营许可证；不予批准的，应当书面说明理由。

经批准设立的经营个人征信业务的征信机构，凭个人征信业务经营许可证向公司登记机关办理登记。

未经国务院征信业监督管理部门批准，任何单位和个人不得经营个人征信业务。

第八条 经营个人征信业务的征信机构的董事、监事和高级管理人员，应当熟悉与征信业务相关的法律法规，具有履行职责所需的征信业从业经验和管理能力，最近3年无重大违法违规记录，并取得国务院征信业监督管理部门核准的任职资格。

第九条 经营个人征信业务的征信机构设立分支机构、合并或者分立、变更注册资本、变更出资额占公司资本总额5%以上或者持股占公司股份5%以上的股东的，应当经国务院征信业监督管理部门批准。

经营个人征信业务的征信机构变更名称的，应当向国务院征信业监督管理部门办理备案。

第十条 设立经营企业征信业务的征信机构，应当符合《中华人民共和国公司法》规定的设立条件，并自公司登记机关准予登记之日起30日内向所在地的国务院征信业监督管理部门派出机构办理备案，并提供下列材料：

(1)营业执照；

(2)股权结构、组织机构说明；

(3)业务范围、业务规则、业务系统的基本情况；

(4)信息安全和风险防范措施。

备案事项发生变更的，应当自变更之日起30日内向原备案机构办理变更备案。

第十一条 征信机构应当按照国务院征信业监督管理部门的规定，报告上一年度开展征信业务的情况。

国务院征信业监督管理部门应当向社会公告经营个人征信业务和企业征信业务的征信机构名单，并及时更新。

第十二条 征信机构解散或者被依法宣告破产的，应当向国务院征信业监督管理部门报告，并按照下列方式处理信息数据库：

(1)与其他征信机构约定并经国务院征信业监督管理部门同意，转让给其他征信机构；

（2）不能依照前项规定转让的，移交给国务院征信业监督管理部门指定的征信机构；

（3）不能依照前两项规定转让、移交的，在国务院征信业监督管理部门的监督下销毁。

经营个人征信业务的征信机构解散或者被依法宣告破产的，还应当在国务院征信业监督管理部门指定的媒体上公告，并将个人征信业务经营许可证交国务院征信业监督管理部门注销。

第三章　征信业务规则

第十三条　采集个人信息应当经信息主体本人同意，未经本人同意不得采集。但是，依照法律、行政法规规定公开的信息除外。

企业的董事、监事、高级管理人员与其履行职务相关的信息，不作为个人信息。

第十四条　禁止征信机构采集个人的宗教信仰、基因、指纹、血型、疾病和病史信息以及法律、行政法规规定禁止采集的其他个人信息。

征信机构不得采集个人的收入、存款、有价证券、商业保险、不动产的信息和纳税数额信息。但是，征信机构明确告知信息主体提供该信息可能产生的不利后果，并取得其书面同意的除外。

第十五条　信息提供者向征信机构提供个人不良信息，应当事先告知信息主体本人。但是，依照法律、行政法规规定公开的不良信息除外。

第十六条　征信机构对个人不良信息的保存期限，自不良行为或者事件终止之日起为5年；超过5年的，应当予以删除。

在不良信息保存期限内，信息主体可以对不良信息作出说明，征信机构应当予以记载。

第十七条　信息主体可以向征信机构查询自身信息。个人信息主体有权每年两次免费获取本人的信用报告。

第十八条　向征信机构查询个人信息的，应当取得信息主体本人的书面同意并约定用途。但是，法律规定可以不经同意查询的除外。

征信机构不得违反前款规定提供个人信息。

第十九条　征信机构或者信息提供者、信息使用者采用格式合同条款取得个人信息主体同意的，应当在合同中作出足以引起信息主体注意的提示，并按照信息主体的要求作出明确说明。

第二十条　信息使用者应当按照与个人信息主体约定的用途使用个人信息，不得用作约定以外的用途，不得未经个人信息主体同意向第三方提供。

第二十一条　征信机构可以通过信息主体、企业交易对方、行业协会提供信息，政府有关部门依法已公开的信息，人民法院依法公布的判决、裁定等渠道，采集企业信息。

征信机构不得采集法律、行政法规禁止采集的企业信息。

第二十二条　征信机构应当按照国务院征信业监督管理部门的规定，建立健全和严格执行保障信息安全的规章制度，并采取有效技术措施保障信息安全。

经营个人征信业务的征信机构应当对其工作人员查询个人信息的权限和程序作出明确规定，对工作人员查询个人信息的情况进行登记，如实记载查询工作人员的姓名，查询的时间、内容及用途。工作人员不得违反规定的权限和程序查询信息，不得泄露工作中获取的信息。

第二十三条　征信机构应当采取合理措施，保障其提供信息的准确性。

征信机构提供的信息供信息使用者参考。

第二十四条 征信机构在中国境内采集的信息的整理、保存和加工,应当在中国境内进行。

征信机构向境外组织或者个人提供信息,应当遵守法律、行政法规和国务院征信业监督管理部门的有关规定。

第四章 异议和投诉

第二十五条 信息主体认为征信机构采集、保存、提供的信息存在错误、遗漏的,有权向征信机构或者信息提供者提出异议,要求更正。

征信机构或者信息提供者收到异议,应当按照国务院征信业监督管理部门的规定对相关信息作出存在异议的标注,自收到异议之日起20日内进行核查和处理,并将结果书面答复异议人。

经核查,确认相关信息确有错误、遗漏的,信息提供者、征信机构应当予以更正;确认不存在错误、遗漏的,应当取消异议标注;经核查仍不能确认的,对核查情况和异议内容应当予以记载。

第二十六条 信息主体认为征信机构或者信息提供者、信息使用者侵害其合法权益的,可以向所在地的国务院征信业监督管理部门派出机构投诉。

受理投诉的机构应当及时进行核查和处理,自受理之日起30日内书面答复投诉人。

信息主体认为征信机构或者信息提供者、信息使用者侵害其合法权益的,可以直接向人民法院起诉。

第五章 金融信用信息基础数据库

第二十七条 国家设立金融信用信息基础数据库,为防范金融风险、促进金融业发展提供相关信息服务。

金融信用信息基础数据库由专业运行机构建设、运行和维护。该运行机构不以营利为目的,由国务院征信业监督管理部门监督管理。

第二十八条 金融信用信息基础数据库接收从事信贷业务的机构按照规定提供的信贷信息。

金融信用信息基础数据库为信息主体和取得信息主体本人书面同意的信息使用者提供查询服务。国家机关可以依法查询金融信用信息基础数据库的信息。

第二十九条 从事信贷业务的机构应当按照规定向金融信用信息基础数据库提供信贷信息。

从事信贷业务的机构向金融信用信息基础数据库或者其他主体提供信贷信息,应当事先取得信息主体的书面同意,并适用本条例关于信息提供者的规定。

第三十条 不从事信贷业务的金融机构向金融信用信息基础数据库提供、查询信用信息以及金融信用信息基础数据库接收其提供的信用信息的具体办法,由国务院征信业监督管理部门会同国务院有关金融监督管理机构依法制定。

第三十一条 金融信用信息基础数据库运行机构可以按照补偿成本原则收取查询服务费用,收费标准由国务院价格主管部门规定。

第三十二条　本条例第十四条、第十六条、第十七条、第十八条、第二十二条、第二十三条、第二十四条、第二十五条、第二十六条适用于金融信用信息基础数据库运行机构。

第六章　监督管理

第三十三条　国务院征信业监督管理部门及其派出机构依照法律、行政法规和国务院的规定，履行对征信业和金融信用信息基础数据库运行机构的监督管理职责，可以采取下列监督检查措施：

（1）进入征信机构、金融信用信息基础数据库运行机构进行现场检查，对向金融信用信息基础数据库提供或者查询信息的机构遵守本条例有关规定的情况进行检查；

（2）询问当事人和与被调查事件有关的单位和个人，要求其对与被调查事件有关的事项作出说明；

（3）查阅、复制与被调查事件有关的文件、资料，对可能被转移、销毁、隐匿或者篡改的文件、资料予以封存；

（4）检查相关信息系统。

进行现场检查或者调查的人员不得少于2人，并应当出示合法证件和检查、调查通知书。

被检查、调查的单位和个人应当配合，如实提供有关文件、资料，不得隐瞒、拒绝和阻碍。

第三十四条　经营个人征信业务的征信机构、金融信用信息基础数据库、向金融信用信息基础数据库提供或者查询信息的机构发生重大信息泄露等事件的，国务院征信业监督管理部门可以采取临时接管相关信息系统等必要措施，避免损害扩大。

第三十五条　国务院征信业监督管理部门及其派出机构的工作人员对在工作中知悉的国家秘密和信息主体的信息，应当依法保密。

第七章　法律责任

第三十六条　未经国务院征信业监督管理部门批准，擅自设立经营个人征信业务的征信机构或者从事个人征信业务活动的，由国务院征信业监督管理部门予以取缔，没收违法所得，并处5万元以上50万元以下的罚款；构成犯罪的，依法追究刑事责任。

第三十七条　经营个人征信业务的征信机构违反本条例第九条规定的，由国务院征信业监督管理部门责令限期改正，对单位处2万元以上20万元以下的罚款；对直接负责的主管人员和其他直接责任人员给予警告，处1万元以下的罚款。

经营企业征信业务的征信机构未按照本条例第十条规定办理备案的，由其所在地的国务院征信业监督管理部门派出机构责令限期改正；逾期不改正的，依照前款规定处罚。

第三十八条　征信机构、金融信用信息基础数据库运行机构违反本条例规定，有下列行为之一的，由国务院征信业监督管理部门或者其派出机构责令限期改正，对单位处5万元以上50万元以下的罚款；对直接负责的主管人员和其他直接责任人员处1万元以上10万元以下的罚款；有违法所得的，没收违法所得。给信息主体造成损失的，依法承担民事责任；构成犯罪的，依法追究刑事责任：

（1）窃取或者以其他方式非法获取信息；

（2）采集禁止采集的个人信息或者未经同意采集个人信息；

（3）违法提供或者出售信息；

（4）因过失泄露信息；

（5）逾期不删除个人不良信息；

（6）未按照规定对异议信息进行核查和处理；

（7）拒绝、阻碍国务院征信业监督管理部门或者其派出机构检查、调查或者不如实提供有关文件、资料；

（8）违反征信业务规则，侵害信息主体合法权益的其他行为。

经营个人征信业务的征信机构有前款所列行为之一，情节严重或者造成严重后果的，由国务院征信业监督管理部门吊销其个人征信业务经营许可证。

第三十九条 征信机构违反本条例规定，未按照规定报告其上一年度开展征信业务情况的，由国务院征信业监督管理部门或者其派出机构责令限期改正；逾期不改正的，对单位处2万元以上10万元以下的罚款；对直接负责的主管人员和其他直接责任人员给予警告，处1万元以下的罚款。

第四十条 向金融信用信息基础数据库提供或者查询信息的机构违反本条例规定，有下列行为之一的，由国务院征信业监督管理部门或者其派出机构责令限期改正，对单位处5万元以上50万元以下的罚款；对直接负责的主管人员和其他直接责任人员处1万元以上10万元以下的罚款；有违法所得的，没收违法所得。给信息主体造成损失的，依法承担民事责任；构成犯罪的，依法追究刑事责任：

（1）违法提供或者出售信息；

（2）因过失泄露信息；

（3）未经同意查询个人信息或者企业的信贷信息；

（4）未按照规定处理异议或者对确有错误、遗漏的信息不予更正；

（5）拒绝、阻碍国务院征信业监督管理部门或者其派出机构检查、调查或者不如实提供有关文件、资料。

第四十一条 信息提供者违反本条例规定，向征信机构、金融信用信息基础数据库提供非依法公开的个人不良信息，未事先告知信息主体本人，情节严重或者造成严重后果的，由国务院征信业监督管理部门或者其派出机构对单位处2万元以上20万元以下的罚款；对个人处1万元以上5万元以下的罚款。

第四十二条 信息使用者违反本条例规定，未按照与个人信息主体约定的用途使用个人信息或者未经个人信息主体同意向第三方提供个人信息，情节严重或者造成严重后果的，由国务院征信业监督管理部门或者其派出机构对单位处2万元以上20万元以下的罚款；对个人处1万元以上5万元以下的罚款；有违法所得的，没收违法所得。给信息主体造成损失的，依法承担民事责任；构成犯罪的，依法追究刑事责任。

第四十三条 国务院征信业监督管理部门及其派出机构的工作人员滥用职权、玩忽职守、徇私舞弊，不依法履行监督管理职责，或者泄露国家秘密、信息主体信息的，依法给予处分。给

信息主体造成损失的，依法承担民事责任；构成犯罪的，依法追究刑事责任。

第八章 附 则

第四十四条 本条例下列用语的含义：

（1）信息提供者，是指向征信机构提供信息的单位和个人，以及向金融信用信息基础数据库提供信息的单位。

（2）信息使用者，是指从征信机构和金融信用信息基础数据库获取信息的单位和个人。

（3）不良信息，是指对信息主体信用状况构成负面影响的下列信息：信息主体在借贷、赊购、担保、租赁、保险、使用信用卡等活动中未按照合同履行义务的信息，对信息主体的行政处罚信息，人民法院判决或者裁定信息主体履行义务以及强制执行的信息，以及国务院征信业监督管理部门规定的其他不良信息。

第四十五条 外商投资征信机构的设立条件，由国务院征信业监督管理部门会同国务院有关部门制定，报国务院批准。

境外征信机构在境内经营征信业务，应当经国务院征信业监督管理部门批准。

第四十六条 本条例施行前已经经营个人征信业务的机构，应当自本条例施行之日起6个月内，依照本条例的规定申请个人征信业务经营许可证。

本条例施行前已经经营企业征信业务的机构，应当自本条例施行之日起3个月内，依照本条例的规定办理备案。

第四十七条 本条例自2013年3月15日起施行。

参考文献

[1]李立刚.个人消费信贷与信用体系建设初探[J].科技向导(金融天地),2011(2).

[2]李洁.关于个人消费信贷的几点思考[J].山西财税,2009(2).

[3]蒋萍.宏观调控下个人消费信贷业务风险防范[J].中国外资,2011(8).

[4]宣德飞.浅谈我国个人消费信贷的发展[J].现代经济信息,2011(3).

[5]丁一.商业银行个人消费信贷面临的风险及防范对策[J].中国商界,2010(10).

[6]贾卉.个人住房贷款的风险防范及对策[J].现代管理科学,2004(2).

[7]王红亮.我国商业银行个人住房抵押贷款风险防范研究[D].西南财经大学,2006.

[8]刘妍.商业银行个人住房贷款风险控制研究[D].东华大学,2007.